YOU & ME

Der Zauber am Ende des Tages

Any Cherubim

Es ist schwierig, mit Lu befreundet zu sein. Sie ist wie eine Rebellion, stürzt sich in mein Leben und wirbelt alles durcheinander - bringt mich um den Verstand.

Matt fällt aus allen Wolken - ausgerechnet er muss Lucinda Godluc, die verrückte Pummelelfe heiraten.
Was sie verbindet – die Hoffnung, was sie trennt – die Vergangenheit.
Ist ihre Hoffnung stark genug, um die Vergangenheit zu vergessen?

Prolog Lu

Mein Herz rast, während ich das Gelächter höre und die vielen Blicke auf mir spüre. Ich bin nackt, stehe mitten in der Umkleide unserer Schwimmhalle und versuche verzweifelt, meine Brüste und Scham mit den Händen zu bedecken. Leise weine ich, während ich in die Gesichter blicke, die mir wie Fratzen von Monstern erscheinen. Tränen strömen mir übers Gesicht, meine Hände zittern und sind zu klein, um alles zu schützen. Verzweifelt drehe ich mich im Kreis und bemerke, wie das Lachen noch lauter wird. Ich will hier weg – so schnell wie möglich. Je mehr ich versuche, mich zu schützen, desto mehr lachen sie, spotten, zeigen mit dem Finger auf mich. Fies waren sie schon immer. Aber dies hier übertrifft alles, was ich bisher aushalten musste. Die Jungs aus meiner Klasse krümmen sich vor Lachen. Die Mädchen, die nie wirklich meine Freundinnen waren, kichern und Lynn, die Beliebteste, verschränkt ihre Arme und sieht mich herablassend an.

Ich will sterben – am liebsten hier und jetzt. Dann wäre alles vorbei und ich würde endlich fort sein – fort von diesem Ort, an dem ich sowieso nie sein wollte. Ich bin ihnen völlig ausgeliefert. Verzweifelt suche ich nach einem Kleidungsstück, mit dem ich

mich bedecken kann – einem Handtuch oder einem Fetzen Stoff, irgendwas - doch hier ist nichts. Es ist hoffnungslos, die Tür ist versperrt.
Direkt davor steht der Junge, dem ich das alles zu verdanken habe - in den ich bis vor ein paar Minuten noch so verknallt gewesen bin. Oh Gott! Mein Herz rast so wild, als würde es gleich zerspringen. Ich schaffe es nicht, ihm in die Augen zu schauen.
»Lucinda, weißt du eigentlich, wie fett du bist?«, fragt Lynn und lacht hämisch dabei. Ich kann nichts erwidern, weil mein Mund zu trocken ist. Ich schluchze. Sie hat ja Recht. Ich bin dick, klein und hässlich. Ich habe rotes, kurzes Haar, Sommersprossen und eine Zahnspange. Und weil irgendjemand dort oben dachte, dass ich noch nicht hässlich genug war, hat man mich fast blind wie einen Maulwurf gemacht. Deshalb trage ich eine Brille mit dicken Gläsern und einem breiten Gestell.
Lynn ist der Mittelpunkt unserer Klasse. Hübsch, frech und Lieblingsschülerin der Lehrer. Wo sind die eigentlich, wenn man sie mal braucht?
»Lasst mich gehen«, flehe ich. Doch das scheint sie alle nicht zu interessieren. Sie lachen weiter und spotten über mich. Ich höre ein Klicken. Oh nein! Wann ist dieser Albtraum zu Ende?

Eine Kamera ist auf mich gerichtet. Jemand fotografierte mich. Ich spüre, wie die Kraft in meinen Beinen nachlässt - drohe, zusammenzubrechen.

»Das glaubt uns sonst keiner. Lucinda nackt! Die dicke Sau von Hinsdale! Hey, findet ihr nicht auch, dass sie aussieht wie ihr Hausschwein? Wie heißt dieses Vieh noch gleich?«, fragt Lynn und sieht zu dem Jungen, der als Einziger nicht lacht.

»Bertha«, murmelt er und grinst sie an. Das gleiche Grinsen, welches er auch mir schon geschenkt hat. Jetzt finde ich es nicht mehr süß. Es wirkt schmutzig und böse. Hasserfüllt blicke ich ihm entgegen. Wie konnte ich mich nur so in ihm täuschen? Wochenlang hat er mir Freundschaft vorgespielt und ich bin darauf hereingefallen!

Er sollte mich toll finden und witzig. Ich wollte so sein wie Lynn. Ich wollte sogar meine Haare wachsen lassen, damit er mich trotz meiner Extrakilos hübsch fand. Ich dachte, er spielt nur in der Schule den coolen Typen und ist privat ein wirklicher Freund. Doch da habe ich mich getäuscht. Jetzt hasse ich ihn dafür, fühle den Schmerz, der sich tief in mich hineinfrisst.

Mit aller Kraft versuche ich, mich auf den Beinen zu halten, und gerade als ich glaube, am Ende zu sein, wird die Tür von außen geöffnet und eine

erwachsene Stimme scheucht meine Mitschüler aus der Umkleide. Jemand spricht mit mir und ich spüre warme Hände auf meinem Arm. Das Gelächter verstummt schließlich. Es ist jetzt still und ich kann nicht glauben, dass ich tatsächlich alleine bin. Zögerlich rapple ich mich auf, sehe mich um und öffne ein Schließfach nach dem anderen. Verdammter Mist! Wo sind nur meine Sachen?
»Lucinda?«
Ich blicke auf und sehe in das Gesicht von Mrs. Camile Miller, meiner Sportlehrerin. Sie mag mich nicht sonderlich, aber jetzt erhoffe ich mir, dass sie mir helfen wird. Sie sieht an mir herunter und da bemerke ich ihren abwertenden Blick. Ihre Mundwinkel zucken, als würde sie sich ein Grinsen verkneifen.
»Ich suche meine Kleider. Mrs. Miller, bitte helfen Sie mir!« Sie mustert mich von Kopf bis Fuß. Ihre Blicke sind wie kleine Nadeln auf meiner Haut und zeigen mir deutlich, wie erschrocken sie über meinen Anblick ist. Sie stiert auf meinen Bauch.
»Wo hast du denn deine Kleider?«, will sie wissen, ohne sich zu rühren. Ein kleines Grinsen huscht über ihre Lippen.
Gerade möchte ich etwas sagen, als die Tür erneut aufgeht und weitere Lehrer die Umkleide betreten. Verzweifelt suche ich nach einem Versteck.

»Ich kann es nicht glauben, Camile. Wir haben alle gedacht, es sei nur ein Scherz, dass Lucinda nackt ist«, sagt einer der Lehrer.
Mein Schluchzen wird lauter und ich spüre, wie erneut Panik über mich hereinbricht, als sämtliche Lehrer sensationslüstern die Umkleide betreten und mich anstarren. Einige kichern hinter vorgehaltener Hand. Mein Geschichtslehrer reißt entsetzt die Augen auf - der Ekel steht ihm ins Gesicht geschrieben.
Nein! Ich will, dass es aufhört. Ich kann nicht mehr. Immer mehr Lehrer stehen jetzt in der Umkleide und niemand hilft mir. Ihre Gesichter verschwimmen vor meinen Augen und ich muss die Erniedrigung ertragen.
Rückwärts stolpere ich gegen die Wand, die ich kalt an meinem nackten Rücken spüre.
Jetzt treten die Lehrer näher und ich bekomme noch mehr Angst. Das Lachen wird noch lauter und plötzlich stehen nicht nur die Lehrer in der Kabine, sondern ganz Hinsdale! Sogar meine Eltern und Mrs. Reabut, die Verkäuferin aus unserer Bäckerei. Die Wände verschwinden und aus der Umkleide wird der große Platz vor dem Rathaus. Alle lachen laut, kommen langsam auf mich zu. Ihre Stimmen hallen plötzlich in meinen Ohren und sie strecken

ihre Hände nach mir aus, als wollten sie nach mir greifen. Oh Gott!

***

Schweißgebadet schrecke ich hoch. Mein Atem geht schnell und ich brauche ein paar Sekunden, um zu realisieren, dass es wieder nur der Traum war. Es ist schon ein paar Monate her, dass ich diesen blöden Traum das letzte Mal hatte. Nur sehr langsam verblassen die Bilder in meinem Kopf und zurück bleiben ein brummender Schmerz und die Erleichterung, endlich aufgewacht zu sein. Ich verdränge die Bilder schnell und versuche, nicht mehr daran zu denken.
Neben mir vernehme ich ein leises Schnarchen. Wo bin ich? Und wer zur Hölle ist dieser Typ?! Ich sitze nackt in einem fremden Bett, neben mir liegt ein Kerl und ich muss mich anstrengen, um mich zu erinnern, was in der letzten Nacht geschehen ist. Ich blicke ihn an. Sein Gesicht hat er tief in die Kissen vergraben und sein Haar ist verstrubbelt. Eigentlich total niedlich. Er hat mir gefallen und er wirkte irgendwie verloren, wie er so einsam an der Bar saß. Ich habe eine Schwäche für einsame, schräge Kerle. Und dieser hier ist ein ganz

besonderes Exemplar - typischer Anzugträger, aber irgendwie völlig deplatziert.
Sein Oberkörper hebt und senkt sich gleichmäßig. Plötzlich spüre ich wieder seine heißen Küsse auf meiner Haut, seine Berührungen an meiner empfindlichsten Stelle. Mannomann! Die letzte Nacht war wirklich ... heiß! Es kribbelt verräterisch in meinem Schoß und eine Welle der Lust erfasst mich. Kurz überlege ich, ob heute Morgen eine zweite Runde möglich wäre. »Reiß dich zusammen, Lu!«, ermahne ich mich im Stillen. »Du wirst dich jetzt brav anziehen und dann verschwinden.« Es muss noch ganz früh sein.
Erinnerungsfetzen von der Auseinandersetzung, die ich mit meinen Eltern hatte, bevor ich einfach abgehauen bin und in dieser Bar landete, blitzen auf. Meine Kopfschmerzen werden schlimmer, je mehr ich darüber nachdenke.
Leise stehe ich auf, sammle meine Klamotten ein, die verstreut überall auf dem Boden liegen, und schließe die Badezimmertür hinter mir.
Ich werfe einen Blick in den Spiegel und erschrecke. Mein Gott! Die Reste der Wimperntusche haben sich wie dunkle Schatten um meine Augen gelegt und meine Haare stehen wild vom Kopf ab. Ich wasche und kämme mich und finde sogar noch eine verpackte Einweg-Zahnbürste. Als ich angezogen

und einigermaßen wach bin, riskiere ich einen Blick zu dem Typen. Ob er noch schläft? Eine Gänsehaut bildet sich, wenn ich nur daran denke, wie er mich heute Nacht genommen hat. Ich schmunzle, weil er sich als Leo vorgestellt hat. Er hat mich gestern angeschwindelt, da bin ich mir sicher. Aber jetzt will ich wissen, wie er wirklich heißt.
Kurzerhand beschließe ich, seine Sachen nach einer Visitenkarte zu durchsuchen. Meistens haben die Anzugträger welche in ihrer Brieftasche.
Ich schleiche zu seiner Hose, die neben dem Bett auf dem Boden liegt, und durchsuche sie. Mir klopft ein wenig das Herz. Wenn er jetzt aufwachen würde, würde er mich für eine Diebin halten.
Er bewegt sich, ich halte in meiner Bewegung inne. Im Schlaf legt er seine Hand auf meine Bettseite, ich hoffe inständig, dass er durch die Leere neben sich nicht wach wird. Aber er schläft weiter. Ich beeile mich, nehme seine Brieftasche und öffne sie.
»Wollen wir mal sehen, ob Leo wirklich Leo ist«, flüstere ich und starre auf seinen Ausweis. Ich bin wie erstarrt und kann nicht atmen. Ich traue zuerst meinen Augen nicht, halte die Buchstaben für eine Sinnestäuschung.

Matt Baldwin

steht in großen Buchstaben auf seinem Ausweis. Sein wahrer Name hallt in mir nach, reißt meine alten Wunden auf, die sich wie tausend Nadelstiche auf meiner Haut anfühlen. Augenblicklich verkrampfe ich. Wut und Trauer, gemischt mit Hass lodern in mir auf. Matt Baldwin - jetzt verstehe ich auch, warum ich in dieser Nacht von meiner Vergangenheit geträumt habe. Wie schön, dass mein Unterbewusstsein noch funktioniert. Ich wünschte mir, dass meine Alarmglocken früher geläutet hätten.

Matt Baldwin. Ich starre ihn an. Natürlich! Wieso ist mir das gestern Abend nicht schon aufgefallen?

Er hat sich verändert, ist erwachsen geworden. Ich habe mir damals geschworen, ihn für alle Zeiten zu hassen. Sämtliche Sympathie, die ich gestern - und auch heute Morgen noch - für ihn empfunden habe, ist mit einem Mal vernichtet.

Er hat mich zum Gespött von ganz Hinsdale gemacht. Nach dieser Sache weigerte ich mich, in die Schule zu gehen, und als meine Eltern mich schließlich zwingen wollten, habe ich einfach geschwänzt. Das hatte natürlich Konsequenzen, aber ich war mehr als einverstanden, als man mich in ein Internat steckte. Dass dieses Internat weit weg von Hinsdale war, war mir nur recht. Je weiter, desto besser.

Ich wurde so von ihm erniedrigt, dass ich von da an beschloss, niemals mehr einem Jungen hinterherzulaufen. Nie wieder wollte ich mich so fühlen!
Die Erinnerungen und der Schmerz von damals brechen erneut in mir auf und ich kämpfe verzweifelt mit den Tränen. Ich muss hier weg - sofort! Ich schnappe meine Tasche und verlasse leise das Zimmer, in der Hoffnung, ihn nie wiederzusehen.

Kapitel 1
Matt

Seit Stunden saß ich in der vollen, verrauchten Bar in Hinsdale und genehmigte mir bereits den dritten Drink. Warm rann die goldene Flüssigkeit meine Kehle hinab. Das war genau das, was ich jetzt brauchte. Es schwächte den Schmerz, meinen verletzten Stolz und das Gefühl, versagt zu haben. Niemand achtete auf mich. Nur der Barkeeper polierte seine Gläser und blickte mich fragend an. Bestimmt wartete er darauf, dass ich anfangen würde, zu erzählen. Aber darauf konnte er lange warten. Mit niemandem wollte ich sprechen. Man sollte mich einfach in Ruhe lassen. Ich hatte die Schnauze voll von den gutgemeinten Ratschlägen und den Vorwürfen. Der schrille Ton meiner Mutter hallte noch in meinem Kopf, als ich ihr sagte, dass Hannah die Hochzeit abgesagt hatte. Danach herrschte Chaos.

Zwei Barhocker weiter setzte sich jemand neben mich.

»Einen Martini, bitte.« Die Stimme klang fast noch zu jung für Alkohol. Kurz linste ich zu ihr rüber, erhaschte einen Blick auf ihre Hände. Dann sah ich wieder in mein Glas. Ihr Nagellack war grün und ihre Nägel kurz - was kümmert´s mich!

Hannah trug selten Farbe auf ihren Nägeln. Sie war ein sehr natürlicher Typ – schön und ein kleines bisschen langweilig.
Hannahs Gesicht tauchte vor meinem inneren Auge auf. Verdammt! Wie konnte sie mir das nur antun? Und dann noch mit so einem Kerl?! Ich begriff es immer noch nicht. Nach allem, was ich für sie getan hatte, hat sie mich tatsächlich für so einen Stricher verlassen. Ekel überkam mich. Ich war so ein verdammter Idiot, war auf ihr unschuldiges Gesicht hereingefallen. Wie lange hatte sie mich schon mit ihm betrogen? Tage? Wochen? Monate? Ich sollte dem Kerl noch einmal ordentlich die Fresse polieren. Sein dämliches Gesicht hatte ich genau vor mir, wie es grün und blau von mir bearbeitet wurde, damals auf der Vernissage. Ich grinste zufrieden und leerte mein Glas.
»Was?«, fragte die Frau neben mir. Offensichtlich redete sie mit mir, aber ich war mir nicht sicher und so schaute ich mich um, ob sie auch wirklich mich angesprochen hatte.
»Meinen Sie mich?«, fragte ich und sah sie zum ersten Mal genauer an.
»Ja genau, Sie! Was gibt es zu grinsen?«, wollte sie in einem gereizten Ton wissen.
»Ich habe nicht wegen Ihnen gegrinst!«

Sie war hübsch, hatte lebendige braune Augen und kurzes dunkles Haar. Eine pink gefärbte Haarsträhne fiel ihr in die Augen. Obwohl ich Frauen mit langem Haar bevorzugte, gefiel sie mir. Mein Blick wanderte über ihren Körper.
Sie war schlank, trug Jeans, Stiefel und ein T-Shirt, das ihr auf einer Seite von der Schulter gerutscht war.
Auch sie musterte mich. Dabei kniff sie ihre Augen zusammen und sah mich fragend an.
»Liebeskummer?«
Ich antwortete nicht auf ihre Frage, was sie als Zustimmung aufnahm. Sah man mir das etwa an?
»Ich kenne das«, sagte sie jetzt versöhnlicher. »Das ist immer Scheiße! … Hat sie dich beschissen?«
Sollte ich darauf antworten? Schließlich ging sie das einen feuchten Dreck an. Ich entschied mich, nichts darauf zu erwidern.
»Tut weh, oder?«, bohrte sie weiter.
Sie erinnerte mich wieder an dieses leere und schmerzhafte Gefühl, welches ich durch die Drinks betäuben wollte und Ärger stieg in mir auf.
Mürrisch orderte ich mir einen weiteren.
»Dann war sie es bestimmt nicht wert!«, sagte sie, sprang von ihrem Hocker und setzte sich direkt neben mich.

»Mach dir nichts draus! Andere Mütter haben auch schöne Töchter.«
Genervt wischte ich mir über das Gesicht.
»Weinen hilft da nichts, das kann ich dir sagen«, meinte sie und legte ihre Hand tröstend auf meine Schulter.
Mitten in meiner Bewegung hielt ich inne und sah sie verwundert an. »Ich heule nicht!« Wie konnte sie nur glauben, dass ich weinte?! Ich war schließlich ein Mann! Seit Jahren hatte ich nicht mehr geweint. Obwohl Hannah mich schon sehr verletzt hatte.
»Ach so, ich dachte …!«, kicherte sie jetzt. »Nichts für ungut. Obwohl ich finde, euch Kerlen würde es mal guttun. Weinen kann sehr befreiend sein.«
Eigentlich wollte ich hier in Ruhe meinen Kummer ertränken, für ein paar Stunden meine Wunden lecken und jetzt saß eine nervige und plapperwütige junge Göre neben mir!
»Mir ist gerade auch zum Heulen zumute.«
Wollte ich das wissen? Ich schloss meine Augen, in der Hoffnung, dass sie sich in Luft auflöste und ich meine Ruhe haben würde. Leider war das nur eine Wunschvorstellung!
Sie wartete darauf, dass ich nach dem Grund fragte. Doch das tat ich nicht und blickte nur kurz zu ihr rüber.

»Mein Vater will mich zwingen, für ein Jahr mein Leben aufzugeben. Kannst du dir das vorstellen? Ich soll für sein Geschäft ein ganzes Jahr meines Lebens opfern und das, obwohl ich gerade dabei bin, eine Surfschule zu eröffnen.« In einem Zug trank sie ihren Drink aus und bestellte beim Barmann gleich den nächsten.

»Ich liebe meinen Vater, aber das ist einfach zu viel verlangt.«

Ja, das konnte ich verstehen. Aber das Leben war schließlich kein Ponyhof. Wir alle hatten unsere Probleme.

»Ein Jahr kann schnell vorbeigehen«, war das Einzige, was ich dazu sagte.

»Spinnst du?! Das Angebot für die Surfschule bekomme ich nur jetzt. Ein Freund von mir will das Geschäft aufgeben und bietet es mir für einen Spottpreis an. So ein Angebot bekomme ich nie wieder!«

»Tja, ich würde sagen, das nennt man dann Pech!«

»Und wenn ich mich weigere und dieses Jahr nicht durchziehe, dann dreht mein Dad mir den Geldhahn zu«, sagte sie und ignorierte meinen Kommentar.

»Was ist mit dir? … Wirst du sie zurückholen - ich meine deine Freundin?«

Zurückholen? Ehrlich gesagt hatte ich mir darüber keine Gedanken gemacht. Obwohl ich mir

insgeheim wünschte, dass Hannah mich um Verzeihung bitten würde - auf den Knien natürlich!
»Nein, sie hat sich entschieden!«, murrte ich.
Sie schwieg endlich - Gott sei Dank. Nach einer Weile sah ich zu ihr rüber. Diese lebendige und fröhliche Art war aus ihrem Gesicht verschwunden. Sie sah jetzt wirklich traurig aus und ich bekam ein schlechtes Gewissen. Etwas regte sich in mir und wollte sie am liebsten trösten. Doch ich hielt mich zurück.
Jemand warf ein paar Münzen in eine Musikbox und kurz darauf erklang ein Countrysong aus dem Lautsprecher.
»Hey, hast du Lust zu tanzen?«, fragte sie plötzlich, begeistert von ihrer Idee.
»Tanzen?«
»Ja, warum nicht? Komm schon ...!«
Gut gelaunt hüpfte sie vom Barhocker und zog an meinem Ärmel.
»Nein, ich kann nicht tanzen«, versuchte ich, mich zu wehren.
»So ein Quatsch! Jeder kann tanzen. Ich werde es dir zeigen, du wirst sehen. Es hilft dir, wieder fröhlich zu werden.«
Obwohl ich mich erst weigerte, schaffte es die Kleine, mich vom Hocker zu ziehen. Sie legte einen

Arm um meine Mitte und hielt meine Hand. Sie fing an, ihre Hüften im Takt der Musik zu bewegen.
»Du musst unbedingt lockerer werden! So aus den Knien heraus, siehst du?«
Die Drinks machten sich bemerkbar – gut.
Die junge Frau war einen ganzen Kopf kleiner als ich. Wie alt sie wohl sein mochte? Ich schätzte, noch jung, vielleicht anfang zwanzig.
»Wie heißt du eigentlich?«, fragte ich, während ich anfing, mich nach ihren Anweisungen zu bewegen.
»Lu.«
»Lu? Was ist denn das für ein Name? … Ich bin Leo«, log ich.
Sie lachte laut. »Leo?«
»Was ist so lustig daran?«
»Nichts! Leo ist total süß! Passt aber überhaupt nicht zu dir«, meinte sie und zog mich enger zu sich. Ihr süßer Duft stieg mir dabei in die Nase. Sie roch gut, anders als Hannah.
Wir tanzten weiter, und als die Musik endete, musste ich zugeben, dass ich mich tatsächlich besser fühlte. Die Kleine gefiel mir. Ich fand sie sogar ausgesprochen sexy, mit ihrer pinkfarbenen Haarsträhne und dem grünen Nagellack.
Zwei Stunden später saßen wir beide mehr als angeheitert an der Bar. Wir kicherten und blödelten,

bis der Barkeeper schließlich die letzte Runde einläutete.
»Sollen wir gehen?«, fragte Lu.
»Und wohin?«
Ihr Lächeln verschwand und ihre Augen nahmen einen verruchten Ausdruck an. »Ich glaube, ich will mit dir schlafen.«
Mit allem hatte ich gerechnet, aber niemals mit so einer direkten Antwort. Sofort wurde ich hart.
Was war schon dabei? Ich war schließlich ein freier Mann und konnte tun und lassen, was ich wollte.
»Bist du immer so direkt?«
Ein diabolisches Grinsen lag auf ihren Lippen. Lu war eine Frau, die genau wusste, was sie wollte. Das imponierte mir. Sie war anders als Hannah – fröhlich, lustig und ein wenig verrückt.

***

Was für ein grauenhafter Morgen! Mein Kopf dröhnte, als wäre ein Panzer drübergefahren, und ein fieser Muskelkater machte sich in meinen Beinen bemerkbar. Das Tageslicht fiel hell und erbarmungslos ins Zimmer, weshalb ich eine Weile brauchte, bevor ich meine Augen öffnen konnte.
Ich blinzelte, sah mich um und jetzt fiel mir ein, warum meine Muskeln schmerzten. Ich ließ mich

zurück in die Kissen fallen. Was für eine Nacht! Ich starrte zur Decke. Die Kleine von gestern hatte sich schon aus dem Staub gemacht - schade, ich hätte sie gern wiedergesehen.
Ein leises Summen ertönte. Ich richtete mich auf und suchte mein Handy. Ein kleines bisschen wünschte ich mir, dass Lu mich anrufen würde, aber da machte ich mir etwas vor. Ich wusste, dass sie meine Nummer nicht hatte - zu blöd!
Das Handy zeigte unzählige Nachrichten an, fast alle von meiner Mutter. Ich löschte alle bis auf zwei Nachrichten, die mich stutzen ließen.

Es ist merkwürdig, Bruderherz.
Mum plant irgendwas. Wenn ich du wäre,
würde ich nach Hause kommen. Sandy

Beweg deinen Hintern hier her, und
zwar flott! Ich glaube, es ist ernst. Sandy

Schon hatte mich der Alltag wieder. Durch Lu hatte ich alles vergessen - zumindest für ein paar Stunden. Mir fielen meine Probleme wieder ein und am liebsten wäre ich jetzt in diesem Bett geblieben und würde nie wieder daran denken. Verdammt! Automatisch musste ich an Hannah denken, die mich für diesen Idioten verlassen hatte. Sie hatte mich eiskalt abserviert und sich für diesen Arsch entschieden. Damit war unsere Hochzeit abgesagt. Als ich endlich den Mut aufgebracht und meine Eltern darüber informiert hatte, war meine Mutter ausgerastet. Schließlich hatte sie Monate damit zugebracht, die Hochzeit zu planen. Es sollte das Ereignis des Jahres werden.

Außerdem hatte ich ziemlichen Mist gebaut. Ich hatte den wichtigen Auftrag für unsere Firma in den Sand gesetzt und mich auf der letzten Vernissage echt danebenbenommen. Nach all diesen Ereignissen der letzten Tage fühlte ich mich ausgebrannt und zum ersten Mal richtig rat- und lustlos. Am liebsten hätte ich mich verkrochen und einfach alles vergessen. Ich seufzte tief - es half alles nichts, ich musste mich meinen Problemen stellen. Bevor ich zum Duschen ins Badezimmer ging, streckte ich mich noch einmal im Bett aus.

Das warme Wasser lief über meinen Körper und ich spürte, wie sich meine Muskeln entspannten. Und während ich mit geschlossenen Augen mein Gesicht unter den Wasserstrahl hielt, dachte ich an Lu. An diese kleine, wenn auch etwas durchgeknallte, junge Frau. Sie war vorlaut, frech und ungehemmt - aber irgendwie süß. Was sie dann mit mir in diesem Motelzimmer angestellt hatte, brachte meine Lenden zum Kochen.

Mist! Ich war erregt, dabei wollte ich eigentlich die Dusche beenden.

***

Je näher ich unserem Grundstück kam, desto unwohler fühlte ich mich. Mein Magen rebellierte, mein Kopf hämmerte, mir war schlecht und ich hatte das Gefühl, dass meine Beine taub wurden. Ich kam mir vor wie ein kleiner Junge, der die Zeit absichtlich vertrödelte.
Auf unserem Grundstück angekommen, fuhr ich über den Kiesweg. Mehrere weiße Lieferwagen versperrten die Zufahrt zu meinem Parkplatz. Bestimmt ließ meine Mutter gerade das große Zelt im Garten abbauen und die Blumenarrangements wieder abholen.
Ich parkte hinter einem der Lieferwagen und beim Aussteigen hörte ich auch schon ihre Stimme. Innerlich wappnete ich mich für ein Donnerwetter. Wie gewohnt gab sie den Angestellten Anweisungen.
»Die Rosen will ich draußen im Garten haben und die Lilien sollen die Eingangshalle schmücken. Sorgen Sie ja dafür, dass Sie keine Wassertropfen auf dem Marmorboden hinterlassen«, sagte sie mit drohendem Zeigefinger zu einer jungen Frau. Die

Angestellte nickte und hatte Schwierigkeiten, das Liliengesteck, das größer als sie selbst war, unbeschadet ins Haus zu tragen.
Verdutzt wunderte ich mich, wieso sie die Blumen ins Haus schaffte. Während ich dem Blumengesteck hinterher schaute, entdeckte sie mich. Sie sah mehr als sauer aus und stemmte ihre Hände in die Hüften.
»Wieso kommst du erst jetzt? Und wieso gehst du nicht an dein verdammtes Handy?« Sie seufzte. »Egal, du wirst es mir wahrscheinlich sowieso nicht erzählen. Komm ins Büro, dein Vater und ich müssen mit dir sprechen«, befahl sie, ließ mich stehen und ging eilig ins Haus zurück.
Mutter duldete keinen Widerspruch, deshalb folgte ich ihr durch die Eingangshalle. Überall waren Angestellte, die beschäftigt durchs Haus liefen. Aus unserer Küche hörte ich Geschirr klappern und es duftete nach Essen. Ein merkwürdiges Gefühl befiel mich. Was war hier los? Die Hochzeit wurde doch abgeblasen!?
»Pssst ... Matt!« Sandy steckte ihren Kopf durch die Tür unserer Bibliothek und winkte mich zu sich. Meine Schwester Sandy konnte mir bestimmt sagen, was hier vor sich ging.
»Wieso bringen die Leute den ganzen Kram ins Haus, statt ihn wieder mitzunehmen?«, fragte ich und schloss die Tür hinter mir.

Sandy fuhr mit ihrem Rollstuhl ans Fenster und drehte ihn gekonnt in meine Richtung. Mittlerweile hatte sie den Bogen mit dem Ding echt raus.
»Mum und Dad haben echt getobt, weil du sie einfach vor vollendete Tatsachen gestellt hast. Und gestern waren die Godlucs da. Sie waren stundenlang im Büro.«
»Die Godlucs? Wieso?« Jetzt hatte sie meine volle Aufmerksamkeit.
»Das weiß ich nicht genau. Ich weiß nur, dass es um dich ging und dass sie irgendwas unterzeichnet und anschließend sogar mit Champagner angestoßen haben.«
»Angestoßen?«
»Ja, ich hab dir doch geschrieben. Wieso bist du nicht nach Hause gekommen?«
Fragend ruhten ihre blauen Augen auf mir. Sie wirkte müde und blass. Bestimmt hatte sie sich wieder mal Sorgen um mich gemacht.
»Ich war unterwegs. Aber ich kümmere mich darum. Danke, dass du mich warnen wolltest. Hast du deine Medikamente schon genommen?«
Sie hasste es, wenn ich sie danach fragte. Sie fühlte sich von uns allen kontrolliert und genau deshalb verdrehte sie die Augen.
»Jetzt geh schon, bevor Mum einen Anfall bekommt ... Und vergiss nicht, mir hinterher alles zu

erzählen.« Ich zwinkerte ihr zu und schon war ich aus der Tür.
Mit Millionen Ausreden und Erklärungen stand ich vor der Bürotür meines Vaters. Jetzt würden bestimmt einige unangenehme Szenen auf mich zukommen, auch wenn eine leise Stimme mir zuflüsterte, dass ich es verdient hatte. Trotzdem hoffte ich, dass es nicht so schlimm werden würde. Ich zupfte meinen verknitterten Anzug zurecht und klopfte schließlich an. Tief durchatmend betrat ich das Büro meines Vaters.

Kapitel 2
Matt

Mein Vater saß im Anzug an seinem schweren Eichentisch, während meine Mutter neben ihm stand und mit ihm irgendwelche Unterlagen durchging. Sofort unterbrachen sie ihre Unterhaltung. Ihre Anspannung konnte ich in ihren Gesichtern erkennen - ich wusste, dass sie gerade noch über mich gesprochen hatten.
Meine Mutter trug, wie immer tagsüber ein schwarzes Kostüm und meinen Vater kannte ich nicht ohne Anzug.
Das Büro kam mir heute viel kleiner vor, als würde es mich erdrücken, je weiter ich hineinlief. Deshalb blieb ich stehen und blickte zu meinem Vater.
»Setz dich, Matt!« Er zeigte auf den Stuhl vor dem Schreibtisch.
»Wird Zeit, dass du dich mal blicken lässt, Junge. Wir haben einiges zu besprechen.«
Erwartungsvoll setzte ich mich. Ruhig lehnte er sich in seinem Chefsessel zurück und faltete die Hände, als wollte er über seine Worte nachdenken. Ich wurde das Gefühl nicht los, dass hier irgendetwas faul war.
Ich sollte etwas sagen, mich vielleicht erklären. »Wenn es um den geplatzten Auftrag mit Bilfon

geht, das kann ich erklären ...«, versuchte ich, mein Fehlverhalten zu rechtfertigen. Mir war klar, ich hatte wirklich Mist gebaut.
»Geplatzter Auftrag!«, erhob meine Mutter ihre Stimme vorwurfsvoll. Mein Vater legte besänftigend seine Hand auf ihren Arm.
Doch wie so oft ließ meine Mutter seine Nähe nicht zu und schüttelte seine Hand ab. »Nein, John! Matt muss ein für alle Mal lernen, dass unsere Firma kein Spielplatz ist, auf dem er tun und lassen kann, was er will. Wie konntest du nur, Matt?«, senkte sie ihre Stimme und wandte sich jetzt mir zu. »Wenn du schon Bilfons Tochter vögeln musst, dann hättest du wenigstens dafür sorgen können, dass er das nicht mitbekommt.«
»Aber ...«, stammelte ich.
»Wie dem auch sei«, unterbrach mein Vater sie. »Das Kind ist nun in den Brunnen gefallen und wir müssen zusehen, wie wir es da wieder herausbekommen. Matt, wie du weißt, ist Baldwin Industries in ... na ja in gewissen Schwierigkeiten. Wir hätten diesen Auftrag dringend gebraucht. Dir muss doch klar gewesen sein, dass dir Bilfon mit seinem italienischen Temperament die Hölle heißmacht und uns den Auftrag nicht erteilen wird, wenn er dich mit ihr erwischt.«

Da hatte er Recht, aber ich war an diesem Abend einfach zu besoffen gewesen. Außerdem sollte Bilfon mal seiner Tochter auf den Zahn fühlen - so ein Früchtchen - schließlich war ich auch nur ein Mann.
»Und was Hannah betrifft, wir können ihr noch nicht einmal böse sein, Victoria.«
»Ich werde das dem Mädchen nicht verzeihen! Wegen eines Fehltritts gleich alles hinzuwerfen! Wenn ich immer gleich aufgegeben hätte, dann würde es diese Firma heute nicht mehr geben.«
»Vic, das gehört nun wirklich nicht hierher«, protestierte mein Vater. Ich unterdrückte ein Grinsen, weil ich das erste Mal mitbekam, wie mein Vater rot wurde, als meine Mutter aus dem Nähkästchen plauderte.
»Wie dem auch sei. Wir haben gestern Abend eine Lösung gefunden und dein Vater und ich erwarten von dir, dass du deinen Fehler wiedergutmachst und diesen Vertrag hier unterschreibst.« Sie reichte mir ein Stück Papier und blickte mich erwartungsvoll an.
Ich nahm die Unterlagen und überflog die erste Seite. An der Einleitung blieb ich hängen und musste plötzlich die Luft anhalten, als ich kapierte, was dort stand.
»Ihr wollt mit Godluc fusionieren? Seid ihr verrückt!?«, platzte es aus mir heraus. Diese Firma

war schon lange scharf auf uns. Godluc war schon vor ein paar Monaten an uns interessiert gewesen und nur durch das Verhandlungsgeschick meines Vaters, konnten wir eine feindliche Übernahme verhindern - und jetzt das!? Mir war nicht klar, wie dramatisch unsere finanzielle Lage wirklich war.
»Wir haben keine andere Wahl, Matt. Diese Fusion ist unsere einzige Chance.«
Meine Augen wanderten ungläubig wieder zu dem Vertrag, bis mich der Absatz mit den Vereinbarungen stocken ließ. Einen Satz musste ich mehrmals lesen, weil ich nicht glauben konnte, dass er dort wirklich stand.
»Was?! Ich soll heiraten?! Spinnt ihr? Das kann doch unmöglich euer Ernst sein!«
»Es ist nur für ein Jahr, Matt«, versuchte mich meine Mutter zu besänftigen. Aber ich hörte deutlich das Schwanken in ihrer Stimme - sie war nervös.
»Ein Jahr?« Entrüstet stand ich von meinem Platz auf. »Wie stellt ihr euch das vor? Was ist mit Hannah? Was, wenn sie wieder zu mir zurückkommt?«
Vater war sichtlich verwirrt. »Wieso? Ich dachte, sie hat dich sitzen gelassen.«
»Ja, aber ... vielleicht merkt sie, dass es ein Fehler war und ...«

»Mach dich nicht lächerlich, Matt! Sie kommt nicht zurück und falls doch, wird sie ganz schnell erkennen, dass es vorbei ist. Außerdem stecken wir in der Klemme. Wir brauchen die Fusion. Godluc hat die Hochzeit zur Bedingung gemacht.«
»Aber ich kann doch nicht einfach irgendeine Frau heiraten! Ich kenne sie doch überhaupt nicht.«
Mutter lachte. »Natürlich kennst du sie. Lucinda Godluc. Wart ihr nicht zusammen in einer Klasse, bevor sie auf das Internat ging?«
»Lucinda? Lucinda Godluc, die ... Pummelelfe?«, gab ich geschockt und schrill von mir. Es war viele Jahre her, dass ich an sie gedacht hatte. Ein altes und nagendes Gefühl tauchte plötzlich auf und mit ihm das Bild, welches ich von Lucinda hatte - rothaarig, übergewichtig, mit Zahnspange und Brille - das Klassenopfer. Sie war ein merkwürdiges Kind, eben anders als wir anderen, sie hatte überhaupt nicht zu uns gepasst.
Damals hatte sie in ihrem rosa Elfenkostüm im Garten gespielt und war auch in diesem Aufzug mit ihrem Hausschwein Bertha Gassi gegangen, wie mit einem Hund - das war schon sehr ungewöhnlich und seltsam gewesen.
»Pummel was ...?«, unterbrach Vater meine Gedanken.

Pummelelfe - das war ihr Spitzname, den wir Jungs ihr damals gegeben hatten.
»Nichts!«, erwiderte ich schnell. »... Also, wenn ich euch richtig verstanden habe, wird Godluc mit Baldwin fusionieren, wenn ich seine Tochter heirate?« Wieso tat ein Vater so etwas? Die Zeiten, in denen Hochzeiten von Vätern arrangiert wurden, waren längst vorbei. »Was verspricht er sich davon?«, wollte ich wissen. Alles in mir sträubte sich gegen diesen Gedanken. »Ich kann und will die Pummelelfe nicht heiraten.« Wer wusste schon, wie verrückt sie heute noch war?
»Dir wird nichts anderes übrig bleiben, wenn wir die Pleite abwenden wollen«, antwortete Mutter kühl. Auch jetzt, als es um ihren Sohn ging, sprach die tüchtige Geschäftsfrau aus ihr. »Hättest du den Auftrag an Land gezogen, wäre uns das wahrscheinlich erspart geblieben.«
»Mutter, ich weiß, dass ich einen Fehler gemacht habe und du musst ihn mir nicht ständig unter die Nase reiben«, brauste ich auf.
»Godlucs Tochter hat sich einer Gruppe von Tieraktivisten angeschlossen. Dabei kam es in der Vergangenheit immer wieder zu einigen Konflikten mit der Polizei. Ich glaube, er will einfach, dass sie vernünftig wird und du ihr zeigst, wie man Verantwortung für so eine große Firma übernimmt.

Außerdem kann er sich keine schlechte Presse mehr leisten. Ständig taucht sein Name in Verbindung mit seiner Tochter und den Aktivisten in den Zeitungen und im Netz auf«, sagte mein Vater.
»Das ist ein Scherz, oder?« Ich hoffte so sehr, dass mein Vater endlich zu lachen anfing und mir sagte, dass sie mich nur reinlegen wollten. Doch ihre Gesichter blieben so ernst wie immer.
»Das ist kein Scherz, mein Junge. Die Frau hat bisher nichts erreicht in ihrem Leben, bis auf ihren Collegeabschluss. Sie ist das einzige Kind von Godluc und wird eines Tages alles erben. Bis dahin will Clint sichergehen, dass seine Tochter gelernt hat, die Geschäfte zu führen. Er weiß natürlich, wie gut du dich bei uns bisher gemacht hast. Das hat er gestern mehrmals erwähnt.«
Eine Tieraktivistin! Ja, das passte zu ihr. »Aber gleich heiraten? Und wie stellt ihr euch das vor? Ich hab Lucinda schon seit Jahren nicht mehr gesehen. Außerdem wird sie ganz bestimmt nicht einwilligen.«
»Das hat sie bereits.« Mutter konnte sich ein siegessicheres Grinsen nicht verkneifen. »Die Hochzeit findet morgen statt.«
»Was? Ihr seid ja verrückt. Ich kann doch nicht morgen schon heiraten?«

»Doch! Es ist alles vorbereitet.« Ungeduldig sah sie auf ihre Armbanduhr. »Wir sollten uns beeilen. Clint und Lucinda müssten in einer halben Stunde hier sein. Dann könnt ihr euch ein wenig kennenlernen und ein paar Details besprechen. Ich erwarte von dir, dass du dich diesmal an deine Pflichten hältst, und alles tust, um die Firma zu retten.«
Mir fehlten die Worte. Ich wusste schon immer, dass Baldwin Industries oberste Priorität hatte, aber das meine Eltern ihre Firma mir vorzogen, das verletzte mich schon sehr. Ich biss so fest auf meine Zähne, bis sie knirschten. Nach all den Ereignissen war mir nach einem Drink zumute. Meine Kehle war wie zugeschnürt. Ich lockerte die Krawatte und öffnete den ersten Knopf meines Hemdes.
Ausgerechnet Lucinda Godluc - die Pummelelfe!
Mein Vater erhob sich und ging um den Schreibtisch herum. Beim Vorbeilaufen drückte er mir die Schulter. »Du wirst sehen, das Jahr wird schnell vorübergehen. Du bringst ihr einfach bei, was sie wissen muss. Natürlich werden wir innerbetrieblich durch die Fusion einige Änderungen vornehmen müssen, aber ich denke, mit Godluc haben wir es nicht ganz so schlecht erwischt. Mit der Fusion ziehen wir unseren Kopf aus der Schlinge.« Er lief zu der kleinen Bar und schenkte uns einen Whiskey ein. Mein Vater wusste genau, wie ich mich gerade

fühlte. Als er mir das Glas reichte, bemerkte ich, wie seine Hand zitterte. Ich tat so, als hätte ich nichts gesehen. Diese ganze Sache nahm ihn mehr mit, als er zugeben wollte. Ich sah die ganze Hoffnung, die in seinem Blick lag und mir wurde schlecht dabei, sodass ich ihm nicht länger in die Augen schauen konnte. Die Firma war sein Lebenswerk und es lag an mir, ob wir alles verlieren würden oder nicht. Ungeduldig wippte Mutter mit dem Fuß, während ich da saß - völlig überrumpelt, wütend und durcheinander.

»Du wirst sehen, Matt. So ein Jahr geht bestimmt schnell vorbei. Und wer weiß? Vielleicht könnt ihr ja Freunde werden in dieser Zeit.«

Ich war nicht in der Lage etwas darauf zu antworten. Meine Mutter hatte ja keine Ahnung.

»Also, auf mich wartet noch viel Arbeit. Dein Anzug wurde heute Morgen schon geliefert, ich habe ihn in dein Ankleidezimmer bringen lassen.« Sie schenkte mir einen versöhnlichen Blick, der nur dazu beitrug, dass ich mich noch mehr gefangen fühlte.

Damit rauschte sie aus dem Zimmer und ließ mich und meinen Vater allein.

Normalerweise trank ich so früh keinen Alkohol, aber das hier und heute war alles andere als eine normale Situation. Als der Alkohol warm meine

Kehle hinunter rann, spürte ich, wie ich mich etwas entspannte.
Vater setzte sich wieder in seinen Sessel und musterte mich. »Ehrlich gesagt, können wir froh sein, dass du etwas mit der Tochter von Bill hattest. Denn sonst hättest du Hannah vielleicht verlassen müssen, oder wir wären in eine aussichtslose Katastrophe gesteuert. Wer weiß, ob der Auftrag von Bilfon gereicht hätte, die Firma zu retten.« Er nahm ebenfalls einen Schluck und blickte in die goldgelbe Flüssigkeit in seinem Glas. »Vielleicht ändert Bilfon ja noch seine Meinung. Was hat er eigentlich zu dir gesagt, als er dich mit ihr erwischt hat?«
»Er hat natürlich getobt und ich kann von Glück reden, dass er mich nicht umgebracht hat.« Mein Vater lachte auf.
Bilder dieser Nacht flackerten in meinem Gedächtnis auf und ließen ein schlechtes Gewissen zurück. Schnell versuchte ich, sie mit einem weiteren Schluck, zu verdrängen.
»Ich kann dir nur den Rat geben, treffe mit Godlucs Tochter ein paar Vereinbarungen. Niemand verlangt, dass ihr die Ehe vollziehen oder euch in irgendeiner Form näherkommen müsst. Es ist eine geschäftliche Vereinbarung. Allerdings hat deine Mutter Angst, dass die Sache in der Öffentlichkeit

negativ aufgenommen werden könnte. Und damit Lucinda der Presse kein neues Futter liefert, schicken wir euch in die Flitterwochen. Anschließend wird Lucinda hier im Haus ein Zimmer bekommen.«

Das wurde ja immer besser. Ich kippte den restlichen Whiskey in einem Zug hinunter. Panik breitete sich in mir aus. Das Brennen des Alkohols tat gut und half mir, dieses Gefühl einzudämmen. Für ein paar Augenblicke tat es das auch - dann konnte ich nicht länger auf dem Stuhl sitzen und lief unruhig durch das Büro.

»Ich muss mich für ein Jahr an diese Frau binden. In aller Öffentlichkeit den liebenden Ehemann spielen. Ich weiß wirklich nicht, ob ich das kann, Vater.«

»Beruhige dich. So schlimm wird das schon nicht werden, Matt. Sprich mit ihr, ihr könnt trotz allem eure ... Abenteuer haben - da bin ich mir sicher. So, wie ich hörte, ist die junge Frau auch kein Kind von Traurigkeit.«

Ich konnte mir zwar beim besten Willen nicht vorstellen, dass es auch nur einen Mann auf diesem Planeten gab, der sie freiwillig anfassen würde, doch heutzutage gab es die abartigsten Dinge.

»Ehrlich gesagt wundere ich mich, dass sie zugesagt hat, weil ... weil ... sie hasst mich.« Mein schlechtes Gewissen hatte ich jahrelang gut versteckt, es tief

vergraben, eingesperrt und es für alle Zeit vergessen wollen. Jetzt schlich es um meine Eingeweide wie Gift, welches sich langsam in meinem Kreislauf ausbreitete. Es erfasste meinen ganzen Körper, nahm sogar meine Lungen ein. Scheiße, ich erstickte!
»Entschuldige mich, Vater«, sagte ich, stellte das leere Glas auf den Schreibtisch und verließ eilig, ohne ein weiteres Wort, das Büro. Ich hörte noch, wie mein Vater etwas hinter mir herrief. Ich musste hier raus!

***

Panik überfiel mich, als ich in der Eingangshalle mit einem Lieferanten zusammenstieß. Die Kartons, die er übereinandergestapelt trug, fielen auf den Boden und es war ein dumpfes, klirrendes Geräusch zu hören.
»Können Sie nicht aufpassen«, schnauzte ich ihn an, obwohl ich genau wusste, dass ihn keine Schuld traf. Der Mann entschuldigte sich und machte sich sogleich daran, die Schachteln wieder aufeinanderzustellen. Normalerweise würde ich ihm helfen, doch der Name meiner "Zukünftigen" und unsere Vergangenheit brachten mich so durcheinander, dass ich mich einfach unhöflich aus

dem Staub machte. Ich würde ersticken, wenn ich nicht jetzt gleich an die Luft käme.
So schnell ich konnte, rannte ich den Flur entlang durch das Kaminzimmer. Dort öffnete ich die Glastür, die mich ins Freie treten ließ. Sofort drang frische, kühlere Luft in meine Lungen. Endlich konnte ich tief einatmen. Ich legte meine Hände in den Nacken und streckte mein Gesicht in die Sonne. So verharrte ich einen Moment, atmete ruhig und versuchte, an nichts zu denken.
Es gelang mir nicht, so sehr ich mich auch bemühte. Lucinda Godluc. Dieser Name brannte sich in mein Hirn und das Bild des kleinen, zehnjährigen Mädchens tauchte direkt vor meinen Augen auf. Genau wie die anderen hatte ich damals über sie gelacht, schlecht über sie geredet. Ich hatte Flausen im Kopf und wollte auf keinen Fall selbst zum Gespött werden. Es war mir peinlich zuzugeben, dass sie mir leidtat - ich war fies und gemein zu ihr. Drei Wochen nach dem Desaster in der Schwimmhalle war sie einfach aus Hinsdale verschwunden.
Seither hatte ich nur mit ihrem Vater zu tun - und dass erst Jahre später und nur auf geschäftlicher Basis. Die Vorstellung, sie zu heiraten, war völlig verschroben. Lucinda Godluc hasste mich -

abgrundtief. Es würde nicht einfach zwischen uns werden, das wusste ich genau.
Mein Gemüt beruhigte sich langsam und ich konnte wieder klarer denken. Unser Gärtner grüßte mich nickend, während er die Hecken schnitt, die unsere große Terrasse umsäumte. Ich lief um den Marmortisch, bis zu den Stufen, die zum großen Rasenstück hinunterführten. Das weiße Zelt leuchtete mir schon entgegen. Ich sah den vielen Leuten dabei zu, wie sie alles für die morgige Hochzeit schmückten und aufbauten. Mittendrin stand Mutter und ging irgendeine Liste mit einem ihrer Angestellten durch. Wie immer wirkte sie sehr beschäftigt.
Unweit vom Festzelt sah ich einen großen Rosenbogen, unter dem ich wahrscheinlich morgen mein Ja-Wort geben sollte. Zwei Mitarbeiter waren gerade dabei, weiße Gartenstühle aufzustellen. In der Mitte ließen sie einen breiten Gang frei, wo ein Teppich ausgebreitet werden sollte, der bis zum Rosenbogen führte. Eigentlich wollte ich mit Hannah über den Teppich schreiten.
Bloß nicht daran denken! Schnell wandte ich meinen Blick ab, denn die Erinnerungen schmerzte und mein schlechtes Gewissen meldete sich wieder. Ich schluckte schwer, während ich an Hannah dachte. Sie hatte immer von Freiheit gesprochen und ich

dachte, sie fühlte sich nur von ihrer Mutter gefangen. Ich hatte tatsächlich geglaubt, ich hätte in ihr die perfekte Partnerin gefunden, die sich danach sehnte, meine Kinder großzuziehen und nur für mich da zu sein. Wie konnte ich mich nur so in Hannah täuschen?

Und jetzt stand die Existenz unserer Firma und damit auch die meiner Familie auf dem Spiel. Ich konnte den Blick meines Vaters und seine zitternde Hand, als er mir den Drink gereicht hatte, nicht vergessen. Die Zukunft von Baldwin Industries lag nun in meinen Händen.

Die Last auf meinen Schultern erdrückte mich. Ich war meinem Vater gegenüber durch den geplatzten Deal mit Bilfon dazu verpflichtet, dieses Opfer zu bringen. Mit dieser Erkenntnis und dem Gefühl, es der Firma und meinen Eltern schuldig zu sein, lief ich zurück zum Haus.

Kapitel 3
Matt

Die Glastür stand immer noch offen, als ich vom Garten zurückkam und die große Terrasse betrat. Ich musste mich umziehen. Meine Kleidung roch noch nach der Bar von gestern Abend und war verknittert. Gerade als ich hineingehen wollte, hörte ich Stimmen aus dem Kaminzimmer, die mich innehalten ließen.

»Du wirst mir eines Tages noch dankbar dafür sein.«

»Pah, dankbar? Ihr zerstört mein Leben.«

»Ach, Lucinda! Sieh es doch als Chance! Außerdem lernst du so viele Leute kennen, da wirst du keine Zeit haben, irgendetwas zu vermissen. Vielleicht macht es dir sogar Spaß?«

»Als Chance soll ich es sehen? Wie würde es dir gefallen, wenn man dich so erpresst, Daddy? Außerdem braucht mich Morten. Ich kann ihn nicht für ein Jahr verlassen.«

»Morten, Morten ... aus deinem Mund hören wir immer nur noch Morten. Ich kann dich doch nicht dein Leben lang durchfüttern! Jeden Monat gibst du so viel Geld für ihn aus. Er liegt dir auf der Tasche, Kind. Irgendwann musst du über eine Trennung nachdenken und dir einen vernünftigen Job suchen.«

»Ihn verlassen? Niemals! Morten ist mein Leben, Dad. Ich liebe ihn und das würde ich nicht übers Herz bringen. Er braucht mich! Aber davon verstehst du ja nichts. Du hast keine Ahnung, was du uns damit antust.«
Neugierig versuchte ich einen Blick in das Kaminzimmer zu werfen, aber der Raum war zu verwinkelt.
»Entschuldigt bitte, dass wir euch haben warten lassen«, hörte ich meinen Vater sagen. Er klang aufgeregt. »Möchtet ihr in den Garten und euch ansehen, was meine Frau Victoria gezaubert hat?«
Verflucht! Sie kamen in den Garten - hier her! Ich wollte nicht, dass die Pummelelfe mich in diesem zerknitterten Anzug sah. In meiner Panik presste ich mich eng an die Hauswand und kam mir vor wie ein Schuljunge, der heimlich ein Gespräch belauscht hatte. Verzweifelt suchte ich einen Ausweg.
Die Stimmen wurden immer lauter - kamen näher. Verdammt! Ich musste mich verstecken, nur wo? Ich tastete mich langsam an der Wand entlang, ließ aber die Glastür nicht aus den Augen. Jede Sekunde rechnete ich damit, dass sie mich entdecken würden. Dann sah ich, wie die Hand meines Vaters die Glastür aufdrückte. »Matt kommt sicher auch gleich. Er freut sich sehr, dich mal wieder zu sehen, Lucinda«, hörte ich ihn noch säuseln, bevor mich

etwas pikste und ich nicht mehr die sichere Hauswand im Rücken spürte. Ich verlor das Gleichgewicht und fiel rücklings in die Hecke. Das frisch gestutzte Gebüsch kratzte mich im Gesicht, Hals und Rücken. Ich unterdrückte einen Aufschrei. Auf keinen Fall durften sie mich in dieser Situation entdecken! Meine Hände waren schmutzig und mein Anzug bestimmt total verdreckt. So ein Mist! Hoffentlich würden sie einfach schnell weiterlaufen.
»Senior? Haben Sie sich wehgetan? Soll ich Ihnen helfen?«, hörte ich eine Stimme direkt hinter mir auf der anderen Seite des Gebüschs. Unser Gärtner spähte durch die Blätter zu mir. Zum Glück stand er auf der Wiese, sodass man ihn nicht direkt sehen konnte. Aber peinlich war es mir schon, dass er offensichtlich gesehen hatte, wie ich ins Gebüsch gefallen war. Lautlos und wild fuchtelte ich mit den Armen und signalisierte ihm so, dass er verschwinden sollte.
Natürlich verstand er nicht, was ich von ihm wollte, und zog seine Stirn kraus. Mit zusammengepressten Zähnen versuchte ich ihm nochmals klarzumachen, dass er gefälligst verschwinden sollte. Erst da drehte er sich beleidigt um und wandet sich wieder seiner Arbeit zu. Einmal schaute er noch verwirrt zu mir zurück, dann zuckte er mit den Schultern und tat so, als wäre nichts geschehen.

Wie ich gehofft hatte, führte mein Vater unsere Gäste durch den Garten. Und als die Luft endlich rein zu sein schien, wagte ich es und krabbelte auf allen Vieren aus der Hecke.
So eine Scheiße! Meine Hose war ruiniert. Verärgert klopfte ich die Erde und den Schmutz ab und zupfte einzelne Blätter und Äste von meiner Kleidung. Meine Hände waren leicht aufgekratzt und das Brennen in meinem Gesicht wurde stärker.
»Liegst du öfters im Gebüsch?«
Verflucht! Diese Stimme! Ich entdeckte zwei schlanke Füße, deren Zehen blau lackiert waren. Mein Blick wanderte weiter hinauf zu einer schmalen Taille, bis ich schließlich in ein hübsches Frauengesicht schaute. Die Sonne blendete mich, deshalb kniff ich meine Augen zusammen, aber ich erkannte sie. Die pinkfarbene Strähne gehörte eindeutig zu der Frau, mit der ich letzte Nacht unglaublichen Sex gehabt hatte.

***

»Du? Was machst du denn hier?«, fragte ich, und noch bevor ich die Frage zu Ende stellen konnte, wurde mir alles klar.
»Lu ... Lucinda G ... G ... Godluc«, stotterte ich, was ein schiefes Lächeln auf ihre Lippen zauberte.

Heilige Scheiße, verdammter Mist, ... ich konnte es nicht fassen! Natürlich! Meine Kinnlade klappte auf und ich musste alle Kraft aufbringen, um sie langsam wieder zu schließen. Bilder der Vergangenheit und der letzten Nacht flogen wie kleine Schnappschüsse vor meinen Augen vorbei. Sie sah verändert aus. Lu trug eine dunkle Hose und ein enges Top. Ihr Haar war ordentlich frisiert, nur ihre pinkfarbene Strähne und der abgefressene grüne Nagellack auf ihren Fingern gaben mir die Gewissheit, dass sie tatsächlich die Lu der vergangenen Nacht war.
Ich stand da wie ein Trottel, als mir bewusst wurde, wobei sie mich gerade erwischt hatte. Verlegen zupfte ich weitere Blätter aus meinem Haar, während sie sich ein Schmunzeln nicht verkneifen konnte. Jedoch war ihr Blick kalt und schadenfroh. Mein Hirn fing langsam wieder an zu arbeiten, als es den ersten Schock verwunden hatte, und endlich begann ich zubegreifen.
Ich gaffte sie an und fühlte mich wie ein Idiot. Eigentlich hätte ich sie gestern schon erkennen können und auch müssen. Natürlich! Sie hatte sich verändert. Sie war schlank, ihr rotes Haar war wahrscheinlich einer Dauerfärbung zum Opfer gefallen und ihre Brille hatte sie durch Kontaktlinsen

ersetzt. Unglaublich! Aus der Vogelscheuche war ein hübscher Schwan geworden.
Ihre lustige und fröhliche Art von gestern Abend war völlig verschwunden. Sie wusste genau, wer ich war. Ich sah es in ihrem Blick - sie hatte nichts vergessen.
»Du hast dich heute Morgen einfach aus dem Staub gemacht«, sagte ich, um die Stille zwischen uns zu unterbrechen.
Aber Lucinda sagte kein Wort und ich schluckte. Lange sah sie mich an und ich konnte nicht einschätzen, was sie dachte. Sie blickte mich einfach nur an. Da war kein Lächeln, kein Zucken - einfach nichts. Nach gefühlten endlosen Minuten löste sie ihren Blick, wandte sich von mir ab und ließ mich einfach stehen.
Kurz überlegte ich, ob ich ihr noch etwas hinterher rufen sollte, holte sogar schon Luft, doch dann ließ ich es, weil alles, was ich gesagt hätte, sowieso nur Mist gewesen wäre und sie schon zu weit entfernt war. Sie sah kein einziges Mal zurück.
Ich fragte mich, ob sie gestern in der Bar schon gewusst hatte, wer ich war. Aber dann wäre sie wohl nicht mit mir ins Bett gegangen oder? Ich war verwirrt, schockiert und absolut beeindruckt.
Tausend Fragen schossen mir durch den Kopf, als ich endlich in meinem Zimmer ankam. Ich atmete

tief durch. So erbärmlich hatte ich mich schon lange nicht mehr gefühlt.
Im Badezimmer entdeckte ich im Spiegel zwei Kratzer in meinem Gesicht. Na toll! Zu allem Überfluss wurde das Brennen unter der Dusche durch die Seife nur noch verstärkt. Als ich in einem knitterfreien Anzug vor dem Spiegel stand, fühlte ich mich nicht besser. Im Gegenteil - Lu beherrschte meine Gedanken.
Einerseits war ich völlig fasziniert, wie sehr sie sich verändert hatte, andererseits musste ich mir eingestehen, dass ich nicht wusste, wie ich mit der neuen Situation umgehen sollte. Zum ersten Mal war ich wirklich überfordert.
Ich klopfte einen Staubfussel von meinen Schultern und machte mich mit neu eingeredetem Selbstbewusstsein auf den Weg in den Garten. Mit jedem Schritt erhöhte sich das Tempo meines Herzschlags, und als ich die Wiese betrat, raste es. Von Weitem sah ich sie schon vor dem Zelt stehen - meine Eltern, Mr. Godluc und Lu. Als Mutter mich entdeckte, winkte sie mich übertrieben fröhlich zu sich.
»Da bist du ja, mein Junge. ... Was ist mit deinem Gesicht passiert?«
Verdammt! Alle sahen mich fragend an, nur Lu nicht - ihre Miene war wie versteinert.

»Äh, nichts!« Wie peinlich!
Mutter runzelte kurz ihre Stirn, doch gleich darauf lächelte sie wieder. »Matt, Mr. Godluc, deinen zukünftigen Schwiegervater, muss ich dir nicht vorstellen.« Lus Vater reichte mir seine Hand und klopfte mir anerkennend auf die Schultern.
»Schön, dich wiederzusehen. Wer hätte gedacht, dass wir uns einmal unter solchen Umständen treffen?«
Alle lachten aufgesetzt. Auch ich versuchte mich an einem Grinsen, doch es wollte mir einfach nicht gelingen.
»Ich schlage vor, wir lassen die beiden allein, damit sie sich besser kennenlernen können«, sagte meine Mutter, während mein Vater mir zuzwinkerte und Mr. Godluc in ein Gespräch verwickelte.
Die Hoffnung, aus der peinlichen Situation herauszukommen, gab ich jetzt auf. Ich musste mich Lucinda Godluc stellen, auch wenn ich gerne etwas mehr Vorbereitung dafür gehabt hätte.
Da standen wir beide - wie bestellt und nicht abgeholt. Sollte ich sie etwas fragen oder einfach nur die Klappe halten? Ich wusste nicht, was jetzt richtig war. Und genau das machte mich nervös. Ich war nicht Herr der Lage.
Endlich sah sie auf. »Damit eines klar ist, ich werde nicht noch mal mit dir schlafen. Am besten du

vergisst, was gestern Nacht gewesen ist. Und wehe, du erzählst es jemanden. Außerdem werde ich diese Scheiße nur durchziehen, weil mein Vater mich erpresst und ich das Geld brauche. Sobald das Jahr vorbei ist, sind wir geschiedene Leute.«
»Schon klar.«
»Du brauchst nicht nett zu mir zu sein, oder dir sonstige Floskeln ausdenken. Das hast du ja früher auch nicht getan.«
»Ich denke mir nie Floskeln aus«, wehrte ich mich und erntete sofort einen eiskalten Blick.
»Wie dem auch sei, das ist eine Vereinbarung zwischen unseren Vätern. Ach, und meinen Mädchennamen behalte ich - damit das klar ist. Und wenn diese Sache vorbei ist, verschwinde ich wieder, das ist so sicher wie das Amen in der Kirche.« Sie verschränkte ihre Arme.
Sie kam mir vor wie ein trotziges Kind, ich wusste genau, wie sie sich fühlte. Mir ging es ähnlich. Dennoch fand ich ihre Art irgendwie amüsant.
Langsam schlenderten wir über die Wiese zurück zum Haus, wobei Lu darauf achtete, mir stets einen Schritt voraus zu sein. Wahrscheinlich war es ihr unangenehm, neben mir herzulaufen. Doch daran sollte sie sich ab morgen besser gewöhnen.
Abrupt blieb sie stehen, kniff ihre Augen zusammen und sah mich von der Seite an. »Was hast du

eigentlich vorhin im Gebüsch gemacht? Hast du etwa gelauscht?«
Sie hatte mich ertappt und ich spürte, wie meine Wangen heiß wurden - verdammt, ich werde sonst nie rot!
»Belauscht? Wie ... kommst du denn darauf?«, sagte ich und lief mit gesenktem Kopf weiter. Wieso fühlte ich mich auf einmal so klein?
Sie erhöhte ihr Lauftempo und hatte mich sofort wieder überholt. Als wir durch die Glastür gingen, unterbrachen meine Eltern das Gespräch.
»Ah, da seid ihr ja. Kommt, setzt euch zu uns. Es gibt für morgen noch einiges zu besprechen«, sagte meine Mutter.
Wir setzten uns zu ihnen auf das große Sofa, wobei Lu sehr darauf bedacht war, Abstand zu mir zu halten.

***

Einige Stunden und Millionen Details später saß ich mit meinem Vater im Büro, während Lu das Hochzeitskleid Prozedere meiner Mutter über sich ergehen lassen musste. Sandy wollte es sich nicht nehmen lassen, dabei zu sein. Sie kannte Mutter und wollte verhindern, dass sie Lu alles Mögliche aufschwatzen würde. Wobei ich mir bei Lu keine

Sorgen machte. So, wie ich sie bisher kennengelernt hatte, würde sie meiner Mutter schon ganz genau sagen, was sie wollte und was nicht.
Es war die letzte Nacht vor meiner Hochzeit und ich wurde ein klein wenig melancholisch.
»Eure Hochzeitsreise verbringt ihr auf Hawaii. Godluc hat dort ein exquisites Hotel für euch gebucht. Wenn ihr dann in drei Wochen wieder zurückkommt, könnt ihr mit der Arbeit beginnen. Schaut euch einfach die Insel an und habt Spaß. Vielleicht werdet ihr ja Freunde.«
Es würde schwer werden, mit Lu befreundet zu sein - so viel stand fest. Drei Wochen konnten eine lange Zeit sein. Ich wollte schon immer mal nach Hawaii, aber nicht unter diesen Voraussetzungen. Bilder von Hulamädchen mit Blumenketten und leckeren Cocktails hatte ich vor Augen, aber auch von einer Frau, die mir das Leben zur Hölle machen konnte.
»Müssen wir unbedingt in die Flitterwochen? Ich meine, wir können doch auch hierbleiben.«
»Nein! Es geht auch um die Glaubwürdigkeit eurer Verbindung. Deshalb habe ich zusätzlich ein paar Presseleute an den Flughafen bestellt, die exklusive Fotos von euch als Paar machen dürfen. Sie fragen sich natürlich, was mit deiner früheren Verlobten Hannah geschehen ist. Aber mach dir keine Sorgen, so schlimm wird es am Flughafen nicht werden, wir

haben eine kurze Pressemitteilung verfasst, die ohne zu viele Details zu verraten erklärt, warum es zur Trennung zwischen Hannah und dir kam. Außerdem seid ihr ja dann erst mal drei Wochen fort.«

Daran, dass wir mit dieser Hochzeit mehr Aufmerksamkeit in der Presse bekämen, hatte ich überhaupt nicht gedacht. Logisch, dass sie dann auch die Geschichte zwischen Hannah und mir durchleuchten würden.

»Morgen Abend nach dem Dinner geht es los. Eine Limousine wird euch abholen und zum Flughafen bringen.«

Mein Vater nahm eine Zigarre aus einer Schachtel, die auf seinem Schreibtisch stand. Er kappte die Spitze und zündete sie an. Dicke Rauchschwaden breiteten sich aus. Dann lehnte er sich zurück und nahm einen Schluck seines Drinks. Nachdenklich beobachtete er den Qualm, wie er in die Höhe stieg.

»Ich bin sehr stolz auf dich, Matt«, unterbrach er die Stille. »Seit du einen Teil der Geschäftsführung übernommen hast, bemerke ich, wie gut es mir tut, die Last nicht mehr allein tragen zu müssen. Ich habe dich mit den wichtigsten Aufgaben betraut und bis auf den letzten Kunden hast du immer alle Erwartungen mehr als erfüllt. Dass Baldwin Industries sich einen solchen Namen machen

konnte, ist auch dein Verdienst. ... Ich wollte, dass du das weißt, bevor du morgen aufbrichst.«
Seine Worte waren wie Balsam für meine Seele. Ich saß ihm still gegenüber, doch innerlich führte ich kleine Freudentänze auf. Es kam nicht oft vor, dass mein Vater mich lobte. Deshalb sog ich all seine Worte auf wie ein Schwamm.
»Danke!«, sagte ich. Es bedeutete mir sehr viel. Zu ihm hatte ich schon immer ein engeres Verhältnis gehabt als zu meiner Mutter. Er war stets verständnisvoll, während Mutter früher oft wegen jeder Kleinigkeit ausgeflippt war. Er blieb ruhig und löste Probleme diplomatisch. Vielleicht hatte ich deshalb ein gutes Gespür für Verhandlungen. Sandy und ich hatten es ihm zu verdanken, dass sich Mutter schneller beruhigte, wenn meine Schwester oder ich mal etwas ausgefressen hatten. Wobei Sandy das oft ausgenutzt hatte, um sie zu provozieren. Als sie noch zur Schule ging, war sie berühmt berüchtigt für ihre Streiche. Bis sie eines Tages krank wurde. Von da an veränderte sie sich, wurde immer ruhiger und schließlich war von dem einst so beliebten und fröhlichen Mädchen nichts mehr übrig.
Ich dachte nicht gern an diese Zeit zurück. Auch jetzt konnte ich noch dieselbe Machtlosigkeit spüren, wie vor knapp zwei Jahren, als die Diagnose -

Kinderlähmung - erfuhren. Es war für uns alle ein Schock gewesen. Viele Nächte lag ich damals wach und wünschte mir, ich könnte ihr wenigstens die Schmerzen nehmen.

***

Meine Braut sollte ich vor der Trauung nicht mehr zu Gesicht bekommen. So war die Tradition und ich hatte nichts dagegen. Viel mehr nervte mich meiner Mutter, wenn es um ihr Hochzeitskleid ging und das scheinheilige Gehabe der Leute, die mir zu meinem bevorstehenden Tag Glück wünschten, obwohl sie die Situation genau kannten. Sie taten so, als wäre es mein großer Tag.
Das wäre er mit Hannah geworden. Nein, an sie wollte ich jetzt nicht denken - sofort überfielen mich wieder Zweifel.
Die halbe Nacht lag ich nun schon wach, wälzte mich im Bett hin und her, bis ich schließlich weibliches Gekicher im Flur vernahm. Neugierig richtete ich mich auf und lauschte.
Das waren Sandy und Lu. Ich warf einen Blick auf meinen Wecker. Halb drei. Wieso waren die beiden so spät noch wach, und was mich viel mehr interessierte, was trieben die beiden im Flur?

Sofort schlug ich die Decke zurück, schlich leise zur Tür und lauschte. Doch bevor ich noch etwas hören konnte, war es auch schon wieder still. Was hatten die beiden da getrieben? Sandy brauchte dringend ihren Schlaf. Ich wartete noch ein paar Minuten, bis ich es vor Neugier nicht mehr aushielt und an Sandys Tür klopfte.
»Ja?«
Ich drückte die Klinke hinunter und streckte meinen Kopf hinein. »Hey, du bist noch wach?«
»Komm rein, Bruderherz.« Sie saß bereits in ihrem Bett und kämmte ihr blondes Haar, das im sanften Licht golden glänzte.
»Wieso bist du so spät noch wach? Was haben Lucinda und du zu dieser Uhrzeit noch gemacht?«, wollte ich wissen, als ich ihr Zimmer betrat. Über ihrem Bett hingen noch immer die Fotos aus ihre Highschoolzeit als Cheerleaderin. Auf einem meiner Lieblingsbilder lachte sie breit in die Kamera. Sandy sah so glücklich aus - frisch und jugendlich - so vieles hatte sich verändert.
»Darf ich nicht auch mal meinen Spaß haben? Schließlich will ich meine zukünftige Schwägerin kennenlernen. Du bist wohl sehr aufgeregt wegen morgen, was?«

Mit einer Handbewegung schlug sie ihre Decke von den Beinen und klopfte mit der anderen Hand auf den Platz neben sich.
Ich folgte ihrer Einladung. Früher hatten wir das öfters gemacht. Doch seit ich in New York lebte, hatte sich vieles verändert.
»Aufgeregt?«
»Nein. Ich habe dir erklärt, warum ich das mache.«
Ich zog die Decke wieder über ihre und meine Beine und lehnte mich zurück. Etwas schwerfällig versuchte sich Sandy hinzulegen, sie wollte sich an mich kuscheln - wie früher. Ich freute mich, dass diese Vertrautheit wieder da war. Mein Arm stützte sie, während sie ihren Kopf auf meine Schulter legte.
»Ich glaube, Lu ist eine tolle Frau«, meinte sie und fing an zu erzählen, wie Mutter die Anprobe nach zwei Stunden resigniert aufgegeben hatte.
»Alle Vorschläge, die Mum ihr gemacht hat, hat Lu kategorisch abgelehnt«, lachte sie. »Und jetzt wird Lu Mums altes Hochzeitskleid auch nicht tragen. Mum hat immer größere Augen bekommen, als deine Braut der Schneiderin von ihrer Ideen erzählte, wie sie das alte Ding von ihr verändern will.« Sie kicherte und hielt sich die Hand vor den Mund.
»Wieso? Wollte sie einen Hosenanzug daraus nähen lassen?«, witzelte ich.

»Viel schlimmer! Lu schlug vor, die Ärmel komplett abzutrennen und den vorderen Saum bis zu ihren Schenkeln zu kürzen - ähnlich wie bei einem Minikleid. Aber das Beste war, dass die Schneiderin von dem Vorschlag gleich angetan war. Du kannst dir denken, dass Mum fast einen Anfall bekommen hat. Ein Blick von ihr und die Schneiderin wusste, dass es jetzt wohl besser wäre, die Vorschläge von Lu nicht weiter zu unterstützen, wenn sie ihren Job behalten wollte.«
Ich schmunzelte. Warum wunderte mich das nicht? Lu war früher schon immer eigensinnig und hatte einen ... merkwürdigen Kleidungsstil. Auch deshalb hatten sich die Mädchen in unserer Schule über sie lustig gemacht.
»Jedenfalls hat Mum ihr Kleid dann beleidigt genommen und ist wortlos aus dem Zimmer gegangen.«
»Und was zieht sie jetzt an?«
Sandy stupste mich leicht in die Rippen. »Das werd ich dir doch nicht verraten. Du weißt, das bringt Unglück. Jedenfalls wird sie super aussehen. Wobei ...« Wieder kicherte sie und verriet sich dabei. Lus Auftritt morgen würde bestimmt einige Leute schockieren und dafür sorgen, dass sie ins Gerede käme.

»Wirst du mir Bilder von Hawaii schicken und mir etwas mitbringen?«
»Natürlich.« Eine Weile schwiegen wir und hingen unseren Gedanken nach.
»Kann ich dich mal was fragen, Matt?«
»Du kannst mich alles fragen. Das weißt du doch.«
Sie richtete sich ein wenig auf und sah mich an.
»Warum hat Hannah Schluss gemacht? Ich meine, klar, sie hat jemand anderen kennengelernt, aber da muss doch vorher schon zwischen euch etwas schiefgelaufen sein. Sonst hättest du sie auch nicht mit der Tochter von diesem wichtigen Kunden betrogen, oder?«
Oh nein, musste das jetzt sein? Meine kleine Schwester war schon immer sehr neugierig, aber sie war, neben Hannah auch, meine engste Vertraute. Mit ihr konnte ich über alles reden. Aber darüber wollte ich nicht reden und schon gar nicht darüber nachdenken.
»Wir sollten jetzt schlafen, es ist schon spät!«, überging ich ihre Frage, in der Hoffnung sie würde verstehen.
»Jetzt komm schon, morgen wirst du keine Zeit für eine Erklärung haben und dann muss ich drei Wochen darauf warten! Oder soll ich Hannah anrufen und sie fragen?«

»Sandy, so was nennt man Erpressung«, protestierte ich.
»Komm schon!«, versuchte sie, mich zu überreden.
»Na gut«, stöhnte ich und gab mich geschlagen. »Das mit der Tochter von Bilfon war ein ... Unfall. Ich war nicht nüchtern und die Kleine hatte es wirklich darauf angelegt. ... Ehrlich gesagt, weiß ich nicht, warum sich Hannah getrennt hat. In den letzten Tagen, als wir noch zusammen waren, schien alles in Ordnung zu sein. Sie hat immer nur was von Freiheit und Erwartungshaltungen gesagt.«
»Und ... liebst du sie noch?«
Ob ich sie noch liebte? Hannah hatte mich bloßgestellt, mich vor vielen Leuten lächerlich und zum Gespött gemacht. Ich war von ihr betrogen worden, okay, zugegeben, sie von mir auch, aber ich bereute es zutiefst. Sie aber war mit dem Kerl im Bett gewesen und das ohne Reue.
Meine Wunde brach wieder auf und ich presste meine Lippen aufeinander. Es tat weh, darüber nachzudenken. Wieder sah ich ihr Gesicht vor mir - hübsch, blaue Augen und mittellanges braunes Haar. Eigentlich genau mein Typ - ganz das Gegenteil von Lu. Wobei ich Lu gar nicht wirklich kannte. Aber das, was ich bisher mit ihr erlebt hatte, war nervig, aufwühlend und verrückt. Auch der Sex war krass gewesen. Verdammt! Es regte sich etwas

in meiner Hose und sofort zwang ich mich, an etwas anderes zu denken.
Was hatte Sandy mich noch gefragt? Ach ja, diese Sache mit den Gefühlen.
»Ja, irgendwie liebe ich Hannah trotzdem noch.«

Kapitel 4
Lu

Oh. Mein. Gott! Wie sah ich denn aus? Ich stand auf einem kleinen Stühlchen in Victorias Ankleidezimmer und starrte entsetzt in den großen Spiegel. Sagten Spiegel immer die Wahrheit? Falls ja, wollte ich sofort aus diesem Albtraum aufwachen. Das war das fürchterlichste Kleid, welches ich je getragen hatte, und ich war mir sicher, Matts Schwester und die Schneiderin, die gerade auf Knien den unteren Saum des Rockes absteckte, dachten das gleiche. Die Einzige, die wirklich davon begeistert zu sein schien, war Victoria. Hin und wieder klatschte sie in die Hände und ging mit leuchtenden Augen um mich herum. In ihrem perfekt geschminkten Gesicht lag ein verliebtes Lächeln. Ich war mir sicher, dieses galt nicht mir, sondern dem alten Fetzen, in dem ich steckte. Bisher war sie nett zu mir gewesen, aber ich war nicht blind. Ich war ihr Mittel zum Zweck und mein Gefühl sagte mir, dass sie wirklich anstrengend werden könnte. Ich bezweifelte ernsthaft, dass ich es auch nur eine Woche mit ihr aushalten würde. Natürlich kannte ich sie nicht. Aber ich hatte schon immer ein gutes Gespür für solche Frauen und bisher konnte ich mich immer auf mein Gefühl verlassen.

»Das Kleid sieht grandios aus, Lucinda. Nur schade, dass dir ein paar Rundungen fehlen und du kurzes Haar trägst, sonst wäre es perfekt. Ich hatte damals langes Haar und auch mehr Busen ...«
»Also ich finde das Kleid sehr altmodisch. Lu sollte etwas tragen, das zu ihr passt und modern ist. Außerdem ist ihr Haarschnitt gerade voll angesagt«, verteidigte mich Sandy, während ich auf dem kleinen Stuhl stand und darüber nachgrübelte, wie ich es verhindern konnte, in diesem Lumpen heiraten zu müssen.
Victoria schnaubte verächtlich und warf ihrer Tochter einen grimmigen Blick zu. »Und was sagst du, Lucinda?«
Was sagte ich jetzt, ohne beleidigend zu werden? Das Schlimmste an diesem Kleid waren die riesigen Puffärmel, die wie aufgeplatztes Popcorn von meinen Oberarmen abstanden. Der dunkle Ton des Kleides, der wohl an Champagnerfarben erinnern sollte, glich eher einer Vergilbung und die vielen Raffungen und die extragroße Schleife im Rücken sowie dieser übertriebene Glanz des Stoffes sahen kitschig, albern und einfach nur scheiße aus.
»Also ...«, ich räusperte mich und überlegte krampfhaft, wie ich es ihr schonend beibringen konnte. »Wenn wir das Kleid als Minikleid vorne umnähen und es hinten länger lassen, die Schleife

abnehmen und die Ärmel komplett wegschneiden, dann würde es vielleicht einigermaßen nach etwas aussehen. Aber so? Habe ich recht, Mrs. Millow?«
Die Schneiderin, die keinen Ton gesagt hatte, unterbrach ihre Arbeit und blickte erst zu Victoria und dann zu mir. Wahrscheinlich hatte sie bisher immer die Klappe gehalten und nur Befehle und Aufträge ausgeführt. Aber als Matts Mutter auf eine Antwort von ihr wartete, besann sie sich und nahm das Kleid in Augenschein. Ich sah ihr an, wie sie über meine Vorschläge nachdachte. Dabei griff sie den unteren Saum des Rockes und hielt ihn hoch wie ein Minikleid.
»Also, wenn Sie meine Meinung interessiert, dann hat die junge Frau recht. Man könnte mit einigen Änderungen ein modernes Kleid entstehen lassen«, sagte sie vorsichtig. Dabei vermied sie, es Victoria in die Augen zu sehen.
»So! Könnte man das«, sagte Victoria schnippisch mit eisigem Blick.
Die Schneiderin machte sich mit ein paar entschuldigenden Worten wieder an die Arbeit und blieb still.
In mir sträubte sich alles gegen dieses Kleid, auch auf die Gefahr hin, dass Victoria mir das nie verzeihen würde, aber ich konnte unmöglich so

etwas anziehen, es war ein Albtraum, aus dem ich so schnell wie möglich erwachen wollte.
»Also, du darfst mir nicht böse sein, Victoria«, ich stieg vom Hocker herunter und versuchte mich aus dem Kleid zu schälen, doch der Reißverschluss klemmte. »Ich werde dieses Kleid nicht anziehen und du willst bestimmt auch nicht, dass es nach meinen Wünschen umgenäht wird, oder?«
Sandy, die die ganze Diskussion mit angehört hatte, grinste und biss sich auf die Lippen. Anscheinend kannte sie ihre Mutter nur zu gut.
So schnell wie möglich musste ich aus dem Fummel, bevor ich noch einen Ausschlag davon bekommen würde.
Mit versteinertem Gesicht sah Victoria mich an - sie war beleidigt, aber dieses Risiko musste ich eingehen. Nicht einmal für ein paar Stunden konnte ich ihr den Gefallen tun.
Endlich hatte mich die Schneiderin aus dem Kleid befreit, sie hob es vorsichtig auf und übergab es wieder meiner Schwiegermutter. Nur in Unterwäsche stand ich vor ihr. Zu keinem Zeitpunkt fühlte ich mich bloßgestellt oder nackt. Im Gegenteil, ich streckte ihr trotzig mein Kinn entgegen und war bereit, mich auf eine Diskussion einzulassen.
Victorias Gesicht sprach Bände, ihre Blicke waren eiskalt und ihr Mund nur noch ein einziger dünner

Strich. Sogar die Schneiderin war eingeschüchtert. Aber damit konnte sie mich nicht beeindrucken. Ich hatte vor nichts und niemandem Angst - diese Zeiten waren schon lange vorbei.
Zu meiner Verwunderung senkte sie ihren Blick und schien den Kampf aufgegeben zu haben. »Wie du meinst! Aber somit hast du nun kein Kleid für morgen, was in Gottes Namen wirst du denn dann anziehen?«
»Das weiß ich noch nicht. Die Hochzeit ist erst am frühen Nachmittag. Ich werde schon was auftreiben, und falls nicht, wird sich irgendwo noch ein weißer Fetzen finden.«
Mit dieser Aussage war ich nun völlig unten durch bei meiner Schwiegermutter. Sie schnappte nach Luft und schüttelte fassungslos den Kopf.
»Dieses Kleid ist einfach nichts für mich, zur Not heirate ich eben in Jeans.«
Jetzt zog sie scharf die Luft ein. Und ich konnte nicht glauben, dass ich das eben gesagt hatte.
Wahrscheinlich war Victoria es nicht gewohnt, dass sich jemand ihren Wünschen und Vorstellungen widersetzte.
»Wir werden schon etwas Passendes finden, Mum. Ich werde Lu helfen«, mischte sich Sandy wieder ein und fuhr in ihrem Rollstuhl näher zu uns.

Victoria blickt auf ihre Tochter herunter. »Du? Du solltest dich ausruhen, Sandy. Morgen wird ein anstrengender Tag für dich werden. ... Lucinda hat ihre Chance auf ein wunderschönes Kleid ausgeschlagen.« Ohne ein weiteres Wort verließ sie das Ankleidezimmer und knallte laut hörbar die Tür zu.

»Jetzt ist sie sauer auf mich.«

»Die fängt sich schon wieder.« Sandy wiegelte die Art ihrer Mutter mit einer Handbewegung ab. »Aber was viel wichtiger ist, du brauchst ein Kleid bis morgen. Das könnte wirklich ein Problem werden«, sagte Sandy und sah der Schneiderin beim Einsortieren der Nadeln und Nähutensilien zu. Schnell zog ich mich an und half ihr dabei.

»Ich habe schon eine Idee. Mrs. Millow, könnten Sie mir ein paar Dinge morgen früh besorgen?«

»Was haben Sie vor?«, fragte sie und schloss die Schachtel mit den Stecknadeln.

Mrs. Millow schien eine nette Frau zu sein und ich glaubte, sie war ganz froh darüber, dass ich mich gegen das Kleid der Chefin entschieden hatte.

»Ich werde Ihnen alles aufschreiben. Wichtig ist, dass Sie mir sofort Bescheid sagen, wenn sie etwas nicht auftreiben können. Dann kann ich mir noch eine Alternative überlegen.«

Sie nickte einverstanden und suchte aus ihrer Handtasche Papier und Stift zusammen. Die Idee in meinem Kopf begann sich zu formen und plötzlich freute ich mich sogar, weil ich glaubte, dass es wirklich genial werden könnte.

***

Mrs. Millow sah ein paar mal von dem kleinen Zettel auf. »Ist das wirklich Ihr Ernst?«
»Absolut.«
Ihr Lächeln wurde immer breiter, bis sie sich schließlich voller Begeisterung auf den Weg machte. Morgen früh würde sie die Sachen besorgen und wieder kommen.
»Was in Gottes Namen hast du nur auf den Zettel geschrieben, dass unsere Schneiderin so begeistert ist? So habe ich sie ja noch nie erlebt.«
Zufrieden mit mir räumte ich noch die restlichen Sachen auf. »Wenn du willst, erzähle ich dir das bei einem Drink. Meinst du, wir können im Zelt schon etwas zu trinken bekommen?« Sandys Augen begannen zu leuchten und ich sah ihr an, wie sehr sie sich freute.
Wir machten uns auf den Weg nach unten. Ich war beeindruckt, dass alles barrierefrei für Sandy umgebaut war, sie kam selbstständig überall hin. Sie

erzählte mir von dem monatelangen Durcheinander im Haus, und wie toll Matt ihr in dieser Zeit zur Seite gestanden und sie überall hingetragen hatte, bis die Baumaßnahmen beendet waren. Ein ganz klein wenig hatte ich das Gefühl, dass sie Matt in ein gutes Licht rücken wollte. Ich fragte mich, was sie alles über Matt und mich wusste. Dies herauszufinden, dürfte kein Problem sein.
Sandy war wirklich sehr nett, ich sollte sie als Freundin gewinnen, schließlich musste ich in diesem Haus ein ganzes Jahr leben. Und ohne eine Verbündete konnte es hier sehr einsam werden.
Ich schob Matts Schwester auf die Terrasse. Von dort führte rechts eine kleine Rampe auf die Wiese hinunter. Die Sonne ging gerade unter und tauchte das strahlend weiße Zelt in ein schimmerndes Licht. Den ganzen Tag über hatten die Angestellten hier gearbeitet. Die Lichterketten wurden auf Funktion überprüft, und je näher wir dem Zelt kamen, desto lauter hörten wir das Geklapper von Geschirr.
»Hallo José, habt ihr schon Getränke im Kühlschrank?«, rief Sandy einem jungen Angestellten zu, der gerade einen Karton Wein ins Zeltinnere tragen wollte.
Er blieb stehen und lud uns mit einer Handbewegung ein, ihm ins Zelt zu folgen. »Si, möchten Sie etwas Wein oder einen Cocktail?«

»Einen Cocktail.«
Wir folgten ihm ins Zelt, vorbei an den vielen hübsch gedeckten Tischen. Sogar eine Bar hatte darin Platz gefunden. Hinter dem Tresen polierte ein Barkeeper Gläser und nickte uns zur Begrüßung freundlich zu.
Sie saß zu tief, sodass sie nicht über den Rand der Theke schauen konnte. Das musste ein bescheuertes Gefühl für sie sein. Schon allein aus diesem Grund würde ich in keine Bar mehr gehen, wenn ich in so einem Ding sitzen müsste. Irgendwie fand ich es doof und überlegte, ob ich mich zu ihr hinuntersetzen, oder sie einfach aus dem Rollstuhl heben und auf einen der Barhocker setzen sollte.
Mit der flachen Hand klopfte ich leicht auf den Sitz des Hockers und nickte ihr fragend zu. Sie verstand sofort, was ich meinte, doch sie zögerte.
»Keine Sorge, ich passe auf«, versicherte ich ihr. Ihre Augen wanderten über mein Gesicht und sie überlegte jetzt tatsächlich, ob sie mir vertrauen konnte.
»Okay, aber schaffst du es auch, mich da hochzuheben?«
Ich wusste genau, dass ich das schaffen würde, ich hatte schon ganz andere Dinge getragen, die noch viel schwerer gewesen waren, aber davon wusste sie ja nichts.

»Wir versuchen es einfach«, gab ich ihr zur Antwort und zog ihren Rollstuhl näher. »Du legst deine Arme um meinen Hals und bei drei geht es los, in Ordnung?«

Sie nickte tapfer und jetzt flackerten Angst und Aufregung in ihren Augen. Sie fuhr sich durch ihr blondes Haar und legte ihre Arme um mich, während ich meine Hände um ihre Hüften legte.

»Eins, zwei, drei ...«

Sie war schwerer, als ich gedacht hatte. Es kostete mich zwei Versuche, bis ich einen geeigneten Griff fand, um sie überhaupt aus dem Stuhl zu heben.

»Señora, Señora! Warten Sie, ...«, rief der Barkeeper, doch ich schaffte es, konnte Sandy vorsichtig aus dem Rollstuhl auf den Barhocker setzen. Ihre Beine baumelten schlaff herunter, aber sie hielt sich an der Theke fest, ihr Rücken wurde durch eine Lehne gestützt.

Wir beide waren außer Puste und lachten.

»So, jetzt können wir uns endlich vernünftig unterhalten«, sagte ich zufrieden. Mein Helfersyndrom war auch hier wieder voll auf seine Kosten gekommen, deshalb bestellte ich mir zur Belohnung einen Cocktail. Am liebsten einen mit Schirmchen und Kirschen - auf sowas stand ich hin und wieder.

»Wir hätten gerne den besten Cocktail, den Sie uns zubereiten können«, sagte ich zum Barkeeper.
»Oh nein! Für mich ein Wasser, bitte.«
»Was? Nur ein Wasser? Dafür habe ich doch den ganzen Aufwand nicht betrieben, damit du jetzt Wasser trinkst.«
»Sei mir nicht böse, aber ich darf keinen Alkohol trinken, wegen der Medikamente.«
Das verstand ich natürlich. Ich Trampel hatte mal wieder ein paar wichtige Überlegungen ausgelassen.
»Na, das ist doch kein Problem,« ich richtete mich an den Kellner, »dann machen Sie uns eben zwei Cocktails, ohne Alkohol, aber vergessen Sie die Schirmchen nicht«, ermahnte ich ihn. Er nickte lächelnd und machte sich sofort an die Arbeit.
»Danke, Lu. Das ist sehr umsichtig und lieb von dir.«
»Keine Ursache.«
Jetzt, wo sie neben mir saß und sich langsam entspannte, fühlte ich mich auch wohler. Es war eben etwas anderes, jemanden auf gleicher Höhe sitzen zu haben, als dort unten in dem Stuhl.
Ich fragte mich, was mit ihr geschehen war. Ich kannte sie damals nicht persönlich, aber ich wusste, dass Matt eine kleine Schwester hatte, die sehr sportlich war. Sie bei meiner Ankunft im Rollstuhl zu sehen, hatte mich ein wenig schockiert. Ich hatte

Mitleid, weil ich die Traurigkeit in ihren Augen lesen und mir vorstellen konnte, dass ihr Schicksal sie völlig aus ihrem Leben gerissen hatte. Und im Nachhinein taten mir die vielen Hassgedanken leid, die ich der Familie gewünscht hatte.
»Mach dir keine Sorgen wegen meiner Mutter, die kriegt sich wieder ein«, sagte sie, um die Pause zwischen uns zu beenden. Wir sahen beide dem Kellner zu, wie er unsere Cocktails zubereitete.
»Also, ich habe nichts gegen deine Mutter, aber dieses Kleid geht überhaupt nicht.«
Sandy lachte auf. »Ja, sie wollte es schon Hannah aufschwatzen, aber sie hat es genauso abgelehnt. Nur gut, dass ich nicht heirate - ich weiß nicht, ob ich meiner Mutter diesen Wunsch je verwehren könnte.«
»Hannah?«
Das Lächeln in ihrem Gesicht verschwand. »Das ist Matts Ex.«
Ja, jetzt erinnerte ich mich. Er hatte sie nur kurz in der Bar erwähnt, aber ich hatte da ja auch noch nicht kapiert, mit wem ich am Tresen saß.
»Und weißt du auch, warum sie jetzt kein Paar mehr sind?« Ich musste mich schrecklich neugierig anhören, aber alles, was mit Matt zu tun hatte, interessierte mich - brennend.

»Nicht genau. Sie hat sich neu verliebt und mit Matt Schluss gemacht. Und du? Was machst du so? Studierst du?«
Der Kellner stellte unsere Cocktails auf den Tresen. Ich war froh über diese Unterbrechung, weil ich eigentlich nicht so viel von mir preisgeben wollte, und so hatte ich Zeit, mir etwas auszudenken.
»Der schmeckt wirklich lecker!«, sagte sie und stellte ihr Glas wieder zurück.
»Also, ich mache nichts Besonderes, bin mal hier und mal da. Ich reise viel und gern«, wich ich ihr aus.
»Ich könnte dich glatt beneiden. Dann warst du schon mal auf Hawaii?«
»Ja, aber in keinem Luxushotel oder so.«
»Ich liebe das Reisen, aber leider kann ich nicht.«
»Wieso? Heutzutage geht alles, wenn man will.«
»Schon, aber seit ich krank geworden bin, packen meine Eltern mich in Watte. Sie haben Angst um mich. Nicht mal zur Schule darf ich. Ich werde zu Hause unterrichtet.«
Genau so etwas hatte ich befürchtet. Armes Ding. Die Unterhaltung zwischen uns wurde zunehmend lockerer.
»Und was hast du jetzt Mrs. Millow auf den Zettel geschrieben? Was wirst du morgen anziehen?«

»Das, meine Liebe, ist etwas gewagt, aber genau das Richtige für diesen Anlass, glaube mir.« Sandy wurde noch neugieriger. Ich lehnte mich zu ihr rüber und flüsterte ihr ein paar Details ins Ohr. Scharf sog sie die Luft ein und blickte mich fassungslos an. »Du weißt schon, dass nicht alle - und vor allem meine Mutter nicht - davon begeistert sein werden?«
Genau das war mir bewusst, aber was wäre das für eine Hochzeit, wenn Lucinda Godluc sich nicht treu bleiben würde?

***

Es war spät, als Sandy und ich im Haus ankamen. Gerade als ich das Gästezimmer aufschloss und eintreten wollte, entdeckte ich Matt, wie er an die Tür seiner Schwester klopfte und in ihrem Zimmer verschwand.
Als ich endlich im Bett lag, konnte ich nicht einschlafen. Ich machte mir Sorgen um Morten und da waren auch die Gedanken an Matt, die immer wieder auftauchten, wenn ich zur Ruhe kam. Nach wie vor war ich erschrocken über mich selbst. Ich hatte ihn in der Bar angebaggert und tatsächlich mit ihm geschlafen. Ich könnte mich selbst dafür ohrfeigen, weil diese Sache alles noch komplizierter machte.

Ich sah ein letztes Mal auf mein Handy - keine Nachrichten. In diesem Fall waren keine Nachrichten vermutlich gute Nachrichten. Ich zerknautschte das Kissen und versuchte, ganz ruhig dazuliegen - schließlich dämmerte ich in einen leichten Schlaf.
Mein Wecker klingelte. Wieso eigentlich? War ich nicht gerade erst eingeschlafen? Am liebsten hätte ich das blöde, nervige Ding gegen die Wand geworfen, doch als ich mir das im Halbschlaf wirklich vorstellte, durchfuhr mich ein Kribbeln im Bauch und mir fiel alles wieder ein. Heute heiratete ich den Mann, den ich am meisten verabscheute. Sofort war ich munter, richtete mich auf und blickte aus dem Fenster. Draußen dämmerte es bereits und Geräusche waren im Haus zu hören. Heute war der Tag der Fusion. Mein Vater und John Baldwin würden die Verträge unterschreiben und nach der Trauung musste ich 365 Tage rückwärts zählen, bis ich meine Freiheit wieder hatte.
Ich duschte, um auf andere Gedanken zu kommen. Danach ging ich hinunter in die Küche.
Der Frühstückstisch war reichhaltig gedeckt. Normalerweise frühstückte ich nichts - meistens trank ich nur einen Kaffee.
Ich war allein, was mir nur recht war. Während ich meinen Kaffee trank, frischte ich den grünen

Nagellack auf meinen Nägeln auf - schließlich heiratete ich heute und man sollte nicht denken, ich hätte mich nicht vorbereitet.
»Was ist das für ein widerlicher Gestank?« Matt betrat die Küche.
Erschrocken zuckte ich zusammen, vermalte mich und hätte beinahe das grüne Lackfläschchen umgestoßen. Verdammt! »Kannst du dich nicht vorher bemerkbar machen?«, fauchte ich ihn an, während er das Fenster öffnete und sich ebenfalls an den Tisch setzte. Frische Luft strömte herein und vertrieb den Geruch von Lack und Chemikalien.
»Was in aller Welt tust du da?«
Er sah gut aus, frisch rasiert und geduscht. Der Duft seines Aftershaves stieg mir in die Nase, den ich sofort mit meinem Kaffee neutralisierte.
»Wonach sieht es aus? Ich lackiere meine Nägel.«
»Hier? Beim Frühstück?« Verständnislos sah er mich an und ich musste fast grinsen.
»Warum nicht?«, gab ich gelangweilt von mir.
»Weil wir hier essen? Das Zeugs ist doch bestimmt giftig.«
Ich sagte nichts, zog eine Augenbraue hoch und schenkte ihm ein diabolisches Lächeln. Er verstand und wandte sich kopfschüttelnd seinem Frühstück zu.

Meine Aufmerksamkeit galt meinen grünen Fingernägeln, doch ich war hellwach und registriere jede Regung bei Matt. Ich traute ihm keinen Meter über den Weg und eigentlich müsste er mir total fremd vorkommen, doch irgendwie wollte sich dieses Gefühl nicht richtig einstellen, was mich insgeheim ärgerte. Ob das an dem Sex lag, den wir hatten? Es war ein One-Night-Stand und Punkt, aber ständig kreisten meine Gedanken um diese Nacht. Ich sollte endlich aufhören, darüber nachzudenken.

»Meinst du nicht, wir sollten ein paar Regeln zwischen uns aufstellen?«

»Was für Regeln?«, fragte Matt kauend. Etwas Marmelade hing an seinem Mundwinkel. Wie gebannt fixierte ich blöde Kuh auch noch die Stelle und musste mich zwingen, endlich woanders hinzusehen, weil der Wunsch, genau diese Stelle abzulecken, gerade unangenehm groß wurde.

»Lu? ... Was für Regeln?«

Hä? Regeln? ... Ach so, genau! »Ja ... also, zum Beispiel, wir sind nur offiziell ein Ehepaar, das bedeutet, in unserer Freizeit kann jeder tun und lassen, was er will.« Gerade hatte ich noch die Kurve gekriegt!

»In Ordnung.« Er kaute weiter und nahm einen Schluck von seinem Kaffee. »Und was ist mit Morten? Ich kann mir vorstellen, dass er sehr

eifersüchtig sein wird, wenn er erfährt, dass du mit mir verheiratet bist.« Woher wusste er von Morten?
»Dann hast du also wirklich gelauscht!«, stellte ich fest.
Jetzt wurde er verlegen, rührte andächtig in seinem Kaffee und schaute mich dabei noch nicht einmal an. Es freute mich total, ihn erwischt zu haben, und ich grinste breit.
»›Gelauscht‹ ist vielleicht nicht der richtige Ausdruck. Sagen wir, ich wurde unabsichtlich Zeuge dieses Gesprächs.«
Er konnte sagen, was er wollte, für mich blieb es lauschen.
»Ich meine nur, nicht dass dein Freund glaubt, dass zwischen uns etwas Ernstes wäre.«
»Er ist sehr eifersüchtig und man sollte ihm nicht in die Quere kommen. Er könnte dir sehr wehtun - dich vielleicht sogar töten«, sagte ich sarkastisch und hob provozierend meine Brauen.
»Sag mal, Lu. Warum bist du eigentlich immer so zickig?«
Ich verschluckte mich fast an meinem Kaffee. Wieso stellte er mir so eine dumme Frage? Gerade er sollte das doch am allerbesten wissen. »Das fragst du mich jetzt nicht wirklich, oder?«
»Um ehrlich zu sein, doch. Du hast gestern gleich klargestellt, dass diese Nacht ein einmaliger

Ausrutscher war. Und ich bin froh, dass du genauso darüber denkst wie ich.«
Fassungslos blickte ich ihn an und hoffte, dass sein Hirn sich nicht nur an den One-Night-Stand erinnerte, sondern auch an das, was er mir damals angetan hatte.
Schließlich erhellte sich sein Gesicht, er machte große Augen, als er auf die Lösung kam. »... du meinst die alten Geschichten, oder?« Sein Ton reizte mich und am liebsten hätte ich ihm etwas an den Kopf geworfen. Aber ich beherrschte mich.
»Alte Geschichten?«, empörte ich mich, »weißt du eigentlich, was du damals angerichtet hast? ... Nein, wahrscheinlich nicht. Denn dann wärst du bestimmt schon auf die Idee gekommen, dich endlich mal bei mir zu entschuldigen, oder zumindest würdest du dich anders verhalten. Aber ehrlich, Matt, ich habe nichts anderes erwartet.« Damit drehte ich mich um und ließ ihn einfach sitzen.
Aber um ehrlich zu sein, ging ich, um mich nicht in Rage zu reden, und womöglich hätte ich noch angefangen zu heulen - und das war das Letzte, was ich wollte - nicht vor ihm.

Kapitel 5
Matt

Ich sah Lu nach, bis sie aus der Küche verschwunden war. Ihre Worte hallten in mir nach und mischten sich mit dem schlechten Gewissen, das ich viele Jahre erfolgreich unterdrückt hatte. Natürlich hatte ich früher öfters daran gedacht, dass ich ihr etwas schuldig war - ein paar erklärende Worte - eine Wiedergutmachung. Ich war ein Kind und ein paar dumme Streiche gingen natürlich auch auf mein Konto, aber dass, was geschehen war, war nie meine Absicht gewesen.
Es war so viele Jahre her, gerade deshalb wunderte ich mich, wie elendig ich mich immer noch fühlte. Dass ich mich bei ihr noch nicht entschuldigt hatte, schwang wie ein Schwert über mir.
Ich bekam den dritten Pan Cake einfach nicht mehr hinunter und ließ ihn auf meinen Teller zurückfallen. Mit der Absicht, sie zu suchen, verließ ich die Küche. Vielleicht könnte ich ein paar Dinge zwischen uns klären. Doch als ich die Eingangshalle erreichte, lief mir meine Mutter entgegen.
»Oh guten Morgen, du bist ja schon auf, Darling. Du musst mir mit dieser Liste helfen.« Sie winkte mit einem Stück Papier und blieb direkt vor mir stehen. »Am besten du begleitest mich in den Garten.«

Keine Ahnung, was sie schon wieder für ein Problem hatte. Noch bevor ich etwas erwidern konnte, zog sie mich mit nach draußen, wo die Hektik und das Getümmel der Angestellten am größten waren.

In den nächsten zwei Stunden fehlte jede Spur von Lu. Mutter verstand es, mich für ihre kleinen Aufgaben einzuspannen, wobei sie mir haarklein von dem Hochzeitskleid-Desaster erzählte.

»Lu wird schon etwas finden, mach dir keine Sorgen und vertrau ihr.«

»Ihr vertrauen? Weißt du, wie viele Personen heute kommen? Und das sind Leute mit Rang und Namen.« Sie stand so unter Strom, dass ich die Befürchtung hatte, ein weiteres Problem könnte einen Herzinfarkt auslösen. Sie war es gewohnt, alles bis ins kleinste Detail zu planen. Alles musste nach ihren Vorstellungen umgesetzt werden. Doch diesmal würde ihr Lu einen Strich durch die Rechnung machen, sie würde ihr zeigen, was improvisieren hieß.

Ich legte meine Hände auf ihre Schultern und sah sie an. »Egal, was passieren wird, Mutter, es wird alles gut.«

Wie immer war sie perfekt geschminkt und ihr Haar gut frisiert, doch jetzt sah ich die Sorgen und den Stress, unter dem sie stand. Sie hielt inne, als ich sie

anlächelte. Plötzlich entspannten sich ihre Schultern und sie seufzte mit geschlossenen Augen.
»Es tut mir leid, Matt. Ich weiß auch nicht, es ist einfach ...«
Ich umarmte sie. »Das ist doch alles halb so wild. Sie werden alle begeistert sein. Wir alle wissen, wie viel du für unsere Familie und Firma tust.«
Es war ein schönes Gefühl, sie so im Arm zu halten und sie ließ es tatsächlich geschehen, was mich wunderte. Mutter hatte schon immer Schwierigkeiten damit, Nähe zuzulassen. Wir wussten, dass sie uns sehr liebte, aber als Tochter eines ehemaligen Generals der US Air Force hatte sie es nicht leicht gehabt. Ihr Vater erzog sie genauso, wie er seine Soldaten ausbildete - mit Härte und Gehorsam. Ich wusste, wie schwer es für sie war, Gefühle zu zeigen, deshalb war gerade dieser Augenblick kostbar und sehr selten.
So schnell, wie dieser Moment gekommen war, war er auch schon wieder vorbei. Sie löste sich von mir, zog die Nase hoch und atmete dabei tief durch.
»Entschuldige, Matt. Es liegt einfach an ...«
»Schon gut, Mutter. Du brauchst mir nichts zu erklären«, beruhigte ich sie und wir beide konzentrierten uns wieder auf ihre Liste.

***

Der Garten füllte sich und Unbehagen überkam mich. Ich war zwar nicht nervös, aber je länger ich über Lu nachdachte, desto mehr beschlich mich die Angst, dass sie irgendetwas im Schilde führte. Das könnte doch sein, oder? Es gäbe jetzt nichts Schlimmeres, als sitzen gelassen zu werden.
Einige Gäste klopften mir auf die Schulter, wünschten mir Glück, faselten irgendwas. Ich verstand kein Wort, mein Hals schnürte sich immer weiter zu, während ich langsam den roten Teppich bis zum Rosenbogen entlanglief. Schließlich erreichte ich die Stelle, an der ich auf meine Braut warten sollte. Mein Blick wanderte zu den Gästen. Die Damen trugen lange Kleider und die Herren Smokings. Unter ihnen, in der vordersten Reihe, saßen meine Mutter, Sandy und mein Vater.
Sandy sah mich unentwegt an. Sie wusste genau, wie ich mich gerade fühlte. Tränen schimmerten in ihren Augen. Sie wollte mich in diesem Augenblick mit Hannah dort stehen sehen und nicht wegen einer vertraglichen Vereinbarung zwischen Geschäftspartnern. Sie machte sich Sorgen um mich. Dabei sollte sie alle dunklen Gedanken von sich fernhalten. Ich zwinkerte ihr zu, in der Hoffnung,

dass sie es sich nicht so schwer machen würde. Schon erschien wieder ein Lächeln, das mich zufrieden nach vorn blicken ließ.
Die Musik setzte ein, die Leute erhoben sich und wandten sich der Braut zu. Noch konnte ich Lu nicht sehen, aber ich hörte das Raunen, das durch die Menge ging.
Dabei konnte ich nicht einschätzen, ob es Bewunderung oder Entsetzen war. Kurz schaute ich zu meiner Mutter. Sie war weiß wie eine Wand, während Sandy mir wissend entgegengrinste.
Clint Godluc schritt mit seiner Tochter langsam über den Teppich und dann sah ich sie und musste auflachen. Einerseits, weil das Brautkleid perfekt zu ihr passte, und anderseits, weil sie genau wusste, wie sie die Leute schocken konnte. Selbst der Priester schaute irritiert, wandte sich aber schnell wieder seiner Bibel zu.
Ich konnte meinen Blick nicht von ihr nehmen, weil sie ... wunderschön aussah. Noch nie hatte ich eine Braut mit einem weißen Cowboyhut und braunen Stiefeln gesehen. Lu verstand es, ein Bild in den Köpfen der Leute zu schaffen, das sie nicht so schnell vergessen würden. Ihr einfaches Minikleid war schneeweiß, genau wie der Hut. Ihre pinkfarbene Strähne leuchtete grell im Sonnenlicht. Okay, die braunen Stiefel waren für meinen

Geschmack schon fast zu viel, aber irgendwie gefiel es mir.
Sie wirkte, als würde sie eben mal schnell heiraten und gleich danach ein Rodeo reiten - und genau das tat sie auch - natürlich im übertragenen Sinne.
Aus dem Augenwinkel bekam ich mit, wie meine Mutter sich Luft zufächelte und mein Vater sie zu beruhigen versuchte. Das Einzige, was an ein normales Hochzeitsoutfit erinnerte, war der winzige Brautstrauß zwischen ihren Händen, an dem ein kleines Minilasso herunterhing.
Lässig kam sie auf mich zu, als sich unsere Blicke trafen. Sie war immer noch sauer, aber auch ein wenig aufgeregt - ihre Lippen zitterten leicht.
Ihr Vater übergab mir seine Tochter und küsste ihre Stirn, bevor Lu mir ihren Arm reichte. Sie schaute mich nicht einmal an. Ich aber war völlig hin und weg von ihr.
Das Gemurmel der Leute ebbte ab und der Priester blickte lächelnd zu uns, bevor er mit seiner Predigt begann. Anfangs konnte ich ihm noch folgen, doch irgendwann schweifte meine Aufmerksamkeit ab und galt nur noch der Frau neben mir.
Jetzt bereute ich es, mit ihr nicht noch vor der Trauung gesprochen zu haben. Vielleicht stünde sie dann mit einem Lächeln neben mir. Ich nahm mir vor, das auf jeden Fall so schnell wie möglich

nachzuholen. Vielleicht konnten wir versuchen, Freunde zu werden.
Plötzlich wandte Lu sich mir zu und zum ersten Mal sah sie mir in die Augen. Sie griff nach meiner Hand und kurz fragte ich mich, warum sie das tat. Ihre Finger waren eisig? War ihr etwa kalt? Vielleicht hätte sie noch eine weiße Jacke für ihr Outfit auftreiben sollen.
Ihre Lippen bewegten sich, doch ich sah nur in ihr Gesicht. Meine Augen wanderten über ihre feinen Züge. Es war ganz still in mir und ich schwelgte in den Erinnerungen unserer gemeinsamen Nacht. Sofort fing mein Herz an zu klopfen und ich wünschte mir, diese Nacht noch einmal mit ihr erleben zu dürfen. Dann würde ich es viel langsamer angehen und sie dabei anschauen.
Ihr Gesichtsausdruck veränderte sich, ihre Augen wirkten größer und ihr Mund bewegte sich kaum merklich. Sie wollte mir etwas sagen - aber was? Ich tauchte wieder aus meinen Tagträumen auf und hörte, wie der Priester sich räusperte. Ein Zucken durchfuhr mich. Oh Mist! Ich hatte meinen Einsatz verpasst. Mir fiel das Gelöbnis ein, dass wir uns gegenseitig versprechen sollten, und erschrocken stellte ich fest, dass ich den gesamten Text vergessen hatte.

Heiß und kalt lief es mir den Rücken hinunter und irritiert blickte ich auf den Boden, in der Hoffnung dort meine Konzentration wiederzuerlangen. Verdammt noch mal! Was sollte ich gleich sagen? ... Ich wusste es nicht mehr. Nervös presste ich meine Lippen aufeinander und schloss die Augen.
»Matt, du bist dran«, flüsterte Lu mir mit zusammengepressten Zähnen leise zu. Ihre Augen waren vor Anspannung weit aufgerissen. Fieberhaft suchte ich nach dem Anfang meines Spruches, den ich vor zehn Minuten noch im Schlaf auswendig aufsagen konnte.
Angetrauten Mann ... äh ... nehme zum Tod ...? Verdammt! Es fiel mir einfach nicht ein!
»Matt?«
Oh Gott! Mir wurde schlecht - sauschlecht - und ich glaubte, mein Frühstück käme gleich hoch.
»Matt! ... Matt, sieh mich an!«, hörte ich Lu plötzlich sagen. Sie griff an meine Wange. »Es ist ganz leicht, du musst ...«
Leise redete sie auf mich ein, während ich die Gäste unruhig murmeln hörte. Ich schämte mich. Noch nie in meinem Leben war mir so etwas passiert. Bisher war ich immer der coole, lockere Typ, wenn ich vor Menschen hatte sprechen müssen.
Vielleicht schaffte ich es, wenn ich mich auf Lus Lippen, ihre feine Nase, ihre braunen Augen und

diese pinkfarbene Strähne, die aus dem Hut herausschaute, konzentrierte. Und als wäre Lu die Antwort, bildeten sich plötzlich Worte in meinem Kopf, die ich einfach laut aussprach. Augenblicklich verstummte Lu.
»Um jemanden um Entschuldigung zu bitten, erfordert es den Mut, zur eigenen Schwäche zu stehen. Ich stehe hier vor dir, brauche dieses JA von dir, um dich für mich zu gewinnen. Ich will bei dir sein, wenn der Zauber am Ende des Tages sich in deinen Augen widerspiegelt. Kannst du mir deine Stärke zeigen und mir verzeihen?«
Ich nahm ihre kalten Finger und legte sie in meine - wärmte sie und hielt weiter ihrem Blick stand.
Der Priester sagte etwas, doch ich konnte ihm nicht folgen. Etwas geschah mit mir, wofür ich keine Erklärung hatte. Es war warm in meiner Brust - ließ mich alles um uns vergessen.
»Hiermit erkläre ich euch zu Mann und Frau. Sie dürfen die Braut jetzt küssen.«
Ich steckte fest in diesem tiefen Meer, das nur aus Lu zu bestehen schien. Ich wollte bleiben, mich in ihre Wellen werfen, mich verschlingen und tiefer in ihren Strudel ziehen lassen - ganz tief. Doch etwas zerrte mich wieder an die Oberfläche. Unweigerlich verlor ich ihre Hand und ihren Blick, tauchte auf und sah um mich.

Alle Augen waren auf uns gerichtet und mein Blut schoss durch meine Adern, als wäre es auf der Flucht.
Es war leicht, sie zu küssen, ich wusste und kannte es. Automatisch legten sich meine Hände auf ihre Hüften, als würden sie genau dort hingehören.
Lu war überrascht, ihre Brust hob und senkte sich jetzt schneller. Ich hatte nur Augen für ihre Lippen, die sich mir bebend entgegenstreckten. Ich konnte es kaum erwarten und nahm ihre Unterlippe zwischen meine. Diese Berührung fuhr wie ein Blitz durch meinen Körper. Sie schmeckte süß und wild, nach Abenteuer und Sex. Als ich mit meiner Zunge in ihren Mund vordrang, entfuhr ihr ein leiser Seufzer, der mich vollends erregte. Meine Zunge suchte ihre, bis sie sich fanden. Sie spielten ein Spiel, welches ich merkwürdigerweise sofort verstand. Es war ganz leicht und doch so kompliziert.
Den Applaus nahmen wir beide nur am Rande wahr. Das Feuerwerk, welches zwischen uns stattfand, nahm mich völlig ein. Und bevor ich sie noch fester an mich pressen konnte, beendete sie unseren Kuss und löste sich von mir. Wütend funkelten mich ihre Augen an. Sie atmete schwer und wir beide brauchten einen Moment, bis wir kapierten, was gerade geschehen war. Sofort wollte mein Körper mit Protest reagieren, sie wieder an

mich reißen, sie nehmen an Ort und Stelle, bis all ihr Widerstand verflogen war und sie sich mir freiwillig hingab. Doch das blieb Wunschdenken.
Gemeinsam liefen wir zwischen den applaudierenden Gästen hindurch - als Mr. und Mrs. Baldwin.

***

Schnell wurde ich von Lu getrennt. Die Gäste waren ganz wild darauf, uns zu gratulieren. Doch Lu zog es vor, mich allein stehen zu lassen. Dabei sollte sie jetzt an meiner Seite sein.
»Da hast du gerade noch mal die Kurve gekriegt. Das war aber ein merkwürdiges Gelöbnis«, stichelte Sandy, die sich von meinem Vater durch das Gedränge schieben ließ. »Na komm schon zu mir runter, ich will dich umarmen«, sagte sie und streckte ihre Hände nach mir aus.
Ich war so froh, dass sie mich erst mal in Beschlag nahm. So konnte ich vielleicht herausfinden, wo Lu hingegangen war.
»Herzlichen Glückwunsch, Bruderherz. Sei bloß anständig zu ihr, hörst du?«
Ich drückte sie noch kurz an mich, bevor ich mich aus ihrer Umarmung schälte. »Natürlich, was denkst du denn? ... Weißt du, wo sie hin ist?«

»Keine Ahnung. Vielleicht muss sie sich erst mal abreagieren, nach dem Kuss.«
Tz, tz, tz ... Sandy war heute mal wieder in Höchstform in Sachen "Sticheln" - sie konnte es einfach nicht lassen.
»Mach dir keine Gedanken, Junge. Sie kommt bestimmt gleich wieder. Also komm, lass dich umarmen«, sagte mein Vater. Wir klopften uns kurz auf die Schulter, bis ich Mutter entdeckte, die mit einem Grinsen auf den Lippen auf uns zukam. Innerlich wappnete ich mich. Sie würde mir sicherlich Vorhaltungen machen, weil ich improvisiert hatte.
»Glückwunsch, Mattilein. Aber jetzt husch husch, wir müssen unseren Zeitplan einhalten«, sagte sie in gewohnter Eile zwischen zwei Küsschen auf meine Wangen. »Wo steckt deine Frau?«
Wir sahen uns nach Lu um. Die meisten Leute waren schon dabei, ins Zelt zu gehen. Und dann sah ich sie. Sie kam direkt auf uns zu. Ihre Wangen waren leicht gerötet und ihre Haut schimmerte golden im Licht der Sonne.
»Sieht sie nicht fantastisch aus in ihrem Look?«
Sandy schien genauso begeistert zu sein wie ich.
»Na ja, unter einer Braut stelle ich mir etwas anderes vor. Aber nun gut, es ist nicht mehr zu ändern, aber mein Stil wäre es auf keinen Fall.«

Ich warf Mutter einen verwunderten Blick zu. Normalerweise hätte ich erwartet, dass sie sich ausgiebig darüber auslassen würde, aber dazu fehlte ihr wohl heute der Nerv - gut für Lu.
»Wo warst du so lange?«, fragte Sandy, hielt Lu an ihrem Handgelenk fest und zog sie zu sich herunter. Die beiden umarmten sich herzlich, während ich Lu genau beobachtete.
Sie vermied es, mich anzusehen, wirkte leicht durcheinander und irgendwie gehemmt. Ihren Lippenstift hatte sie frisch aufgetragen - also hatte sie sich kurz auf die Toilette zurückgezogen. Es amüsierte mich, weil ich jetzt sicher wusste, dass der Kuss sie genauso mitgenommen hatte wie mich.

Kapitel 6
Matt

Wie erwartet war das Menü hervorragend, die Musik gut ausgewählt und die Reden ... - na ja, daran wollte ich gar nicht mehr denken. Sie entsprachen weder der Wahrheit noch waren sie lustig vorgetragen. Niemand kannte ja den wahren Grund für diese Verbindung und da waren Worte über große und unendliche Liebe mehr als unpassend.
Angespannt dachte ich an die kommenden Wochen- und Monate - was mich wohl erwarten würde?
Auch wenn Lu die meiste Zeit neben mir saß, so unterhielt sie sich ausschließlich mit Sandy. Die beiden schienen sich wirklich zu mögen, was mich insgeheim freute, da meine Schwester selten Besuch von Freunden bekam, seit sie so krank war.
Die Hochzeitstorte war über einen Meter hoch und mit kleinen, prunkvollen Rosen dekoriert. Als sie auf einem Rollwagen langsam und vorsichtig ins Zelt gefahren wurde, war die Begeisterung der Gäste nicht zu überhören. Sie sah sehr verlockend aus, aber fast zu schade, um sie zu essen.
Beim Anschneiden der Torte wurden Fotos gemacht, doch ich vergaß alles um mich herum. Die Gelegenheit, Lu wieder näher zu sein, nahm mich

völlig ein. Ihre Hand lag auf meiner, während ich langsam mit dem Messer durch die Sahne glitt. Ich stand direkt hinter ihr und ihre kalten Finger verursachten mir eine Gänsehaut. Dazu nahm ich ihren sinnlichen Duft wahr und sofort hatte ich die Bilder unserer Liebesnacht wieder vor Augen. Sie sah zum Anbeißen aus in ihrem kurzen, einfachen, weißen Kleid, dazu diese braunen Stiefel - wirklich sehr sexy. Sie reizte mich und insgeheim hätte ich gegen eine Hochzeitsnacht nichts einzuwenden, im Gegenteil. Diese Frau war so erotisch mit ihrer leicht gebräunten Haut, die ich so weich und zart in Erinnerung hatte, und ihren wundervollen Brüsten, die genau in meine Hand passten. Ihre Nähe verursachte eine tiefe Zufriedenheit in mir und eine noch größere Ungeduld.
Zu schnell war auch dieser Augenblick vorüber. Die Flut meiner Gefühle verwirrte mich - warum empfand ich so? Ich bezweifelte stark, dass Lu mich noch mal so nahe an sich heranlassen würde, um das herauszufinden.
Die Sonne ging bereits unter. Wir bereiteten uns auf die Abfahrt vor und zogen uns beide um. Eine Limousine, die uns zum Flughafen bringen sollte, wartete bereits.
»Meldet euch, wenn ihr angekommen seid«, sagte meine Mutter und umarmte mich kurz. Jetzt hatte

sie doch tatsächlich ein Taschentuch in der Hand und tupfte sich die nicht vorhandenen Tränen fort. Ich lachte auf und schüttelte den Kopf. Sie wäre wirklich ein Star in Hollywood geworden. Mein Vater klopfte mir auf die Schulter und Clint zwinkerte.

»Du machst das schon, Junge«, sagte er, beugte sich zu mir und flüsterte mir zu, »Und falls sie nicht kooperativ ist, dann erinnere sie an ihren Freund Morten. Das wird reichen und du wirst sehen, sie wird eine gute Schülerin sein.«

Schon jetzt war mir dieser Morten unsympathisch, obwohl ich ihn noch nicht kennengelernt hatte. Wir reichten uns die Hand und ich versprach ihm, mich gut um seine Tochter zu kümmern.

Sandy wartete geduldig, bis ich mich an sie wandte. In ihren Augen schimmerten Tränen, die sie tapfer zurückhielt.

»Du schreibst mir doch oder rufst mich an?«

»Natürlich!«, sagte ich und ging vor ihr auf die Knie. »Ich werde dir auch etwas mitbringen. ... Du kannst mich immer anrufen.«

Sie nickte. Es tat mir weh, sie so zu sehen. Am liebsten würde ich sie mitnehmen. Aber dieser Schmerz war mir nicht unbekannt. Jedes Mal wenn ich nach New York ging, fühlte ich diesen Druck in

meiner Brust. Einmal mehr hasste ich diesen Rollstuhl, der ihr die Freiheit raubte.
»Matt?«
Ich sah zu ihr auf.
»Sei nett zu Lu, versprich mir das?«
»Natürlich, Schwesterchen. Und du bist nett zu dir selbst und tust, was die Ärzte sagen, versprochen?«
Wie immer rollte sie mit ihren Augen. Aber schließlich nickte sie und verzog genervt den Mund. Ich küsste ihre Stirn und ging zur Limousine, weil ich ihre Traurigkeit nicht länger ertragen konnte.
Lu und ich stiegen unter tosendem Applaus der Gäste ein, und als unser Fahrer mehrmals laut hupte und Gas gab, merkte ich, wie sich Erleichterung in mir breitmachte.

***

In der Limousine öffnete ich die Champagnerflasche, die man für uns kaltgestellt hatte. Zwei Gläser standen auch bereit, in die ich das goldgelbe Blubberwasser einschenkte. Lu beobachtete jede meiner Bewegungen. Als ich ihr das Glas reichte, zögerte sie, nahm es dann aber doch.
»Auf uns.« Ich stieß mit meinem Glas an ihrem an, während Lu innehielt. Ich wartete gar nicht lang und

trank es in einem Zug aus, während sie nur nippte. Sofort schenkte ich mir nach. »Du hast toll ausgesehen, Lu«, versuchte ich ein Gespräch zu beginnen. Sie zog ihre Augenbrauen hoch und grinste.

»Da wirst du wohl der Einzige mit dieser Meinung sein. Viele der weiblichen Gäste haben mich gefragt, warum ich kein klassisches Brautkleid gewählt habe.«

»Und was hast du gesagt?«, fragte ich ehrlich neugierig.

»Dass ich mit den billigen Stoffen hier in Hinsdale und Umgebung nicht zufrieden gewesen bin und deshalb lieber keines tragen wollte.«

»Das klingt aber sehr arrogant!«

»Arrogant? Was meinst du, wie diese blöden Weiber mich ...« Ein Klingeln aus ihrer Handtasche unterbrach sie. Eilig öffnete sie sie und nahm ihr Handy heraus. Noch bevor sie rangehen konnte, erstarb der Klingelton und es war wieder still.

»Mist!«, schimpfte sie und tippte darauf herum.

»Was ist? Wer war das?«, wollte ich wissen und hatte ihren eifersüchtigen Freund, der mich wütend in zwei Teile brechen wollte, direkt vor Augen.

»Keine Ahnung«, sagte sie gedankenverloren.

»Wenn es wichtig ist, wird er wieder anrufen.«

Sie schwieg und blickte aus dem Fenster. Sollte ich jetzt das Thema von damals anschneiden? Nein, besser ich wartete damit noch. Vielleicht sollte ich sie etwas Unverfängliches fragen, damit wir wenigstens eine Unterhaltung begannen.
Als hätte sie meine Gedanken gehört, streifte sie ihre Schuhe von den Füßen und machte es sich auf dem Rücksitz bequem. Sie nahm wieder ihre Handtasche und holte einen Lippenstift und einen kleinen Spiegel heraus. »Also, Mr. Baldwin, erzähl mal, was ist zwischen dir und Hannah genau vorgefallen?«
Ihre Frage traf mich so unerwartet, dass ich mich fast an meinem Sekt verschluckte. Dabei sah sie noch nicht einmal zu mir, sondern malte in aller Seelenruhe ihre Lippen an.
Was? War das jetzt ihr Ernst? Das konnte sie komplett vergessen! Erstens ging sie das überhaupt nichts an und zweitens wollte ich alles andere als über Hannah nachdenken. Außerdem, wieso interessierte sie das?
»Das ist meine Sache, Lu. ... Eigentlich will ich darüber nicht reden.«
»Oh, hat sie dich so sehr verletzt?« Kurz blickte sie mich über den Spiegelrand hinweg an.
»Nein, hat sie nicht!«, versicherte ich ihr tonlos und richtete meinen Blick stur geradeaus. Ein wenig war ich beleidigt, weil sie einen wunden Punkt getroffen

hatte. Ein bisschen blutete diese Verletzung noch. Aber wieso sprachen wir eigentlich wieder von mir? Ich wollte doch mehr von ihr erfahren. Ich sollte einfach den Spieß umdrehen.
»Und was ist mit dir? Du und dieser Morten, ist das etwas Ernstes zwischen euch?«
Unberührt von meiner Frage, bemalte sie ihre Lippen weiter. Mit der Zunge wischte sie sich über die vorderen Zähne. »Das geht dich nichts an.«
Die hatte vielleicht Nerven! Mich fragte sie aus und sie selbst wollte keine Informationen, die persönlich waren, herausrücken.
»Ich denke schon, dass mich das was angeht. Du bist jetzt schließlich meine Frau und ich sollte wissen, wem dein Herz gehört.«
»Bild dir ja nichts ein, Mr. Baldwin. Wir sind zwar gezwungen, einige Zeit wie unzertrennliche Zwillinge zu leben, aber Gott sei Dank nicht für immer.«
»Und dann? Was hast du danach vor?«
Ihr Blick fixierte mich. »Dann werde ich zurückgehen und genau da weitermachen, wo ich aufgehört habe.«
Die Entschlossenheit in ihrer Stimme machte mich neugierig. »Dann stimmt das, was man so über dich hört?«

»Ich weiß ja nicht, was du hörst und bestimmt werden die schlimmsten Gerüchte über mich erzählt. Aber falls es dich wirklich interessiert, ich arbeite schon längere Zeit für AFL. Wir helfen Tieren in Not und setzen uns für ihre Rechte ein.«
»Und was sind das für Tiere?«
»Alle möglichen Tiere.« Interessiert richtete sie sich jetzt ein wenig auf. »Letztens haben wir auf einem abgelegenen Bauernhof halb verhungerte Hunde entdeckt. Du kannst dir nicht vorstellen, in welchem erbärmlichen Zustand sie waren. Darunter waren sogar noch junge Welpen. ... Einige Hunde hatten noch nicht mal mehr die Kraft zu bellen. Viele haben es nicht geschafft.«
Sie sah so traurig aus, wenn sie darüber sprach. Der Glanz ihrer Augen verschwand. Sie nahmen einen grauen Schleier an und etwas drängte sich in mir hoch und wollte sie in die Arme nehmen. Natürlich hielt ich mich zurück.
»Das ganze Jahr über sammeln wir Spendengelder und finanzieren so unser Hauptquartier.«
»Hauptquartier?«
»Ja, das ist so eine Art Auffanglager. Dort päppeln wir die Tiere auf und versuchen, sie dann später wieder auszuwildern oder an Wild-Life-Parks zu vermitteln.«

»Und was ist mit den Berichten von Polizeieinsätzen, die es gegeben haben soll?«
Sie konnte mir viel erzählen. Das alles hörte sich gut an, letztlich griff die Polizei aber nicht umsonst ein - geschweige denn, dass sie Personen einsperrte, die nichts getan hatten.
»Hast du mit meinem Vater gesprochen, oder woher weißt du davon?«, funkelte sie mich an.
»Äh ... auch, aber man konnte es auch in der Zeitung lesen.«
»Dann hör mir jetzt ganz genau zu, Mr. Baldwin!« Drohend rückte sie näher und ihre Wut und ihr Ärger waren ganz deutlich in ihren Augen zu sehen. Sie griff nach meinem Hemd und zerknüllte es in ihrer Faust, als würde sie gleich auf mich einprügeln. »Nichts von dem, was in der Presse über mich oder über AFL geschrieben wurde, stimmt. Niemand kennt die wahren Gründe, warum wir so handelten, noch nicht einmal mein Vater. Also erlaube dir nicht, über mich zu urteilen. Das steht dir überhaupt nicht zu. Außerdem ist das mein Leben und ich treffe meine Entscheidungen selbst, ganz egal wie meine Familie das findet.«
Ich schluckte und nickte, dabei sah ich ihr in die Augen. Sie machte mir ein bisschen Angst, so besessen, wie sie war. Seit wann hatte ich denn vor so einem kleinen Raubkätzchen Schiss? Schnell

verdrängte ich den Gedanken und konzentrierte mich auf ihre roten Lippen und dann auf ihre Augen.

Wie warm dieses Braun war ...

»Tut mir leid, Lu. Ich ...«

Ihr Blick wurde wieder weicher, dann ließ sie mein Hemd los und rückte langsam auf ihren Platz zurück.

Ihr Handy klingelte erneut und hielt mich wieder ab, etwas Nettes zu sagen. Irgendwie kamen wir nicht weiter.

»Hallo?« Lu hielt sich mit der freien Hand das andere Ohr zu. Wahrscheinlich hatte sie einen schlechten Empfang.

»Ich bin auf dem Weg zum Flughafen, warum?«

Eine Weile war sie still. Ich schaute aus dem Fenster, gab vor nicht zuzuhören. Von Weitem konnte ich schon die Wolkenkratzer von New York erkennen.

»Dimi? Dimi? Was hat Andy gesagt? Ich kann dich nicht mehr hören! Scheiße!«

»Was ist los?«, fragte ich. Ihre Stimme klang besorgt.

»Die Verbindung ist abgebrochen.« Energisch tippte sie auf ihr Handy, und versuchte zurückzurufen.

Wie eine Löwin hatte sie mich angefaucht. Um ein Haar hätte ich ihre Pranke zu spüren bekommen und doch reizte es mich, sie herauszufordern. Ich beobachtete sie aus dem Augenwinkel. Waren das

die Leute von dieser Tierorganisation? Sie fluchte, weil sie keine Verbindung mit ihrem Handy aufbauen konnte, resigniert gab sie schließlich auf.
»Was ist denn los?«
Sie knabberte an ihrem Daumennagel. »Wann sind wir am Flughafen?«
Ich zuckte mit den Schultern und überlegte. »In ein paar Minuten. Warum?«
»Gut, ich muss dringend telefonieren.«

***

Ein paar Minuten später kamen wir am John F. Kennedy Airport an. Als der Fahrer uns die Tür öffnete, stieg ich aus und reichte Lu meine Hand. Sie ergriff sie und wirkte verunsichert, als ein Fotograf Bilder von uns schoss.
»Einfach lächeln. Das ist alles, was du tun musst«, sagte ich und legte schützend meinen Arm um sie.
Während der Chauffeur sich um unser Gepäck kümmerte, betraten Lu und ich die Flughafenhalle. Es wimmelte nur so von Leuten und ich brauchte einen Augenblick, bis ich herausgefunden hatte, an welches Terminal wir mussten. Währenddessen versuchte Lu zu telefonieren und diesmal schien sie

besseren Empfang zu haben. Sie redete kaum, sagte nur hin und wieder »ja« oder »nein«. Aber sie sah jetzt noch besorgter aus als zuvor.
Als wir unser Gepäck aufgegeben hatten und zu unserem Gate liefen, wurden wir von ein paar Journalisten abgelichtet.
Gerade wollte ich einen Arm um sie legen, als sie mich zum Stehenbleiben zwang.
»Matt, hör zu, ... ich kann nicht mit dir nach Hawaii fliegen.«
Ich warf einen unsicheren Blick zu den Fotografen. Sollte das ein Witz sein? War das ihr lahmer Versuch, sich aus der Affäre zu ziehen? »Natürlich kannst du das. Unser Gepäck haben wir schon aufgegeben. Der Flieger wartet. Du brauchst keine Angst zu haben. Du wirst sehen, es wird dir gefallen.«
»Nein! Ich kann wirklich nicht mitfliegen.«
Irritiert von ihrer Entschlossenheit wurde ich unruhig, blickte zwischen der Presse und ihr hin und her. Was sollte das jetzt?
Kurzerhand zog ich sie in eine Nische, wo wir vor den Blicken der Presse einigermaßen geschützt waren.
Lu stand genau vor mir, blickte zu mir hoch und suchte nach den richtigen Worten, die mich weich werden lassen sollten.

»Ich muss nach Louisiana, Matt. Bitte, ich kann jetzt unmöglich nach Hawaii.«
Ich lachte laut auf, aber nur, weil ich gerade so verwirrt war und ihre Schnapsidee mir wie ein Witz vorkam.
»Lu, wie stellst du dir das vor? Wir können jetzt keine getrennten Wege gehen. Das würde doch sehr merkwürdig aussehen. Findest du nicht?« Ich nickte unauffällig Richtung Presse.
Sie trat von einem Fuß auf den anderen, aber ich sah in ihrem Gesicht, dass dieses Argument für sie unwichtig war. Sie hatte sich entschieden.
Verdammter Mist! Was sollte ich tun?
»Sag mir einen Grund, der dich daran hindert, dich an die Vereinbarung mit deinem Vater einzuhalten.«
Sie senkte ihren Blick und mit einem Mal strahlte sie eine Traurigkeit aus, die mich tief berührte. Es war fast so wie damals.
»Ich muss zu Morten! Er braucht mich. Bitte, Matt.« Sie schluckte.
Sie wollte zu ihm? Das glaubte ich jetzt einfach nicht! Enttäuscht und verwirrt fuhr ich durch mein Haar. Fast kam es mir so vor, als hätte sie das alles geplant. Jegliches sentimentale Gefühl in mir erlosch, als ich erkannte, wie durchtrieben sie war. Kalt sah ich ihr in die Augen. »Nein! Dein Morten wird ohne dich auskommen müssen.«

»Matt, bitte«, flehte sie, »du verstehst nicht. Er ... er wird vielleicht sterben.«
»Darüber macht man keine Witze, Lu.«
Sie schnaubte, und als sie anfing mit den Tränen zu kämpfen, begann meine stahlharte Fassade zu bröckeln. Dann schluckte sie, blinzelte die Tränen fort und schaute mit starrem Blick zu mir herauf.
»Also, es ist ganz einfach, Matt. Entweder du kommst jetzt mit oder ich werde zu den Aasgeiern dort drüben gehen und für einen hübschen kleinen Skandal sorgen.«
War das ihr wahres Gesicht? Mir blieb der Mund offen stehen, als sie mich so ansah. Was für ein Biest!
»Das ist Erpressung, Lu!«
Sie schmunzelte und schielte zu den Fotografen. »Ja, das kann man wohl so sagen. Also? Wie entscheidest du dich?«
Was für ein Miststück! Sie stellte mich einfach vor vollendete Tatsachen. Hin- und hergerissen überlegte ich. Ich hatte meinem Vater versprochen, dass ich diesmal den Auftrag gewissenhaft erledigte. Wir konnten uns nicht leisten, den Fusionsvertrag zu brechen. Wobei, Lu brach ihn!
War sie so mutig?
Ich verschränkte meine Arme und gab ihr so zu verstehen, dass ich mich auf ihr Spielchen nicht einlassen würde.

Kapitel 7
Matt

»Wie du willst!«, sagte sie mit einem beleidigten Ton, wandte sich von mir und lief auf die Journalisten und Fotografen zu.
Ich sah ihr hinterher und war nervös, aber auch neugierig, was sie jetzt veranstalten würde. Dabei hatte ich ständig das enttäuschte Gesicht meines Vaters vor Augen, wenn er davon erfahren würde. Dann hätte ich wieder versagt. Scheiße!
»Lu, warte!«, rief ich. Kurz drehte sie sich zu mir, doch dann fing sie an, mit den Presseleuten zu sprechen. Ich verstand kein Wort, deshalb lief ich ihnen entgegen. Die Presse lachte über etwas, was ich nicht mitbekommen hatte. Als ich bei Lu angekommen war, legte sie ihre Arme um meine Mitte und schmiegte sich an mich.
»Und jetzt, meine Herren, entschuldigen Sie uns. Mein Mann und ich wollen jetzt in die Flitterwochen.« Sie zog mich mit sich und winkte ihnen zum Abschied.
»Das war wirklich in letzter Sekunde, Matt. Das nächste Mal lass mich nicht so lange warten.«
»Was soll das heißen?«
»Da brauchen wir uns beide doch nichts vormachen, ich wusste, dass du einlenken würdest.«

Dieses Weib! Ich war sauer, ließ mich aber von ihr außer Sichtweite der Presse ziehen.
»So, du organisierst uns die Flugtickets nach Lafayette und ich sorge dafür, dass unser Gepäck dorthin umgeleitet wird.«
Noch bevor ich auch nur ein Wort sagen konnte, war sie auch schon verschwunden. Und ich stand da wie ein Vollidiot. Sie hatte mich ausgetrickst - was mich ärgerte. Minutenlang überlegte ich, was jetzt das Richtige wäre.
Vielleicht sollte ich mich wirklich auf ihr Spiel einlassen. Doch Vorwürfe würde ich ihr nicht ersparen können.
Der Flug nach Lafayette war schrecklich. Nicht nur, dass wir die ganze Nacht unterwegs waren und erst in den frühen Morgenstunden landeten. Meine Laune sank auf den Tiefpunkt, weil ich im Flugzeug neben einem dicken, schnarchenden und schwitzenden Mann sitzen musste, der so tief schlief, dass er nicht einmal merkte, wie sein Kopf ständig auf meine Schulter rutschte. Genervt nahm ich es irgendwann hin.
Gerne hätte ich Lu die Leviten gelesen, doch leider saß sie mehrere Reihen hinter mir.
Als wir endlich ankamen und durch das Flughafengebäude liefen, hielt ich es nicht länger aus. Ich brauchte ein paar Antworten.

»Lu! Lu, ... verdammt! Bleib endlich stehen.«
Abrupt tat sie es und sah mich neugierig an. »Was ist?«
»Findest du nicht, du schuldest mir eine Erklärung?« Sie sollte ruhig merken, wie sauer ich auf sie war. Ich stemmte meine Fäuste in die Hüften und sah sie streng und auffordernd an.
»Was willst du denn wissen? Wir haben keine Zeit! Andy wartet bestimmt schon draußen, um uns abzuholen.«
»Wenn du glaubst, ich sehe zu, wie du dich mit deinem Lover vergnügst, während wir eigentlich auf Hawaii sitzen könnten, dann hast du dich geirrt. Und wer verflucht noch eins - ist Andy?«
»Andy ist ein Freund. Und wir sind hier, weil ...«, sie schluckte, »... weil Morten im Sterben liegt.« Sie ließ mich einfach stehen und lief weiter Richtung Ausgang.

***

Er lag wirklich im Sterben!? Sprachlos sah ich ihr hinterher. Damit hatte ich nicht gerechnet. Jetzt taten mir mein Verhalten und auch meine Gedanken sehr leid. Mist!
Ich folgte ihr aus der Flughafenhalle und wir traten in die noch kühle Morgensonne. Überall standen

Taxen. Lu suchte auf dem gegenüberliegenden Parkplatz nach jemandem.
»Er müsste eigentlich schon hier sein«, murmelte sie.
»Lu? ... Lu, es tut mir leid.«
»Hör auf zu quatschen, Matt! Jetzt sind wir ja hier. Hilf mir lieber, nach Andy Ausschau zu halten«, sagte sie und hielt ihre Hand als Sonnenschild an ihre Stirn.
»Da ist er!«
Ein alter Jeep mit einer Ladefläche fuhr gerade auf einen der Taxiparkplätze und hielt ein paar Meter vor uns. Ein Typ mit Brille und Basecap stieg aus und begrüßte Lu. Seine Latzhose war verschmutzt und die Gummistiefel, die er trug, hatten auch schon bessere Tage gesehen. Er zog Lu in seine Arme und drückte sie an sich, was sie erwiderte, während ich danebenstand und mir überflüssig vorkam. Außerdem stieg Eifersucht in mir hoch.
»Wie geht es ihm?«, war das Erste, was Lu fragte, bevor sie mich dem Typen vorstellte.
Er reichte mir seine Hand. »Hi, ich bin Andy ... Ähm, also ehrlich gesagt, Lu, ich glaube, er wird nicht mehr lange durchhalten. Wir sollten uns beeilen. Steigt ein, ich erzähle euch alles auf der Fahrt.«
Lu ließ sich das nicht zwei mal sagen und stieg direkt vorne, neben Andy, ein.

»Sorry, musst wohl mit der Ladefläche vorlieb nehmen«, sagte Andy und lief ohne ein weiteres Wort um den Wagen herum und stieg ein.
Auf dieser Ladefläche? Wahrscheinlich bekam ich vom Heu und den Scheißkegeln Herpes oder Ekelbläschen. Zähneknirschend kletterte ich hinauf. Andy hatte den Motor schon gestartet.
Noch bevor ich mir eine saubere Ecke suchen und mich setzen konnte, fuhr der Kerl auch schon an. So ein Idiot - ich konnte mich nicht halten und fiel unsanft auf meinen Hintern. »Hey!«, schrie ich und hämmerte wütend gegen das Metall des Führerhauses, was jedoch an seinem Fahrstil nichts änderte.
Eine gefühlte Ewigkeit fuhren wir auf der Landstraße, Lafayette hatten wir schon lange hinter uns gelassen. Was mich wunderte, wenn dieser Morten im Sterben lag, würde er dann nicht in einem Krankenhaus liegen? Oder hatten sie ihn zu Hause gebettet, wo er unter seinen Angehörigen die letzte Ruhe finden konnte?
Nach etlichen Kilometern bog Andy von der geteerten Straße auf einen Schotterweg ab und folgte diesem durch einen Wald. Hier war die Luft angenehm kühl, der unebene Weg allerdings sehr holprig, sodass ich mich festhalten musste, wenn ich

nicht über die Ladefläche und somit durch den Dreck rutschen wollte.
Sobald wir ankamen, würde ich meinem Vater anrufen - jemand sollte schließlich wissen, wo wir uns befanden.
Andy fuhr wie ein Verrückter. Es schüttelte mich und ich war schon froh, kein Schleudertrauma zu erleiden.
Endlich bog er ab und der Jeep hielt auf einem Vorplatz. Froh, endlich hinauszuklettern und wieder festen Boden unter meinen Füßen zu spüren, sah ich mich um. Es sollte ein schöner Sommertag werden. Die Luft war angenehm warm und der Himmel zeigte ein unglaubliches Azurblau.
Neben einem großen Blockhaus befanden sich kleine Baracken. Eine Wiese, die mehr an einen Trampelpfad erinnerte, wurde von einem Holzzaun abgegrenzt. Dahinter befanden sich mehrere kleine Holzhütten oder Ställe. So genau konnte ich es nicht erkennen.
»Matt, ich geh gleich zu ihm. Du kannst ruhig ins Haus gehen«, sagte Lu. Ich sah ihr nach, wie sie zusammen mit Andy in einer der Baracken verschwand, die weiter hinten auf dem Grundstück standen.
Ich lief auf das große Blockhaus zu, stieg die Stufen hinauf und öffnete, nachdem ich angeklopft hatte,

die Tür. Der Raum, der sich dahinter verbarg, war groß und wahrscheinlich so eine Art Gemeinschaftsraum. Ein Fernseher dudelte vor sich hin, während ein ziemlich behaarter Kerl mit einer dicken Goldkette und nur in kurzen Hosen bekleidet dalag, mit ... einem Esel auf dem Sofa!?
Ein Esel, der es sich auf dem Sofa gemütlich gemacht hatte?! Ich stutzte und konnte nicht anders als stehen zubleiben und die beiden anzugaffen. Sie schienen zu schlafen. Erst jetzt entdeckte ich einen Verband an einem der Hinterläufe des Tieres. Eine Infusionsflasche, deren Schlauch direkt in dem Verband des Esels verschwand, hing an einem Ständer. Das Tier hatte die Augen geschlossen und lag im Arm des Typen. Ich konnte nur mit dem Kopf schütteln, weil dieser Anblick wirklich schräg war und ich so etwas noch nie gesehen hatte. Vielleicht eine neue Art der Pflege?
Ich wollte die beiden nicht stören und lief zu dem großen Fenster, dessen Flügel weit offenstanden.
So weit das Auge reichte, war ich umgeben von umzäunten Wiesen. Jetzt konnte ich auch einige Baracken als Ställe erkennen. Auf der Weide grasten ein paar Pferde. In den anderen Gehegen befanden sich Esel, Lamas, ein paar Schweine sowie eine Kuh. Ich war wohl mitten im Auffanglager der AFL.

Ich zog mein Handy aus meiner Tasche und schaltete es ein. Nach mehrmaligen Versuchen, einen Anruf zu starten, bemerkte ich, dass ich keinen Empfang hatte. Prüfend streckte ich meinen Arm in die Luft, in der Hoffnung, wenigstens ein bisschen Netz zu empfangen.

»Hier drin hast du keine Chance, mein Freund.«

Ich zuckte zusammen und drehte mich um. Der Kerl auf dem Sofa sah mich an und kraulte nebenher den Esel am Kopf. Beide waren wach und ich konnte meinen Blick nicht von dem Tier wenden, weil ... es tatsächlich fern sah?

»Versuche es draußen, meistens klappt es direkt an den Gehegen. Ich bin übrigens Dimitri. Guten Morgen! Und wer bist du?« Er gähnte laut und stand vorsichtig vom Sofa auf. Der Esel ließ sich allerdings nicht davon stören und sah weiter in die Flimmerkiste. Ich wagte einen Schritt in seine Nähe, um mir das genauer anzusehen.

»Was ist mit ihm?«

»Mr. Porter? ... Er schläft hier nur seine Narkose aus.« Er beugte sich zu ihm und tätschelt das Tier am Hals.

»Wäre er dann nicht besser in einer Tierklinik oder so aufgehoben?«

Dimitri lachte. »Wir sind in einer Tierklinik. Sogar in der besten Tierklinik weit und breit«, sagte er stolz.

»Und wer bist du?«, wollte er jetzt ein weiteres mal von mir wissen. Ich war so fasziniert von Mr. Porter, dass ich Dimitris Frage einfach überhört hatte.
»Entschuldige, ich bin Matt, Matt Baldwin.«
Sein Gesicht erhellte sich, als würde jetzt der Groschen bei ihm fallen. »Ah, jetzt weiß ich, wer du bist.«
Wir reichten uns die Hand. »Lu ist sicherlich bei Morten, stimmt´s?«
»Ja, sie konnte es nicht erwarten.«
Dimitri blickte traurig zu Boden. »Die Arme, wir haben so gehofft, dass er noch durchhält, bis sie kommt. Und wie es aussieht, hat er es geschafft.«
So gern hätte ich ihn über Morten ausgefragt, aber ich wollte nicht unhöflich und schon gar nicht indiskret sein. Deshalb hielt ich lieber meinen Mund. Lu würde mir später erzählen, was genau mit Morten geschehen war.
»Du sagtest, draußen hätte ich mehr Empfang?«
»Ja, versuch dein Glück. Manchmal funktioniert es, manchmal aber auch nicht.«

***

Dimitri hatte recht, auf der anderen Seite der Blockhütte, direkt unterhalb des Fensters zum

Gemeinschaftsraum war die Empfangsanzeige am stärksten.
Ich wählte und wartete, doch nichts geschah. Es gab noch nicht mal ein Freizeichen. Ich probierte es noch einmal und endlich schien es zu funktionieren. Es klingelte.
Etwas kitzelte mich am Hals. Mit einer Handbewegung klatschte ich auf die Stelle und wurde ungeduldig, weil zu Hause keiner abnahm. Hier wimmelte es bestimmt von Moskitos. Jetzt kribbelte es an meinem Kopf. Verdammte Mistviecher! Wieder fuhr ich durch mein Haar und versuchte, es zu vertreiben. Der Schock fuhr mir in die Glieder, als irgendetwas warmes und weiches an meinem Ohrläppchen sich zu schaffen machte. Wie erstarrt blieb ich stehen und entdecke Dimitri, der mit weit aufgerissenen Augen am Fenster stand und vor Angst keinen Ton herausbekam. Ich war in Gefahr - vielleicht sogar in tödlicher Gefahr!
Vielleicht eine Schlange?
Direkt am Ohr vernahm ich ein schweres Schnaufen, etwas pustete mich an. Dann folgte ein tiefes Brummen.
Was zum Teufel war das nur für ein Vieh? Aber was es auch war, ich hielt still - hielt die Luft an.
Ein Biss oder ein kräftiger Schlag und ich könnte tot sein. Mein Herz schlug wild in meiner Brust,

während ich krampfhaft versuchte, am Leben zu bleiben. Fest presste ich meine Augen zusammen und betete, dass es schnell das Interesse an mir verlor. Dann spürte ich es auf meiner Schulter und zitterte, schaffte es aber, endlich meine Augen wieder zu öffnen.

Ein großer Schatten fiel von hinten auf mich und das Ding brummte jetzt noch lauter. Es dröhnte in meinen Ohren. Ich wusste genau, dass es direkt hinter mir stand.

Ich kratzte meinen restlichen Mut zusammen und drehte mich um.

Vor mir stand ein großes, schreckliches, graues Ungetüm. Laut trompetete es, was mich schockiert um Luft ringen ließ.

»Wie kann das sein? Was machst du denn hier?«, rief Dimitri. Ich begriff nicht, warum er mir nicht zur Hilfe kam.

Ich strauchelte rückwärts gegen die Hausmauer und rechnete damit, dass der riesige Elefant mich zermalmen würde wie einen Grashalm. Ich presste mich fest gegen die Hauswand, als er näher trat. Mir stockte der Atem. Der Rüssel schwang direkt vor meinem Gesicht, dabei brummte er tief. Er begann, meine Wange abzutasten. Wie überdimensional große Lippen fühlte sich der Rüssel an - weich und warm. Er tastete mich weiter ab - meinen Hals und meine Brust, dann wieder mein Haar. Dabei schnüffelte er an mir, als wollte er herausfinden, wer ich war. Vielleicht tat er das ja wirklich. Vor Angst zitternd, versuchte ich, ruhig zu bleiben - eine falsche Bewegung und er könnte mich zerquetschen. Der kräftige Rüssel wanderte weiter meinen Arm entlang. Er nahm das Handy aus meiner Hand und schwenkte es wie eine Trophäe hin und her.

»Morten! Morten, hör auf!«, schrie Lu plötzlich von Weitem. Aus dem Augenwinkel sah ich sie auf uns zukommen. Sie stellte sich vor mich und redete auf den Elefanten ein. »Komm schon, sei ein braver Junge und gib mir das Handy.« Sie streckte ihre Hand aus und wartete darauf, dass der Elefant gehorchte. Er trötete und wollte sein neues Spielzeug nicht hergeben.

Lu streichelte das graue Monster und lenkte damit seine Aufmerksamkeit auf sich. Sein Rüssel glitt an ihrem Körper entlang und sie schaffte es, dass er das Handy fallen ließ, um sich noch mehr von ihren Streicheleinheiten zu gönnen.

Er wandte sich endlich von mir ab, bewegte seinen kolossartigen Körper ein paar Schritte auf Lu zu und ich konnte das erste Mal erleichtert aufatmen. Allerdings trat der Riese dabei auf mein Handy. Es knackste leise - zurück blieben nur völlig demolierte Einzelteile.

Ich sah ihnen nach und konnte nicht glauben, was gerade passiert war.
Ein Elefant - ein riesiger Elefant!
»Nimm es nicht persönlich, Matt! Morten kann Handys nicht ausstehen!«, rief Dimitri aus dem Fenster zu mir herunter.
»Morten? Das ist Morten?«, schrie ich. Dieses schreckliche und gefährliche Monster war Morten? Wut stieg in mir hoch und ich schaute zu Lu hinüber, die immer noch mit dem Ungetüm spielte, dabei lachte und ihren Spaß hatte! Am liebsten hätte ich ihr den Hals umgedreht. Sie hatte mich verarscht, angelogen und beschissen.
Sauer stapfte ich zu ihr rüber. »Das ist Morten?«, schrie ich sie an. »Und wegen eines Elefanten fliegen wir mehr als 2000 Kilometer? Ich ... glaub das einfach nicht!« Aufgebracht überschlugen sich meine Gedanken. Ich ging auf und ab, allerdings hielt ich einen sicheren Abstand zu dem Vieh.
»Er hätte dich tottrampeln sollen.« Sie rollte mit ihren Augen und schnaufte. »Du verstehst das nicht, Matt.«
»Oh, ich verstehe sehr gut«, unterbrach ich sie wütend.
Lu kam auf mich zu, was ihren gigantischen Freund dazu veranlasste, ihr hinterherzulaufen. Ich ging rückwärts, immer auf der Hut vor ihm.

»Morten ist mein Freund und er war wirklich krank. Andy wird dir das bestätigen.«
Ich lachte ungläubig auf und fuhr mir durch das Haar. Das konnte sie ihrer Großmutter erzählen.
»Das stimmt«, mischte sich Dimitri vom Fenster aus ein. »Morten lag wirklich im Sterben, zumindest haben wir das geglaubt, weil er seit Tagen kaum etwas gefressen hatte und seine Mentalwerte im Keller waren.«
»Aber du hast mich in dem Glauben gelassen, dass Morten ein Mensch ist - sogar dein Lover! Wieso hast du mir nicht gleich gesagt, dass es sich dabei um einen Elefanten handelt?«
»Ich hab nie behauptet, dass er ein Mensch ist. Das hast du dir ganz allein in deinem Kopf ausgemalt. Außerdem spielt das keine Rolle für mich. Morten ging es sehr schlecht und er brauchte mich.« Wir funkelten uns wütend an und keiner war bereit nachzugeben - ich am allerwenigsten. Sprachlos stand ich da, war perplex, weil ich so gnadenlos auf sie reingefallen war.
Aus einem der hinteren Ställe drang ein schreckliches Wiehern zu uns, was Lu von unserem Streit ablenkte. Es klang gequält und schmerzvoll. Die Holztür des Stalls öffnete sich und Andy trat heraus. »Los! Es ist so weit. Ich brauche eure Hilfe«, schrie er.

Lu rannte sofort los und auch Dimitri verschwand vom Fenster, nur um binnen Sekunden später an mir vorbeizulaufen. »Komm! Rosa kann bestimmt jede Hilfe gebrauchen!«, rief er mir noch zu.
Verdutzt sah ich ihm hinterher, wie er mit Lu im Stall verschwand.
So eine verdammte Scheiße! Eigentlich wollte ich mit Lu weiterstreiten.
»Matt, Andy braucht seine Arzttasche. Die steht in der Stube - und das ganze dalli!«, schrie Dimitri mir entgegen und verschwand sofort wieder.
Was? Arzttasche? Wieder drang dieser schmerzerfüllte tierische Schrei an meine Ohren und ging mir durch Mark und Bein.
Morten stand ein paar Meter von mir entfernt und gab diesen tiefen Brummton von sich. Er machte sich gerade an einem Heuballen zu schaffen, der mitten auf der Wiese lag. Ich war für ihn uninteressant geworden - Gott sei Dank!
Eilig lief ich in das Blockhaus zurück und suchte die Tasche. Der Esel namens Mr. Porter lag noch immer auf dem Sofa. Als ich den Raum betrat, hob er kurz neugierig seinen Kopf, legte sich aber gleich wieder in die Kissen zurück und schaute Football.
Bin ich hier im Irrenhaus gelandet? Ein Esel, der fernsah, ein Elefant, der keine Handys mochte, und eine verrückte Frau, die das alles als normal ansah?

Ich sollte zusehen, dass ich so schnell wie möglich von hier verschwinden konnte.
In der Küche, auf einem großen Tisch entdeckte ich die schwarze Arzttasche. Kurz überlegte ich, mir einfach einen der Wagen zu schnappen und abzuhauen. Doch dann drang wieder dieser gequälte Laut durch das Fenster. Da schnappte ich die Tasche und rannte eilig zurück zum Stall.
Im Vorbeilaufen warf ich nochmals einen Blick zu Morten, der nach wie vor mit dem Heuballen beschäftigt schien. Ich hätte ihm zugetraut, dass er mich irgendwo abfing, um mich zu zermalmen.
Am Stall angekommen, öffnete ich die Holztür. Erschrocken blieb ich stehen. Ich brauchte eine Weile, um zu begreifen, was hier vor sich ging. Lu und Andy standen direkt neben einem Pferd, welches die schrecklichsten Laute von sich gab, die ich jemals gehört hatte. Es waren schwer schnaubende, gequälte und quietschende Geräusche, die mich erstarren ließen. Es musste die Fruchtblase sein, die wie ein halb aufgeblasener Luftballon aus dem Hinterteil heraushing. Darin konnte man die kleinen Hufe des Fohlens erkennen. Erst jetzt begriff ich, dass ich mitten in eine Geburt hineinplatzte.
Einen sabbernden Koloss von Hund nahm ich aus dem Augenwinkel wahr, er gab ein »wuff« von sich, erschrocken wich ich einen Schritt zurück. Dimitri

wies ihn sofort zurecht und er verkroch sich in eine Ecke.
»Matt, hast du die Tasche?«, fragte Andy leise und kam mir entgegen. Damit brach er die Schockstarre. Wortlos übergab ich sie ihm, ohne den Blick von dem Pferd zu nehmen.
»Es könnte Komplikationen geben. Es dauert einfach schon zu lange.«
Lu stand direkt neben Andy, sie hatte einen Strick in der Hand und sah sorgenvoll zu mir. Sanft tätschelte sie die Stute und redete leise auf sie ein.
Ich trat näher. Die Stute wurde wieder ruhiger und Lu lächelte zufrieden. Dieses Lächeln war so süß, dass ich ganz automatisch meine Mundwinkel hob und es erwiderte.
Ein weiteres Mal wieherte das Pferd schmerzvoll. Die Blase platzte und das Fruchtwasser platschte auf den Boden, bis sie leer und schlaff aus dem Hinterteil hing.
Ich konnte meinen Blick nicht vom Geschehen abwenden - mir wurde übel. Die Stute legte sich jetzt in das weiche Heu. Dimitri trat zu ihr und hielt den Schweif zur Seite, während Lu den Strick um die Hufen des noch ungeborenen Fohlens band. Leise quietschte die Stute wieder und bei der nächsten Wehe schob sich das Fohlen ein Stück weiter hervor.

Mein Magen fing an zu rebellieren, Übelkeit stieg in mir auf, ich musste mich jetzt zusammenreißen.
Lu und Andy zogen wie verrückt an dem Strick, um der Stute zu helfen, das Fohlen zu gebären, Blut und weiteres Fruchtwasser quollen heraus, meine Knie wurden weich und das Bild vor meinen Augen begann zu wanken. Schwärze umfing mich.

Kapitel 8
Lu

Die Holztür schwang auf und ein heller Lichtstrahl ließ Matts Silhouette deutlich erkennen.
Regungslos stand er mit Andys Tasche da und starrte auf Rosa. Die harten Züge in seinem Gesicht ließen ihn unnahbar und erotisch erscheinen. Bilder unserer erotischen Nacht schlichen sich in meine Gedanken und verursachten mir eine Gänsehaut.
Da stand Matt Baldwin, der Mann, der meine Kindheit geprägt hatte. Dem ich es zu verdanken hatte, dass mein Selbstwertgefühl auf dem Nullpunkt gelandet war.
Sofort strömten die Erinnerungen von damals auf mich ein - zerstörten das aufkommende Gefühl der Verbundenheit. Meine gewohnte Feindseligkeit ihm gegenüber kam zurück und erleichtert schüttelte ich auch die letzten schönen Gedanken ab, um mich wieder auf Rosa zu konzentrieren.
»Matt, hast du die Tasche?«, fragte Andy, lief ihm entgegen und nahm sie ihm ab. Sogleich machte er sich an die Arbeit.
Überrumpelt von der Situation, kam Matt langsam näher und starrte dabei auf Rosas Hinterteil.
Meine Güte! Es war wirklich zu komisch, wie er völlig verdattert und ungläubig zu Rosa sah.

Ein ähnliches Gesicht hatte er gemacht, als er erkannt hatte, dass Morten ein Elefant war.
Er tat mir fast ein bisschen leid. Die Situation schien ihn zu überfordern, wie ein verlorener, kleiner Junge stand er da. Es war schwer, ihn mir als tüchtigen Geschäftsmann und zukünftigen Geschäftsführer vorzustellen.
Völlig abwesend grinste ich wie ein Honigkuchenpferd. Dass ich dieses Lächeln ausgerechnet Matt schenkte, wurde mir erst bewusst, als er mich so intensiv ansah. Seine Augen nahmen einen sanften Ausdruck an, der mich berührte.
Wieder tauchte dieses warme Gefühl auf, doch diesmal gestattete ich es mir, genoss den Augenblick - aber nur kurz.
Die arme Rosa wandte sich erneut und somit hatte sie meine Aufmerksamkeit wieder. Diesmal schaffte sie es, das Fohlen weiter herauszupressen, sodass die Fruchtblase sich in einem Schwall entleerte. Dabei schob sie die Beine des Fohlens ein paar Zentimeter weiter hinaus.
Jede Wehe brachte sie tapfer hinter sich. Ich hatte schon einige Tiergeburten erlebt. Jede war und blieb ein kleines Wunder. Begeistert strömte ich über vor Glück und konnte es nicht erwarten, endlich das Kleine zu streicheln.

Rosa legte sich ins Heu, wieherte und warf ihren Kopf gequält hin und her. Jetzt kam die nächste Wehe. Der Augenblick war gekommen.
So schnell ich konnte, band ich den Strick an die Hufen, und gemeinsam mit Andy begann ich, energisch an dem Seil zu ziehen. Wir zogen mit aller Kraft, bis das Kleine Stück für Stück herausrutschte. Ich konnte schon die Farbe des Fells erkennen. Mein Herz raste, bis das Junge schließlich ganz draußen war und nass und regungslos im Heu vor uns lag. Aus dem Augenwinkel nahm ich wahr, wie Matt zusammenbrach.
So ein verdammter Mist! Wieso suchten Männer sich immer die ungünstigsten Momente für ihre Schwächen aus?
Verwirrt keuchte ich. »Scheiße! Andy, ich glaube, Matt ist ohnmächtig.«
Andy nickte Dimi zu. Dieser verstand und kümmerte sich um Matt.
»Was für einen Waschlappen hast du da eigentlich geheiratet, Lu?« Dimi grinste frech, nahm sein Handgelenk und fühlte den Puls. »Alles in Ordnung, der wacht schon wieder auf.«
Sollte ich mich um ihn kümmern? Ich wollte zu ihm laufen, doch das Fohlen und Rosa brauchten mich jetzt. Kein Grund für ein schlechtes Gewissen. Er war zwar weiß wie eine Wand, doch er lag weich

gebettet im Heu und Dimi hatte ihn schließlich im Auge.
»Typisch Schlipsträger, hält halt nichts aus«, lästerte Dimi weiter.
»Halt den Mund, Dimitri, und hilf uns lieber«, sagte Andy. Er war völlig unbeeindruckt von dem, was hinter ihm geschah. Seine ganze Aufmerksamkeit gehörte dem Fohlen und Rosa.
In den letzten Tagen hatte Andy sogar einige Nächte im Stall verbracht. Da Rosa schon mal eine Totgeburt hatte, wollte er diesmal ganz sichergehen, dass nichts schief ging. Ich bewunderte, wie sanft und liebevoll er sich um das Junge kümmerte. Manchmal glaubte ich, er behandelte sie besser als uns Menschen.
Er war ein Eigenbrötler. Außerhalb der Farm hatte er keine Freunde.
Als ich Andy im Internat kennenlernte, war ich sehr schüchtern und skeptisch ihm gegenüber gewesen. Es dauerte Wochen, bis ich schließlich bereit war, mit ihm eine Frühstückspause zu verbringen. Nach und nach lernte ich, ihm zu vertrauen. Wir sprachen nicht viel miteinander - bis heute nicht. Wir verstanden uns auch ohne viele Worte.
Andy wurde zu einem wahren Freund. Er half mir bei der Trauer um Berta, meinem alles geliebten Hausschwein - meinem einzigen Halt und Trost in

der Zeit, als ich noch zu Hause wohnte. Kurz, nachdem mein Vater mich ins Internat gesteckt hatte, starb sie - zumindest erzählte er das. Natürlich dachten viele, dass Andy und ich ein Paar wären, aber das war nie so, uns verband immer nur eine tiefe Freundschaft.
Es scherte uns einen Dreck, was andere von uns dachten. Ich fühlte mich das erste Mal in meinem Leben von jemandem so richtig verstanden. Täglich verbrachten wir mehrere Stunden miteinander. Und eigentlich hätte unsere Freundschaft so weitergehen können, doch eines Tages schrieb er mir einen Liebesbrief. Damit brachte er mich völlig zum Ausflippen. Die Wahrheit war, dass ich Angst hatte - Angst, ihn als meinen einzigen Freund zu verlieren. Er war für mich wie ein Bruder. Ihn näher an mich heranzulassen, konnte ich mir einfach nicht vorstellen, es fühlte sich falsch an.
Als er später seinen Abschluss machte und irgendwo Tiermedizin studieren wollte, trennten sich unsere Wege. Ab und an schrieben wir uns Briefe - er fehlte mir.
Eines Tages rief er an und erzählte von seiner Tierpraxis in Louisiana. So aufgeregt hatte ich ihn noch nie erlebt. Plötzlich war der ruhige und introvertierte Andy voller Energie und Begeisterung.

Er besaß nun tatsächlich eine Tierarztpraxis mit großem Grundstück, Ställen und Gehegen, in der er verletzte oder auch streunende Tiere aufnahm.
Nach meinem Abschluss wollte ich nicht nach Hause zurück. Einige Zeit reiste ich mit einem Zirkus durch das Land und genoss meine Freiheit.
Vor knapp zwei Jahren bat er mich, als Tierpflegerin auf seiner Ranch zu arbeiten.
Dieses Angebot war für mich die perfekte Lösung - Morten nahm ich gleich mit.

***

»Die Geburt ist überstanden. Beide sind wohlauf.« Zufrieden schob Andy seine Brille weiter auf die Nase und schloss seine Tasche.
Rosa schnupperte und leckte über das Fell des Fohlens. Wie süß das Kleine war! Ich war ganz verzaubert.
Nur Matt lag noch immer im Heu und regte sich nicht. Als ich zu ihm schaute, überfiel mich mein Herz mit einer Mitleidsattacke. Das konnte doch nicht wahr sein! Zum Glück hatte ich einen Verstand, der dies nicht allzu lange zuließ.
»Das war gute Arbeit, Lu.« Andy folgte meinem Blick. »Und wie lange bleibt ihr?«, fragte er, als er sich wieder Rosa zuwandte.

»Ich weiß nicht, Matt wird bestimmt so schnell wie möglich abreisen wollen, ich werde bleiben. Zumindest, bis diese Flitterwochen vorbei sind. Dann kann ich mich auch weiter um Morten kümmern.« Ich rollte mit den Augen und die Mitleidsgefühle, die ich vor ein paar Sekunden noch empfunden hatte, verflogen nun vollends.
»Gut, dann sorg dafür, dass er schnell von hier verschwindet. Wir können keine Mitwisser gebrauchen. Die Sache ist schon heiß genug ... wir reden später, ich werde nach Morten sehen. ... Dimitri, wenn Anna kommt, müssen wir das Futter abladen.« Andy stand auf, beugte sich zu Matt und überprüfte seinen Puls. »Alles in Ordnung mit ihm. Da wirst du noch eine Weile warten müssen, bis du Witwe bist.« Er zwinkerte mir frech zu. »Komm, Greta«, rief Andy. Greta, die junge Bernhardinerhündin, saß die ganze Zeit über in der hintersten Ecke des Stalls.
Andy fand Greta, als sie noch ein Welpe war, am Straßenrand. Er päppelte sie auf und seither lebte sie bei ihm.
Sie erlaubte sogar dem kleinen Kapuzineräffchen, welches Andy operiert hatte, auf ihr zu reiten, bis es wieder alleine laufen konnte. Die beiden haben wirklich ein herzzerreißendes Bild abgegeben. Greta

war zwar etwas träge und auch faul, aber dafür sehr liebenswert.
Andy pfiff, sie hörte aufs Wort und trottete aus der hinteren Ecke des Stalls hervor. Sie war riesengroß, hatte fast schwarze Ohren und ein braun geflecktes Fell.
Schon allein wegen Morten, aber auch wegen des Fohlens beschloss ich, hierzubleiben und nicht nach Hawaii zu fliegen. Ich konnte mir doch nicht entgehen lassen, wie das Neugeborene seine ersten Gehversuche machte. Ich musste Matt davon überzeugen, alleine nach Hawaii zu reisen. Ein paar Tage am Meer und gutes Essen, dafür konnten sich die meisten Männer begeistern. Ich brauchte hier einfach noch ein paar Tage mit Morten, aber auch für den Plan, den Dimi, Anna, Andy und ich seit Wochen verfolgten. Das musste ich Matt klarmachen.
Nachdem Andy den Stall verlassen hatte, sah ich dem Fohlen zu, wie es gierig die Milch seiner Mutter trank, und hing meinen Gedanken nach.

Kapitel 9
Matt

Ich lag weich und gemütlich und hatte der Unterhaltung der anderen aufmerksam zugehört. Ich hätte Dimitri gerne gezeigt, wie sich Prügel von einem Waschlappen anfühlten, aber dafür war ich noch zu schwach und außerdem lag ich zu gut, um das gegen eine Schlägerei einzutauschen.
Irgendwie fühlte ich mich noch benebelt und etwas schwindlig. Dennoch war ich wach genug, um mitzubekommen, dass Andy und Lu ihre Stimmen senkten. Leider sprach Andy den letzten Teil so leise, dass ich nicht verstand, was er Lu zuflüsterte. Ich bekam nur so viel mit, dass mein Aufenthalt hier nicht unbedingt erwünscht war. Was ging hier vor sich?
»... Dimitri, wenn Anna kommt, müssen wir das Futter abladen.«
Ich hörte, wie Andy aufstand und sich mir näherte. Er beugte sich zu mir und nahm meine Hand, um den Puls zu überprüfen. »Alles in Ordnung mit ihm. Du wirst noch eine Weile warten müssen, bis du Witwe bist. ... Komm, Greta!« Kurz darauf folgte ein Pfiff.
Ich rührte mich nicht, blieb einfach ruhig liegen.

Etwas streichelte mich. Sofort tauchte das Bild von Lu in meiner Fantasie auf. Wie sie bei mir saß und meine Wange berührte, sanft mit ihrem Finger darüber strich. Bestimmt hatte sie sich Sorgen um mich gemacht. Ich stellte mir ihr Lächeln vor, wenn ich in ihre Augen sehen würde, während ich in ihrem Schoß lag. Dabei strich sie mir eine Haarsträhne aus dem Gesicht, lehnte sich zu mir herunter. Jetzt konnte ich ihren Atem spüren und ich war mir sicher, nicht zu träumen. Ich fühlte sie tatsächlich. Ich brauchte nur den Kopf zu ihr zudrehen und schon würden wir uns küssen. Ich war heiß darauf und genoss ihre Zunge auf meiner Haut. Sie war gierig und etwas ... grob. Es gab nur eine Kleinigkeit, die mich störte - ihr Atem war nicht so frisch, wie er noch an unserer Hochzeit gewesen war. Er war etwas streng, ein Kaugummi oder ein Gurgelwasser vorher und sie hätte bestimmt besser geschmeckt. Fuhr sie wirklich auf eine klatschnasse Wange ab? Ab einem gewissen Punkt der Ekstase konnte ich mir schon viel vorstellen, aber dies war nicht mal ein Vorspiel!
Lus Zärtlichkeiten wurden fordernder. Sie lutschte nun fast schon an meiner Wange. Aus unserer ersten Nacht hatte ich sie zwar nicht weniger leidenschaftlich, aber doch eindeutig weniger triefend in Erinnerung. Bestimmt wäre es ihr

peinlich, wenn sie wüsste, dass ich alles mitbekam und das Spiel genoss. Küsste sie mich jetzt etwa? Ich freute mich über ihre Hingabe, aber musste sie wirklich so fest an meiner Unterlippe lecken? Ihr Mund war doch sonst warm und weich gewesen, und warum fühlte sie sich so glitschig an?
Und seit wann schnaufte sie so schwer?
Moment mal ...!
Ich öffnete meine Augen und zuckte erschrocken zusammen, als eine riesige, feuchte Zunge über mein Gesicht fuhr. Große, braune Kulleraugen blickten mich an. Entsetzt richtete ich mich auf, konnte einen Aufschrei nicht verhindern, der aus meiner Kehle drang.
Vor mir stand ein extrem großer Bernhardiner, aus dessen Maul sich eklige Rotzfäden zogen und der mit seiner Zunge über mein Gesicht leckte.
Angewidert wich ich zurück, zog mich auf meinem Hintern aus der Nähe des Ungetüms.
»Greta! Aus!«, rief Lu und das Monster von Hund reagierte prompt. Es wedelte mit dem Schwanz, bellte einmal tief und laut und dabei erkannte ich die großen Zähne, mit denen es mich hätte zerfleischen können.
Voller Ekel wischte ich über mein Gesicht und erst da bemerkte ich, wie vollgesabbert ich wirklich war.

»Tut mir leid, aber Greta scheint dich zu mögen.« Lachend kam sie auf mich zu und reichte mir ein Tuch. »Hier! Im Haus kannst du dich waschen.«
»Wah! Das ist ja widerlich!« Ich spuckte ins Heu, wischte mir den glibberigen, klebrigen Geifer vom Gesicht. Insgeheim verfluchte ich Lu dafür, dass sie sich in meine Fantasie geschlichen und ich tatsächlich angenommen hatte, sie würde mich küssen. Wie dämlich von mir!
Sie lachte voller Schadenfreude und schämte sich nicht einmal dafür. Ich fand das überhaupt nicht witzig und sah grimmig zu der riesigen Sabberschleuder, die gerade aus dem Stall trottete.

***

»Da, sieh nur«, sagte Lu lächelnd. Ich folgte ihrem Blick. Ein kleines Fohlen stand auf wackeligen Beinen direkt bei seiner Mutter. Sein Fell hatte die gleiche Farbe wie sie, nur den weißen Fleck, den sie auf dem Kopf hatte, besaß der kleine Kerl an den Ohren. Er suchte nach den Zitzen um Muttermilch zu trinken und nach ein paar Versuchen fand er sie auch und saugte kräftig daran.
»Es ist alles gut gegangen. Rosa hat einen Hengst auf die Welt gebracht. Wir haben ihn Sky getauft. Wie findest du den Namen?«

»Sky? Hört sich gut an.«
»Hier! Trink das!« Dimitri reichte mir eine Wasserflasche.
Hatte er mich nicht eben noch einen Waschlappen genannt? Grimmig nahm ich die Flasche an mich und trank einen großen Schluck.
»Anna wird gleich zurück sein. Ich bin heute mit dem Kochen dran. Da du jetzt wieder hier bist, Lu, musst du den Abwasch machen. Dein Freund kann dir ja dabei helfen«, sagte er, ging zur Stalltür und öffnete sie, was sofort mehr Tageslicht hereinscheinen ließ.
Lu verdrehte ihre Augen, aber sie sagte nichts als Dimitri verschwand.
Das Schwindelgefühl, welches ich vorher noch hatte, war jetzt verflogen. Das Fohlen saugte noch immer gierig an seiner Mutter und wirkte so friedlich, dass ich den Ärger mit Lu für einen Augenblick fast vergaß. Dennoch wurde es Zeit, dass sie mir endlich eine Erklärung gab.
»Morten ist also ein Elefant«, sagte ich.
»Morten ist nicht irgendein Elefant. Er war einmal ein Zirkuselefant.« Stolz hob sie ihr Kinn. »Vor ungefähr zwei Jahren arbeitete ich bei einem kleinen Wanderzirkus als Aushilfe. Ich hab dort die Ställe ausgemistet. Morten war einer von vier Elefanten, die dort lebten. Allerdings ging es ihm nicht gut,

sodass er keine Dressur und Auftritte mehr machen konnte. Er schaukelte stundenlang in seinem Waggon, wirkte antriebslos, bis er schließlich aufhörte zu fressen. Die Leute vom Zirkus gaben sich wirklich Mühe, aber er reagierte auf nichts mehr. Sie erzählten, dass er teilweise sogar aggressiv wurde. Als sie keine Lösung für ihn fanden und es auch keinen Platz in einem Reservat für ihn gab, suchten sie einen Käufer, weil die Pflege zu teuer für den Zirkus wurde.

Andernfalls dachte man auch darüber nach, ihn einzuschläfern, weil er auch schon ein gewisses Alter erreicht hatte. Verstehst du, Matt? Das konnte ich doch nicht zulassen. Sie wollten ihn einschläfern!« Sie schluckte und die Erinnerungen daran gingen ihr noch immer sehr nahe.

»Ich wusste, dass Andy es schaffen würde, ihn wieder gesund zu pflegen. Ich kannte ihn schon seit meiner Jugend. Er ist Tierarzt. Also handelte ich einen Preis mit dem Betreiber des Zirkus' aus und sorgte dafür, dass er hierhergebracht wurde. Anfangs glaubte Andy nicht, dass Morten es schaffen könnte. Doch ich wollte mich nicht damit abfinden. Ich kümmerte mich um ihn und er erholte sich langsam und fing wieder an, sich wie ein Elefant zu verhalten.« Ein Lächeln huschte über ihre Lippen.

»Es geht ihm richtig gut hier, Matt. Ich habe viel Zeit mit ihm verbracht und ... ich liebe ihn einfach. Ich glaube, er wusste genau, dass ich ihn für längere Zeit verlasse und deshalb hat er sich krank gestellt. Er ist sehr intelligent, er spürt das.
Als Andy mich anrief, glaubte er wirklich, dass seine Zeit nun vorüber wäre und da musste ich bei ihm sein. Verstehst du, Matt? Er ist mein Freund. Ich könnte ihn niemals so im Stich und allein sterben lassen. Das würde ich mir nie verzeihen. ... Als wir heute hier ankamen, wurde uns klar, dass Morten ein Schlitzohr ist. Andy glaubt, dass er ganz genau wusste, was er tun musste, damit ich wieder zurückkomme. Und den Beweis, dass Morten wirklich so intelligent ist, hast du vorhin ja selbst gesehen.«
Und diese Geschichte sollte ich ihr glauben?
»Deshalb werde ich nicht nach Hawaii gehen, sondern hier bei ihm bleiben.«
»Bei Andy?«
»Bei Andy? Wieso ...?« Sie runzelte ihre Stirn. Doch dann erhellte sich ihr Gesicht. »Du bist eifersüchtig!«
»So ein Quatsch! Ich würde nur gerne wissen, wie die Dinge um dich wirklich stehen.«
»Wozu? Es kann dir doch egal sein, mit wem ich etwas habe und mit wem nicht. ... Werd mal locker, Matt. Du tust gerade so, als wären wir verheiratet«,

sagte sie, rollte mit ihren Augen, drehte sich um und lief aus dem Stall.
Sie hatte ja Recht. Sie war ein freier Mensch und konnte tun und lassen, was sie wollte. Warum störte es mich dann nur so, nicht genau Bescheid zu wissen?
Trotzdem blieb sie mir ein paar Antworten schuldig. Ich rannte ihr hinterher.
»Hey! Du kannst mich nicht einfach so stehen lassen.« Sie lief über die Wiese, zupfte sich einen Grashalm ab, welchen sie zwischen ihren Fingern zwirbelte.
»Und wieso nicht? Ich habe dir alles gesagt.« Sie blieb stehen und drehte sich zu mir um.
»Aber ich dir nicht«, sagte ich, als ich sie eingeholt hatte. »Was soll ich jetzt deiner Meinung nach tun? Wenn du nicht mitkommst, dann ...«
»Dann?«
»Was sage ich deinem Vater?«
»Ganz ehrlich, Matt«, unterbrach sie mich, »es ist mir wirklich egal, was du zu ihm sagst und was er von mir denkt. Ich habe schon lange aufgehört, mich danach zu richten. Und du tätest gut daran, es auch mal zu versuchen. Es ist sehr befreiend. ... Und jetzt komm. Ich zeig dir, wo du übernachten wirst.«

***

Mir war nicht aufgefallen, wie schnell die Stunden vergangen waren. Es war fast Mittag, als Lu und ich das Blockhaus betraten.
»Eure Koffer wurden gebracht«, wies uns Andy hin. Er sah noch nicht einmal auf, war gerade damit beschäftigt, dem Esel, der jetzt vor dem Sofa stand, die Infusionsflasche abzunehmen und nach dem Verband, den er um den Bauch hatte, zu schauen. Ich wunderte mich, wie still der Esel dies über sich ergehen ließ.
Für Lu schien das völlig normal zu sein.
Sie nahm ihren Koffer. »Wunderbar! Dann werde ich Matt das Zimmer neben meinem geben«, sagte sie, und gab mir mit einem Nicken zu verstehen, dass ich meine Sachen schnappen und ihr folgen sollte. Sie führte mich die Stufen hinauf in die obere Etage. Am Ende des Flurs blieb sie stehen und öffnete eine Tür.
»So, hier ist dein Reich.« Ich trat hinein und sah mich um.
»Frühstück gibt es um halb acht und das Badezimmer liegt am anderen Ende des Flurs. Ach ja, es ist die einzige Toilette und wir müssen sie uns alle teilen. Anna und ich können es nicht ausstehen, wenn der Toilettendeckel nicht heruntergeklappt wird. Wenn du es vergessen solltest, hast du

Putzdienst.« Sie grinste mich breit an und ließ mich allein zurück.
Das Zimmer war spärlich eingerichtet. Ein einfaches Bett und ein alter Schrank. Das Erste, was ich in Beschlag nehmen würde, wäre das Badezimmer. Ich sehnte mich danach, mir den ganzen Schlabber des Hundes und die Todesangst, die mir der Elefant eingejagt hatte, vom Körper zu waschen, und nach einer Mütze voll Schlaf.
Nach der Dusche fühlte ich mich eindeutig wieder wohler in meiner Haut. Gründlich hatte ich mich eingeseift und den ganzen Schnodder von mir gewaschen. Ich legte mich auf das Bett und dachte an die vergangenen Stunden. Eines war mir klar, ich würde einen großen Bogen um all die Tiere machen, mit denen ich heute nicht die allerbesten Erfahrungen gemacht hatte.
Erst am späten Nachmittag erwachte ich wieder und war im ersten Moment orientierungslos, bis mir alles wieder einfiel. Mr. Porter, der Esel, Rosa, die Stute und ihr Fohlen, Greta, die Sabberhündin, und Morten, der Liebhaber meiner Ehefrau.
Ich fuhr mir übers Gesicht und nahm lautes Gelächter wahr, stand auf und ging zum Fenster.
Lu stand unten auf der Wiese und spielte mit Morten. Neben ihr befand sich ein ganzer Eimer mit Äpfeln. Einen davon hielt sie in der Hand und

versuchte seinem Rüssel auszuweichen, indem sie ihre Hände hinter ihrem Rücken versteckte.
Natürlich war Morten nicht dumm und durchschaute ihr Spiel. Sein Rüssel schien sie dabei zu kitzeln.
Es war schön, sie so lachen zu hören. Sie klang so unbeschwert und glücklich, wie damals, als ich sie in ihrem Garten beobachtet hatte, wie sie mit ihrem Hausschwein spielte. Ich war damals ein wenig neidisch auf sie gewesen. Ich hatte nie ein Haustier besessen, obwohl ich mir einen kleinen Hund gewünscht hatte. Aber durch die Tierhaarallergie meiner Mutter war mir der Wunsch immer verwehrt geblieben. Später verlor ich das Interesse an Tieren.
Ich beobachtete die beiden noch eine Weile, bis mich mein Magenknurren hinunter in die Küche lockte.
»Hallo Matt! Na, ausgeschlafen?«
Es duftete nach Essen und mir lief das Wasser im Mund zusammen. Dimitri, der gerade den Tisch deckte, sah kurz zu mir auf.
»Ja, danke.«
»Könntest du den anderen Bescheid sagen, dass das Essen fertig ist? Lu ist draußen mit Morten und Andy bestimmt in einem der Ställe.«
»Mach ich«, sagte ich.
Als ich die Wiese betrat, war sie leer. Von Lu und dem Ungetüm keine Spur. Ich sah mich um. Die

Tiere befanden sich friedlich in ihren Gehegen, nur an einem Stall stand die Tür offen. Ich lief über den Schotterweg und blieb kurz davor abrupt stehen, weil ich Stimmen hörte.
»Er wird uns keinen Ärger machen, versprochen«, hörte ich Lu.
»Ich kann die ganze Sache nicht abblasen wegen ihm. Außerdem kommt die Lieferung schon in den nächsten Tagen. Wir können es uns also nicht erlauben, unseren Plan nur wegen ihm umzuwerfen. Und dieser Deal wird uns viel Geld einbringen.«
»Ich habe einfach nur Angst, dass sie uns erwischen könnten.«
»Mach dir keine Gedanken. Es wird alles gut werden.«
Ich schluckte. Was ging hier vor? Eine Lieferung? Hatte Lu etwas mit Drogen zu tun?
Also hatte ich mich vor ein paar Stunden im Stall doch nicht verhört. Dieser Andy plante etwas Kriminelles. Und Lu steckte da mittendrin? Mir wurde heiß und kalt bei dem Gedanken.
»Ich bin mir sicher, dass er entweder nach Hawaii geht oder aber zurück nach Hindsdale fliegt. Wir sollten abwarten, Andy.«
»Und was macht dich da so sicher?«
»Vertrau mir einfach.«

Tausend Gedanken schossen mir durch den Kopf und ich wollte einfach nicht glauben, was ich gerade mit angehört hatte. In so vielen Momenten sah ich einen anderen Menschen in ihr - warmherzig, charmant und witzig. Jetzt hatte sie diese Vorstellung in mir zerstört.
Andy sah man die kriminelle Ader so gar nicht an. Bisher hatte ich ihn eher für einen verliebten, aber sehr schüchternen Junggesellen gehalten. Seit der Sache mit Hannah wusste ich nicht mehr, ob ich meinen Instinkten trauen konnte.
Verwirrt und unglaublich enttäuscht würde ich sie am liebsten schütteln und diesem Andy mal meine Meinung sagen. Doch das konnte ich nicht - schon allein wegen Lu. Es gab noch Einiges, was ich mit ihr klären musste, schließlich stand der Name meines Vaters auf dem Spiel.

Kapitel 10
Matt

Am Tisch herrschte eine angespannte Stille. Andy und Lu tauschten immer wieder verschwörerische Blicke, während Dimitri nichts davon mitbekam. Er schien einen gesunden Appetit zu haben und schob sich Gabel für Gabel in den Mund.
Auch mir schmeckte das Essen, und ich griff beherzt zu. Nur Lu schien keinen großen Hunger zu haben. Sie stocherte in ihrem Salat, statt ihn zu essen. Warum war sie so schweigsam? Bestimmt grübelte sie, wie sie mich am schnellsten wieder loswerden konnte.
»Also, ich muss sagen, ich finde es sehr beeindruckend, wie ihr hier organisiert seid«, sagte ich und blickte Andy an. Ich wollte unbedingt mehr über ihn und die Ranch erfahren.
»Danke, da steckt auch jede Menge Arbeit drin.«
»Das kann ich mir vorstellen. Wie viele Leute seid ihr denn hier?«
»Dimitri, Lu, Anna und ich«, sagte Andy. »Anna hast du noch nicht kennengelernt. Sie holt gerade die Futterspenden ab. Und manchmal kommen Hilfsarbeiter, wenn wir mehr zu tun haben. Die meiste Zeit sind wir aber nur zu viert.«

»Andy ist der einzige Tierarzt hier in dieser Gegend«, sagte Lu.
»Eben, dadurch bleibt an mir und an den beiden Mädchen viel hängen«, unterbrach Dimitri sie. Er zog seine Brauen hoch und blickte anklagend zu Andy, der sich davon nicht beeindrucken ließ.
»Jetzt komm, immerhin haben Anna und du noch genug Zeit für eure ... Spielchen.« Andy verzog das Gesicht und grinste.
»Nicht, wenn du sie tagelang fortschickst.«
Wollte ich jetzt wissen, was Andy mit Spielchen meinte? Ich hielt den Mund und hakte lieber nicht nach.
»Und ihr habt den Flug einfach umgebucht und seid hierher gekommen, statt nach Hawaii zu fleigen?«, fragte Andy interessiert, um das Thema zu wechseln.
»Hawaii muss traumhaft sein«, meinte Dimitri.
»Irgendwann werde ich auch einmal dort Urlaub machen.«
»Ich kann es dir empfehlen. Bisher war ich auch nur einmal dort, aber die Strände und das kristallklare Meerwasser sind schon eine Reise wert«, sagte ich.
Plötzlich war Lu wieder hellwach. Sie sah auf und nickte Dimitri ermunternd zu. »Stimmt, wenn uns Morten nicht diese Schmierenkomödie vorgespielt hätte, dann wären Matt und ich jetzt dort und

würden uns die Sonne auf den Bauch scheinen lassen.«
»Wir können das ja noch nachholen, wenn du möchtest«, sagte ich zu ihr.
Sie wusste nicht, was sie darauf sagen sollte, und zuckte merkwürdig mit ihrem Mund. Sie so entgeistert zu sehen, amüsierte mich jedes Mal.
»Ich weiß, ich habe dir den Urlaub vermasselt. Aber hey, wenn du willst, kann ich dich morgen zum Flughafen fahren.« Sie legte eine Unschuldsmiene auf, wahrscheinlich hielt sie ihren Vorschlag auch noch für eine besonders gute Idee. Sie nickte bekräftigend und sah in die Gesichter ihrer Freunde. Besonders Andy warf sie einen intensiven Blick zu, mit der stillen Aufforderung, sie bei ihrem Vorschlag zu unterstützen.
»Ja, dann könntest du auf dem Rückweg vom Flughafen in Lafayette vorbei und noch die restlichen Besorgungen machen. Dann haben Anna und Dimitri mal einen freien Nachmittag.«
Dimitri war von der Idee sofort begeistert und strahlte übers ganze Gesicht. »Hey, das ist ja toll. Dann können Anna und ich vielleicht mal wieder zum Baden gehen.«
Damit waren sie sich einig und schienen in ihren Köpfen den Plan, mich morgen loszuwerden, schon besiegelt zu haben.

»Also, es tut mir leid, euch enttäuschen zu müssen, aber ich habe beschlossen, hierzubleiben. Den Urlaub auf Hawaii lasse ich sausen und verbringe die Zeit stattdessen einfach mit Lu - meiner Frau.« Dimitri hörte auf zu kauen, wechselte seinen Blick ständig zwischen mir und Andy hin und her, während Lu und Andy mich anstarrten. Sie waren beide so sprachlos, dass ich mich zufrieden zurücklehnte und die Stille, die jetzt am Tisch herrschte, genoss.
»Was? Aber ...!« Lu schnappte nach Luft. Sie war noch nicht einmal in der Lage, auch nur einen Satz zu formulieren. Andy dagegen tauschte mit ihr einen vielsagenden Blick aus, der mich innerlich schmunzeln ließ. Ich wartete gespannt, was sie sich alles einfallen lassen würden, um mich von meiner Idee abzubringen.
»Aber du ... du ... du langweilst dich doch hier und außerdem ...«, stotterte sie verstört. Dann klappte sie ihren Mund wieder zu, weil ihr offenbar nichts Besseres einfiel.
»So, wie ich eure Tiere hier kennengelernt habe, langweile ich mich garantiert nicht. Außerdem, hat Dimi nicht gerade etwas von Baden erzählt?« Es war das erste Mal, dass ich ihn bei seinem Spitznamen nannte. Er lächelte nickend. »Nicht weit von hier

gibt es eine tolle Stelle. Dort geht Morten auch immer baden.«
Nur Andy war bisher still geblieben. Er war der Mann, der hier das Sagen hatte. Also richtete ich mich an ihn.
»Urlaub auf einem Bauernhof habe ich noch nie gemacht. Wer weiß, vielleicht gefällt es mir ja.«
Sein langer Blick sollte mich wohl beeindrucken, aber meine Absicht, hierzubleiben und ihnen die Tour zu vermasseln, wurde dadurch nur bestärkt.
»Tut mir leid, Matt. Das kann ich nicht zulassen. Mein Vater wollte, dass wir drei wunderschöne Wochen auf Hawaii verbringen. Seit wann hältst du dich nicht an Abmachungen?«
»Pfff«, lachte ich. »Ich halte mich nicht an Abmachungen, seit ich dich kenne, meine Liebe.«
Das war ein lahmer Versuch von Lu, mich umzustimmen, und das wusste sie genau. Seit wann interessierten sie Regeln und Verträge?
»Mach dir keine Gedanken. Ich kläre das schon.«
Ihr war deutlich anzusehen, wie sie fieberhaft nach Ausreden suchte, nur um mich so schnell wie möglich wieder loszuwerden. Sie forschte in meinem Gesicht nach den richtigen Worten. Es amüsierte mich, dass ich sie offenbar in Bedrängnis gebrachte hatte.

Schließlich konnte ich sie ja hier nicht allein lassen. Wer wusste schon, in welche kriminellen Geschäfte sie alle hier verstrickt waren?
»Und was willst du deinen Eltern sagen? Ich meine, sie ...«
»Na, die Wahrheit. Da Morten ja mein Handy zerstört hat, konnte ich ihnen noch nicht sagen, wo wir uns befinden.«
»Wir sind schon genug Leute hier«, sagte Andy. Sein Gesicht war regungslos, nur seine Wangenknochen mahlten. Sein Blick fixierte mich, fast drohend ruhten seine Augen auf mir. Aber darauf gab ich nichts. Ich wollte wissen, was er hier zu verbergen hatte und warum das Gefühl, Lu beschützen zu müssen, immer stärker wurde.
»Ich werde hierbleiben, solange meine Frau sich hier aufhält.« Es war gar nicht so leicht, mein bestes Pokerface aufzusetzen, aber ich hielt seinem Blick stand und biss auf meine Zähne. Ich versuchte, genauso cool zu wirken.
»Das musst du nicht für mich tun, Matt - wirklich nicht.«
Lu konnte so viel auf mich einreden, wie sie wollte, das würde ihr nicht helfen. Alles hing jetzt von Andy ab.
Sekunden verstrichen, bis er endlich einen Blick zu Lu wagte. »Dann wirst du aber arbeiten müssen.

Und wie ich gesehen habe, kannst du nicht besonders gut mit Tieren umgehen. Zumindest hast du große Angst vor ihnen.«
Shit! In diesem Punkt musste ich ihm recht geben.
»Ich habe keine Angst, ich muss mich nur daran gewöhnen. Ich habe keine Erfahrungen mit Tieren, das gebe ich ja zu, aber ich bin bereit zu lernen. Außerdem wird es hier bestimmt auch andere Dinge geben, die ich tun kann. Ich helfe gern«, lächelte ich breit.
»Gut, wenn du unbedingt willst. Du wirst arbeiten wie jeder andere hier und bekommst keine Sonderbehandlungen.«
Zufrieden lächelte ich ihm entgegen.
»Was?«, entfuhr es Lu eine Spur zu heftig. Offenbar konnte sie nicht glauben, dass Andy so leicht nachgegeben hatte.
Ich reichte ihm die Hand und besiegelte damit unsere Vereinbarung.
Sie musste sich daran gewöhnen, dass ich wie ein Schatten hinter ihr sein und sie mit Argusaugen bewachen würde.

***

Ein Auto fuhr über den Schotterweg vor das Haus und hupte.

»Das wird Anna sein«, unterbrach uns Dimitri, rückte den Stuhl zurück und stand auf. Er sah aus dem Fenster. »Es ist Anna.« Schon riss er die Tür auf und rannte aus dem Haus. Auch Andy war vom Tisch aufgestanden. »Dann komm, Matt! Die Arbeit ruft. Wir müssen das Futter abladen. Lu wird dir eine Arbeitshose geben«, sagte er, nickte ihr zu und verließ ebenfalls das Haus.
Lu schäumte vor Wut. Energisch stellte sie die Teller aufeinander, sodass das Geschirr lauter klapperte als nötig.
»Was ist? Ich dachte, du freust dich?«, fragte ich scheinheilig. Sie ignorierte meine Frage und sah mich nicht einmal an.
»Ich verstehe ehrlich gesagt nicht, warum du jetzt sauer auf mich bist. Du hast mich schließlich gezwungen hier herzukommen.«
Die Pfanne, die sie gerade in ihrer Hand hielt, knallte sie in die Spüle. »Ich dachte aber nicht, dass du drei Wochen bleiben willst. Ich habe dir gleich gesagt, dass ich mich nach keiner Nase richten werde, dass ich meine Freiheit brauche.«
»Und ich verstehe nicht, wo genau dein Problem liegt! Du wolltest unbedingt zu deinem Elefanten, und dass ich dich begleite.«
»Das wollte ich doch nur, damit mein Vater denkt, ich bin die liebe, brave Tochter! Solange er glaubt,

ich bin mit dir auf Hawaii, lässt er mich in Ruhe. Wenn mein Vater erfährt, dass wir beide hier sind, dann weiß ich nicht, was er tun wird. Bestimmt wird er den Geldhahn zudrehen, und wie soll ich Morten dann durchbringen?«
Ich ging zu ihr in die Küche, lehnte mich an den Küchentresen und verschränkte die Arme. »Jetzt mach dir darüber mal keine Sorgen. Wir sollten einfach nur mal anrufen und sagen, dass es uns gut geht. Sie müssen ja nicht wissen, dass wir hier sind.«
Mitten in der Bewegung hielt sie inne und drehte sich zu mir.
»Du meinst das wirklich ernst oder? ... Und was ist, wenn ich dich hier nicht haben will?«
Sie wollte mich mit allen Mitteln verletzen, das war mir schon klar, doch jemand wie Lu konnte das nicht schaffen. Oder doch? Ihre Worte hallten in meinem Kopf nach.
»Tja, dann würde ich sagen, dass du Pech gehabt hast. So schnell wirst du mich nicht los.«
Sie schnaubte verächtlich und verließ aufgebracht die Küche. Ich lief ihr hinterher. Neben dem Essbereich befand sich eine Tür, hinter der ich eine Toilette vermutet hatte, aber es verbarg sich so eine Art Vorratskammer dahinter. Sie schaltete eine Glühbirne ein, die nur spärliches Licht von sich gab. Groß war die Kammer nicht. Sie beherbergte ein

paar verstaubte Regale mit Vorräten und alten Kartons.
»Hier, deine Hose«, sagte sie, warf mir eine blaue, verblichene Arbeitshose zu und ließ mich einfach stehen. Schmunzelnd sah ich ihr hinterher.
Andy hatte nicht zu viel versprochen. Die Arbeit begann unmittelbar, nachdem ich in Arbeitskleidung das Haus verließ.
Lu würdigte mich keines Blickes und hielt es auch nicht für nötig, mich Anna vorzustellen. Also nahm ich das eben Selbst in die Hand - ich war schließlich gut erzogen.
»Hallo, du musst Anna sein. Ich bin Matt, Matt Baldwin, Lu's Ehemann.«
Anna schenkte mir ein breites Lächeln und zeigte dadurch ihre schönen, weißen Zähne. Sie hatte lange, blonde Haare und trug wie ich Arbeitskleidung. Trotz ihrer schmutzigen Hose sah sie großartig aus.
»Hi Matt. Schön, dich mal kennenzulernen. Ich habe gehört, du bleibst drei Wochen hier«, sagte sie, während Lu genervt ihre Arme verschränkte.
»Ganz recht. Ich bin sehr gespannt auf die Ranch und hoffe, ich kann hier mithelfen. Wir sehen uns bestimmt später noch. Ich sollte da mal mit anpacken«, sagte ich und nickte Richtung

Transporter, auf dem Andy und Dimitri schon begonnen hatten, Kisten und Säcke abzuladen.
Lu verdrehte ihre Augen, hakte sich bei Anna unter und verschwand mit ihr im Haus.
Die körperliche Arbeit war wirklich etwas Neues für mich - ich war völlig ausgelaugt. Andy forderte mich, bis ich das Gefühl hatte, gleich zusammenzubrechen. Die Kisten waren nicht das Problem, sondern die Säcke. Ich war solche Arbeit einfach nicht gewohnt.
Danach brauchte ich erst mal eine Dusche und fühlte mich wie nach einem Marathonlauf. Dimitri und Anna waren zu einem abendlichen Spaziergang aufgebrochen, während Lu sich früh verabschiedet hatte und zu Bett gegangen war.
Im Wohnzimmer fand ich Andy vor, der über einem Stapel Bücher brütete. Er schien so vertieft, dass er nicht bemerkte, wie ich näher trat. Bilder von Raupen und verschiedenen Schmetterlingsarten, die er sich mit einer Lupe ansah, lagen vor ihm ausgebreitet.
»Sammelst du Schmetterlinge oder sind das auch Patienten?«
Er zuckte zusammen. »Matt, ich ... hab dich gar nicht kommen hören. Äh, ... nein ich ... sie faszinieren mich nur. Brauchst du noch irgendwas?«

Andy fühlte sich ertappt. Ruckartig sah er auf und erhob sich, stellte sich so vor den Tisch, dass ich nicht mehr auf die Bilder und seine Bücher sehen konnte.
Es war schon merkwürdig. Das waren doch nur Sachbücher und ein paar farbenprächtige Schmetterlinge. Kein Grund so schreckhaft zu sein. Aber vielleicht hatte er mich wirklich nicht gehört und die Falter waren so etwas wie eine heimliche Leidenschaft.
»Nein, ich ... werde zu Bett gehen. Gute Nacht.«
»Gute Nacht.«

***

Der nächste Morgen war grauenvoll. Jeder einzelne Muskel in meinem Körper schmerzte und ich fühlte mich wie ein alter Mann. Stöhnend quälte ich mich aus dem Bett, wusch mich und zog mich an.
Die Sonne ging gerade auf und zeichnete einen wunderschönen Sonnenaufgang. Es war noch still im Haus. Wenn die anderen noch schliefen, dann konnte ich vielleicht nach einem Hinweis suchen - irgendwas, was ich später als Beweis gegen Andy und seine Machenschaften gebrauchen könnte.
Aus dem Zimmer schleichen war fast unmöglich. Sogar mein Vater würde aus seinem Tiefschlaf

aufschrecken von den quietschenden und knarrenden Geräuschen, die so eine Blockhütte aus Holz von sich gab. Beim Herunterlaufen knarrte jede Stufe, sodass ich mir sicher war, alle im Haus mit meinen Schritten geweckt zu haben.
Die Bücher und Bilder, welche Andy sich am Vorabend noch angesehen hatte, waren vom Esstisch verschwunden. Und auch im Wohnzimmer gab es keine Schränke oder verschlossenen Schubladen, über die ich mich hätte hermachen können. Trotzdem durchsuchte ich die kleine Vitrine und den danebenstehenden Schrank, in dem ich leider nur ein paar Kerzen, Brettspiele und eine Decke fand. In der Vitrine standen staubige Wein- und Schnapsgläser. Womöglich verstaute Andy seine persönlichen Sachen in seinem Zimmer.
»Suchst du etwas Bestimmtes?« Diesmal fuhr ich erschrocken zusammen und drehte mich ruckartig um.
Lu lehnte im Türrahmen zum Wohnzimmer und beobachtete mich. Ihr Gesicht war erhitzt und sie sah nicht so aus, als wäre sie gerade erst aus dem Bett gefallen. Ein paar ihrer dunklen Haarsträhnen glänzten feucht und ihre Wangen waren rosig.
»Guten Morgen, Lu«, antwortete ich stattdessen.
»Wo kommst du denn her?«

»Morgen«, sagte sie und betrat das Wohnzimmer. Sie lief direkt zum Fenster und öffnete es. Sofort strömte kühle Luft herein. »Du hast meine Frage nicht beantwortet.«
»Ich dachte, ich decke mal den Tisch für das Frühstück und suche Geschirr dafür.« Etwas Besseres fiel mir gerade nicht ein.
»Im Wohnzimmer«, sagte sie in einem Ton, der mir unmissverständlich klarmachte, dass sie mir kein Wort glaubte.
»Meine Mutter bewahrt ihr Geschirr in einem Wohnzimmerschrank ähnlich wie diesem auf - nur ist der Schrank ... größer.«
»Und wahrscheinlich auch teurer. Natürlich, Matt, das gute Porzellan findest du hier.« Sie triefte vor Sarkasmus.
Sie lief zur Küche hinüber und begann, Kaffee zu kochen. Ich kam ihr hinterher.
»Wieso bist du eigentlich schon auf?«, wollte ich wissen. Sie stand jetzt mit dem Rücken zu mir, während sie den Kaffee zubereitete, dadurch konnte ich ihren Körper genauer betrachten. Sie trug ein weißes, durchsichtiges Muskel-Shirt, der BH darunter war deutlich zu erkennen. Ihr knackiger Hintern steckte in einer Joggingshort - wie gebannt konnte ich nicht wegsehen. Egal, was zwischen uns stand, ihr Anblick machte mich verrückt. Am

liebsten würde ich alles vergessen und sie hier und jetzt einfach nehmen, mein Gesicht in ihren Hals vergraben und ihren süßen Duft einatmen - sie streicheln und küssen wie beim letzten Mal.
»Matt? ... Huhu, Matt! Träumst du etwa?« Ich hatte gar nicht mitbekommen, wie sie sich zu mir umgewandt hatte.
»Bitte? Entschuldige, ich bin wohl noch müde.«
»Das sieht aber ganz anders aus.« Mit einem Nicken wies sie auf die Beule in meiner Hose hin. »Vergiss es, du hast mir auf den Hintern gestarrt.«
Sie hatte mich erwischt und ich Depp hatte noch nicht einmal eine passende Ausrede parat. Also, warum sollte ich es weiter leugnen?
»Du warst früher unsere Pummelelfe und jetzt bist du echt sexy und hast einen tollen Körper, Lu. Und ich bin schließlich nur ein Mann.«
Sie ging nicht darauf ein und widmete sich der Kaffeemaschine. »Lassen wir das Thema, ja? Ich bin nicht gut darauf zu sprechen.«
Wieso war sie mit einem Mal so ruhig und ernst? So kannte ich sie gar nicht. Wo war die bissige Lu hin?
»Es tut mir leid, Lu. Ich wollte dich nicht an früher erinnern.«
»Lass gut sein, Matt. Ich will nicht darüber reden, okay?«

»Vielleicht sollten wir aber gerade deshalb darüber sprechen.«
»Nein.«
»Und wieso nicht? Es gibt da ein paar Dinge, die ich dir gerne sagen möchte - schon lange.«
»Milch und Zucker?«
»Was?«
Sie drehte sich wieder zu mir und sah mich an. »Milch und Zucker?«, wiederholte sie ihre Frage und schwenkte eine Tasse in ihrer Hand. Irgendwie wirkte sie bedrückt und ich fragte mich, wie ich sie dazu bringen könnte, endlich vernünftig mit mir über unsere Vergangenheit zu sprechen. »Vergiss mal den Kaffee. Ich würde gern mit dir reden und dir ein paar Dinge erklären.«
»NEIN! Ich will nichts hören. Das ist lange her und ich will einfach nicht mehr daran denken.« Sie hielt inne und stand immer noch mit dem Rücken zu mir. Ich stieß mich von der Küchenzeile ab und ging auf sie zu. »Lu, ich möchte mich bei dir entschuldigen. Was damals geschehen ist, habe ich niemals gewollt. Das musst du mir glauben.« Eindringlich sah ich sie an, aber sie war nicht bereit, mir in die Augen zu schauen. Sie wich mir aus und ich wusste, solange sie mich nicht ansah, hatte ich keine Chance.

»Du brauchst dich nicht zu entschuldigen, du brauchst gar nichts! Was geschehen ist, ist geschehen und kann man nicht mehr ändern.«
»Natürlich kann man das.« Ich stand jetzt direkt hinter ihr, erkannte, wie aufgewühlt sie innerlich war. Zögerlich rückte ich noch näher an sie heran, legte meine Hände auf ihre Schultern und drehte sie sanft zu mir um. Dann legte ich langsam und vorsichtig meine Arme um sie und zog sie behutsam an mich. Jeden Moment erwartete ich, dass sie mich von sich stoßen würde, wie es für sie normal gewesen wäre. Doch zu meiner Verwunderung ließ sie es widerstrebend zu, als würde sie sich das nicht erlauben können. Ich konnte ein Beben spüren, welches durch ihren Körper ging.
»Lu, sag mir doch, wie ich dir helfen kann.« Ich schluckte, nahm nur dieses unbeschreiblich schöne Gefühl wahr, sie im Arm zu halten.
Doch mit einem Mal versteifte sie sich und drückte sich von mir. In ihren Augen funkelte Wut auf.
»Seit wann interessiert dich das? ... Ach, vergiss es einfach.« Sie wandte sich von mir ab und sah mich herausfordernd an. »Ich bin immer noch die gleiche Lu wie damals und du immer noch der gleiche Arsch.«

Kapitel 11
Lu

Er fühlte sich so gut an - wie in dieser Nacht, die wir miteinander verbracht hatten. Seine Arme lagen fest um mich geschlungen, ich konnte sogar seinen unverwechselbaren Duft schmecken. Es war schwer gegen dieses kribbelnde und neue Gefühl anzukämpfen, ich durfte nicht schwach werden - ich hatte es mir strikt verboten!
Unter keinen Umständen sollte Matt mitbekommen, wie verletzlich meine Seele immer noch war. Ausgerechnet jetzt hatte er dieses Thema angeschnitten. Ich wusste, dass er mit mir über unsere Vergangenheit sprechen wollte - nur zulassen konnte ich es nicht. Und jetzt? Jetzt lag ich sogar in seinen Armen. Ich verfluchte mich innerlich dafür, hielt es nicht länger aus, warf ihm an den Kopf, dass er immer noch der gleiche Arsch war wie früher und flüchtete aus der Küche.
Mist! Wieso gelang es mir nicht, die Erinnerung an damals einfach aus meinem Gedächtnis zu verbannen? Durch die Albträume war sie zurzeit so präsent, dass ich die Bilder so klar und deutlich vor mir sah wie schon lange nicht mehr.
Als ich heute in den frühen Morgenstunden endlich aufgewacht war, war ich völlig verschwitzt und

durcheinander gewesen. Selbst als mir klar wurde, dass ich nur geträumt hatte, wollte sich das erleichternde Gefühl nicht einstellen. Deshalb hatte ich beschlossen, joggen zu gehen, um die Erinnerung wieder loszuwerden. Das half meistens, doch schien es anders zu sein.

Ich riss mich aus Matts Armen und rannte aus dem Blockhaus, mehrmals musste ich schlucken, damit das Brennen in meinen Augen verschwand. Kurz vor Mortens Stall hatte ich meine alte Sicherheit fast wieder.

Ich öffnete die Stalltür und wurde von einem tiefen Brummen empfangen.

»Guten Morgen, mein Süßer.« Sein Rüssel ertastete meinen Kopf, mein Gesicht und meinen Hals. Es kitzelte und entlockte mir ein Lächeln.

»Na, mein Großer, wie geht es dir heute?« Ich streichelte seine Wangen, fuhr über die trockene Haut und kraulte ihn.

Morten spürte meistens meine Stimmung. Er stupste mich an den Hüften, um mit mir zu spielen, wahrscheinlich wollte er mich aufmuntern.

»Hey, lass das!«, lachte ich, trat näher und schmiegte mich an ihn. »Weißt du, es scheint so, als darf ich das alles niemals hinter mir lassen. Irgendjemand möchte, dass ich mich immer daran erinnere«, sagte ich leise vor mich hin, während Morten mit seinem

Rüssel Heu aufnahm und es sich genüsslich in sein Maul stopfte. Dabei brummte er leise.
Ich seufzte. »Wir werden sehen. Vielleicht ...«
»Hier bist du!« Matts Stimme schickte mir Schauer über den Rücken, unweigerlich blickte ich zur Stalltür.
Mist! Wieso lief er mir hinterher?
Na, wenigstens hatte ich meine Gefühle wieder einigermaßen im Griff.
»Lu, ich ... bitte gib mir eine Chance.« Matt trat näher, immer darauf bedacht, Morten nicht aus den Augen zu lassen - was ich schon fast wieder lustig fand.
»Chancen muss man sich verdienen, Matt. Und ich weiß nicht, ob du ein Kandidat dafür bist.«
Stockend lief er in den Stall hinein. »Können wir nicht draußen darüber sprechen?«
»Warum? Angst vor meinem Freund hier?«
Grinsend kraulte ich Morten weiter. Auch er hatte Matt wahrgenommen und trötete einmal laut, was Matt zusammenzucken ließ.
Er brauchte eine Weile, bis er weitersprechen konnte. »Bitte, Lu. Ich habe Fehler gemacht. Ich will dir nur erklären, wie das alles damals geschehen konnte. Wenn du mir die Chance dazu gibst, dann kann ich versuchen, einen Teil meiner Schuld wieder gutzumachen. Ich wünsche mir, dir endlich alles

sagen zu können. Vielleicht werden wir dann tatsächlich Freunde.«

Morten wurde unruhig, lief ein paar Schritte auf Matt zu, was diesen sofort wieder in Panik versetzte. Mit weit aufgerissenen Augen wich Matt so weit zurück, dass er die Holzlatten der Wand im Rücken spürte. Der Anblick war wirklich zum Schreien. Aber irgendwie auch süß, wie er so dastand mit einem Dackelblick, und die Hosen fast voll hatte vor Angst. Dabei war Morten so harmlos!

»Meine Güte! Streck deine Hand aus, lass ihn dich riechen«, rief ich Matt zu. »Er tut dir nichts!«

Wie ein verängstigtes Häschen stand er kauernd an der Wand. »Ich kann nicht.«

»Natürlich kannst du.« Ich ging zu ihm, nahm seine Hand und streckte sie Morten entgegen. Matt ließ es mit geschlossenen Augen zu.

Morten schnaubte und schnüffelte daran. Als Matt die Berührung des Rüssels spürte, wagte er es endlich, ein Auge zu öffnen. Seine Hand zitterte.

»Siehst du? So lernt er dich und deinen Geruch kennen. Morten wird ihn sein ganzes Leben nicht mehr vergessen. ... Elefanten vergessen sowieso nichts.« Erst jetzt fiel mir die Metapher auf - ich konnte auch nichts vergessen.

Als Matt merkte, dass Morten keine bösen Absichten hegte, wurde er zunehmend lockerer. Zufrieden ließ ich seine Hand los.
»Sieh nur, jetzt fummelt er mit seinem Rüssel in meinen Haaren.« Matts Unsicherheit baute sich langsam ab. Er schien den Grund, warum er mir nachgekommen war, vergessen zu haben.
»Wie schön für dich. Ihr könnt euch ja weiter kennenlernen, ich geh dann mal.« Ich tätschelte Morten noch einmal und lief Richtung Stalltür.
»Hey! Warte, Lu, ich ...«, mit zögernden Schritten ging Matt an Morten vorbei. »Bitte, Lu. Ich glaube, dass das für uns beide sehr wichtig ist. Ich will mich richtig bei dir entschuldigen.«
»Das hast du doch schon in der Küche versucht«, wollte ich ihn abweisen.
»Ich meine es ernst, bitte ...« Eindringlich sah er mich an. Meine Knie wurden weich bei diesem Blick und Halleluja, wie sollte ich da Nein sagen? Insgeheim fand ich ihn sehr süß, aber war das nicht schon früher seine Masche gewesen?
Andererseits könnte ich es tatsächlich in Erwägung ziehen. Vielleicht würde ich dann aufhören, so oft davon zu träumen. Vielleicht ... vielleicht ... vielleicht ... Was hatte ich schon zu verlieren?
»Na gut«, begann ich langsam. »Heute Nachmittag bringe ich Morten zum Baden. Du kannst mich

begleiten. Aber ich warne dich, Matt, ich merke es sofort, wenn du mir irgendwelche Geschichten auftischst.«
Matts Gesicht hellte sich auf, ein zufriedenes Lächeln erschien auf seinen Lippen. Es nahm mich völlig gefangen. Verdammt! Ich musste mich dringend zusammenreißen. Ich schluckte und straffte meine Schultern. »Aber versprich dir nicht allzu viel davon. Deshalb werde ich dich nicht gleich unwiderstehlich finden.«

***

Nach dem Frühstück gab es viel zu tun. Andy sorgte dafür, dass Matt den ganzen Vormittag mit Arbeit beschäftigt war. Ich war froh, so konnte ich mich auf die Fütterung der Tiere und das Ausmisten der Ställe konzentrieren.
Zuerst ging ich zu Sky. Das Fohlen durfte heute das erste Mal auf die Wiese, ich war sehr gespannt, wie es seine Umgebung aufnehmen würde. Als ich den Stall betrat, war Andy gerade dabei, ein paar Untersuchungen durchzuführen. Rosa wartete schon auf ihre morgendliche Futterration.
»Alles okay mit den beiden?«, fragte ich ihn und schloss die Stalltür hinter mir.

Er sah auf. »Ja, es geht ihnen ganz wunderbar.« Er streichelte das Fohlen, ging zu seiner Tasche, nahm ein kleines Fläschchen und eine Nadel heraus. Schweigend sah ich ihm dabei zu, wie er die Spritze aufzog. »Sag mal, Lu, läuft da was zwischen dir und Matt?«

»Wie kommst du denn darauf?«

»Nur so. Du wirkst in seiner Gegenwart so anders und dein Blick, ... ich ... frage mich, ob du weißt, was du da tust.«

»Ich weiß immer, was ich tue, Andy. Das solltest du langsam wissen«, gab ich schnippisch und fast beleidigt zurück. Doch insgeheim wusste ich, dass Andy recht hatte. Die ganze Situation zwischen Matt und mir war merkwürdig.

»Dann ... ist da nichts zwischen euch?«, fragte er vorsichtig und klopfte mit dem Finger gegen die Spritze.

Neugierig musterte ich ihn. Was wollte er mir damit sagen? Doch nicht etwa ...!?

»Andy!« Scharf sog ich die Luft ein. Nein, nicht schon wieder! Bisher war ich davon ausgegangen, dass diese Schwärmerei schon längst vorbei wäre.

Er senkte seinen Arm und sah mich an - liebe- und hoffnungsvoll zugleich. In seinen Augen las ich die gleiche Traurigkeit wie damals, die mir den Hals zuschnürte.

»Es tut mir leid, Lu. Ich ... ich strenge mich an, diese Gefühle nicht zuzulassen, aber sie sind einfach stärker und ich bin zu schwach. Ich kann nichts dafür, so ist es nun einmal - so war es schon immer.«
Ich war nicht fähig, etwas zu sagen. Ich war überrascht und schockiert zugleich, wie damals überkam mich die Angst, dass sich an unserer Freundschaft etwas ändern würde. Er war mein bester Freund, ich wollte ihn nicht verlieren.
Was konnte ich schon sagen, ohne ihm wehzutun? Egal wie ich es drehte und wendete, es würde ihn verletzen. »Andy, ich ...«
»Schsch..., sag nichts! Ich weiß schon«, raunte er leise und lächelte.
Er trat zu Rosa. Ich beobachtete, wie er ihr das Aufbaupräparat spritzte. Er zog die Nadel wieder heraus und rieb mit seiner flachen Hand über die Stelle. »Vergiss einfach, dass ich das gefragt habe. Ich ... weiß auch nicht. Ich bin nur eifersüchtig.«
»Warum hast du dann eingewilligt, dass er hier bleiben kann?«
»Hatte ich eine andere Wahl, ohne Misstrauen bei ihm zu schüren?«
»Und wie stellst du dir die ganze Sache vor? Wenn er herausbekommt, was wir planen, wird er uns verraten.«

»Glaubst du das wirklich? Ich denke eher, er wird versuchen, es zu verhindern. Dennoch würde er nichts tun, was dich in Gefahr bringen könnte.« Er verstaute die Medikamente und die Utensilien wieder in seiner Tasche und verschloss sie.
»Das glaub ich nicht.« Matt war ein Mensch, der sich strikt an Gesetze hielt und niemals etwas Illegales mit seinem Gewissen vereinbaren konnte.
»Ich habe Augen im Kopf. Du gefällst ihm. Mehr als mir lieb ist. Du musst sein Vertrauen gewinnen, vielleicht wird er uns dann nicht verraten, falls er etwas mitbekommt.«
»Ich bin sonst nicht so berechnend, aber du weißt, wie dringend wir das Geld brauchen - versuch es einfach.«
Fassungslos blieb mir der Mund offen stehen. »Wie stellst du dir das vor? Ich kann ihm doch nicht einfach Freundschaft oder auch mehr vorheucheln. Das wird nicht funktionieren. Matt wird sich niemals darauf einlassen.«
»Abwarten, Lu. Es wird funktionieren. Glaub mir, ich täusche mich selten. Noch haben wir ein paar Tage Zeit«, sagte er, zwinkerte mir zu, nahm seine Tasche und ließ mich allein im Stall zurück.
Der hatte vielleicht Nerven! Niemals würde Matt bei so einer Sache schweigen und schon gar nicht, wenn

er selbst damit in Verbindung gebracht werden könnte.

***

Anna lief mit Dimi Hand in Hand die große Wiese entlang, die wir als Weide für die Tiere verwendeten. Es hatte Tage gedauert, bis Andy und Dimi den großen Zaun um die Wiese gezogen hatten, damit die Tiere nicht frei herumliefen. Dimitri Javoschenkow war Russe. Ich hatte vergessen, wo genau er herkam, aber das war auch nicht wichtig für mich. Er war ein sehr lieber Kerl, der hart arbeiten konnte und keine großen Ansprüche stellte. Als Anna vor einem Jahr zu uns stieß, spielten seine Hormone verrückt. Er war eifersüchtig auf jeden, der in Annas Nähe kam - sogar auf mich. Ständig war er um sie besorgt und bemutterte sie. Mir wäre das schon zu viel geworden, aber Anna schien damit kein Problem zu haben - im Gegenteil, sie genoss seine Aufmerksamkeit.
Für mich waren die beiden ein so süßes Pärchen, manchmal sah ich ihnen neidisch hinterher, wenn sie verliebt über die Ranch liefen.

Die Sonne schien erbarmungslos an diesem Nachmittag, sodass ich beschloss, die versprochene Abkühlung für Morten früher zu starten.
In einem Korb nahm ich ein Handtuch, etwas Sonnencreme und eine Wasserflasche mit und machte mich auf den Weg, um Matt zu suchen. Versprochen war versprochen, auch wenn ich lieber allein gegangen wäre.
Ich fand Matt im Wohnzimmer, wo Andy ihm einen Vortrag über die verschiedenen Besonderheiten der Zaunbeschläge hielt.
Ich unterbrach sie mitten in ihrer Unterhaltung. »Ich bin so weit, wenn du mitgehen willst, dann komm. Morten will baden gehen«, sagte ich. Sofort stand Matt auf und entschuldigte sich bei Andy.
»Man soll eine Lady nicht warten lassen. Du entschuldigst mich.«
Andy lächelte. »Kein Problem, geht nur. Wir können heute Abend weitersprechen.«
»Gut, dann bis später. Ich hole nur eben ein Handtuch für mich«, sagte er und rannte schon die Stufen zu seinem Zimmer hinauf.
»Bis später«, winkte ich Andy zu. Gerade wollte ich das Wohnzimmer verlassen, da rief er mich noch einmal. »Lu! ... Tut mir leid wegen vorhin, aber ich glaube, ich habe recht. Denk darüber nach.«

»Ich geh jetzt mit Morten baden, Andy. Bis später.« Ich sagte es mit einem gewissen Nachdruck in meiner Stimme, die ihm klarmachen sollte, wie wenig mich das im Augenblick interessierte.
Kaum hatte ich das Blockhaus verlassen, holte Matt mich auch schon ein. Gemeinsam liefen wir zum Stall und öffneten die Türen, damit Morten herauslaufen konnte. Er trompetete vor Freude und wusste genau, wohin wir ihn bringen würden.
Matt hielt immer noch einen Sicherheitsabstand zu ihm, während Morten neben mir herlief. Wir verließen das Grundstück und liefen auf einem Schotterweg durch den Wald. Ständig blieb Morten stehen, um kleine Äste und Zweige aufzusammeln. Er liebte es, wenn ich mit ihm Spaziergänge machte, und fand immer etwas, womit er spielen konnte.
Matt schien sich langsam an Mortens beeindruckende Größe zu gewöhnen. Er zwang sich, locker und cool zu bleiben, doch seine Angst saß wie ein Schatten in seinem Genick.
»Wir haben es gleich geschafft«, sagte ich, während Morten seinen Rüssel um meine Hüften legte. Matt beobachtete mich dabei.
»Ich bewundere dich. Bei dir sieht das alles so selbstverständlich aus. Keine Spur von Angst.«
»Man sollte den Tieren mit Respekt und Liebe begegnen. Das tue ich. Natürlich kann immer mal

etwas passieren, aber bisher hatte ich noch nie Probleme. Ich akzeptiere sie, wie sie sind, und zwinge sie niemals zu etwas, was sie nicht tun möchten oder was nicht ihrem Naturell entspricht.«
»Das merkt man«, grinste er. »Und wie hast du dir unser restliches Jahr vorgestellt? Du kannst Morten ja nicht mitnehmen.«
Ich sah ihn von der Seite an. Niemals hätte ich geglaubt, dass wir so miteinander sprechen könnten. Oh je, was sollte ich ihm darauf antworten? Dafür hatte ich selbst noch keine Lösung.
»Keine Ahnung, darüber muss ich mir noch Gedanken machen - noch habe ich Zeit. ... Und du? Hast du dich nie gefragt, ob es beruflich noch andere Möglichkeiten für dich gibt?«, versuchte ich, ihn von seiner Frage abzulenken. Seit Tagen schob ich dieses Thema vor mir her. Ich konnte mir einfach nicht vorstellen, Morten jemals zu verlassen. Was würde dann mit ihm geschehen?
»Eigentlich nicht. Schon seit meiner Kindheit war klar, dass ich in die Fußstapfen meines Vaters treten und eines Tages die Firma übernehmen würde. Und bisher habe ich es nicht bereut.«
»So, wir sind schon da«, sagte ich und ließ Morten den Vortritt. Er kannte sich hier bestens aus. Zwischen den Bäumen gab es einen kleinen

Trampelpfad, der genau zu dem kleinen See führte, in dem wir immer badeten.

Der See lag ruhig, geschützt zwischen den Bäumen, schien geradezu perfekt für einen Nachmittag mit einem Elefanten. Keine Menschenseele weit und breit, niemand, der uns stören würde.

Nichts konnte Morten mehr halten. Er lief direkt auf das Ufer zu, hielt sogleich seinen Rüssel ins Wasser und trank.

»Los komm, das Wasser ist bestimmt herrlich!«

Auch ich freute mich schon auf eine Abkühlung, zog meine Schuhe und Kleidung aus und rannte ins kühle Nass. Ich bekam gar nicht mit, ob Matt mir folgte.

Kapitel 12
Matt

Wie ein fröhliches Kind rannte Lu ihrem Elefanten hinterher, zog dabei ihre Kleidung aus, bis sie nur noch einen Bikini trug. Dann war sie schon im Wasser und fing an, Morten nass zu spritzen.
Auch wenn ich sie schon nackt gesehen hatte, war der Anblick ihres makellosen Körpers fast ein Schock.
Sie rief mir noch etwas zu, doch das blendete mein Hirn völlig aus. Mein Herz pochte, das Blut schien sich nur noch in meiner Hose aufzuhalten.
Ohne den Blick von ihr abzuwenden, ging ich wie in Trance ans Ufer, zog meine Schuhe aus und lief bis zu den Knöcheln ins Wasser.
»Was ist los? Bist du etwa wasserscheu?«, rief sie mir zu und peitschte Wasser in meine Richtung. Ihre Augen leuchteten. Sie war so aufgedreht, schien zu allen Schandtaten bereit. Noch bevor ich etwas sagen konnte, warf sie sich in die Wellen und schwamm ein paar Meter.
Wie hätte ich mich ausziehen und ins Wasser gehen sollen, ohne dass sie bemerkte, wie erregt ich war? Ich beschloss abzuwarten, sah zu Morten, um mich abzulenken.

Er stand bis zum Bauch im See und schwenkte seinen Rüssel hin und her. Dabei prustete er das aufgesogene Wasser heraus, spritzte es über sich. Auch er schien Spaß zu haben und ließ sich nicht von Lu stören. Sie schwamm auf ihn zu, um direkt vor ihm auf die Wasseroberfläche zu peitschen, bis das Wasser auch seinen Kopf benetzt hatte.
Ich sah ihnen eine Weile dabei zu, war völlig fasziniert, wie vertraut die beiden miteinander umgingen. Man spürte regelrecht die Verbundenheit, die zwischen ihnen herrschte. Irgendwann trottete der Elefant etwas näher ans Ufer, legte sich ins Wasser und wirbelte Sand auf, bis ihn nur noch eine dunkle Schlammmasse umgab. Er warf den Matsch über seinen Körper und Lu half ihm dabei, die Pampe zu verteilen. Sie nahm mit beiden Händen den Schlamm auf und rieb ihren Freund damit an Bauch und Beinen ein. Sie wirkte so winzig neben ihm. Es dauerte nicht lange, da war auch sie völlig mit Schlamm bespritzt - total sexy. Morten brummte zufrieden und rieb seinen mächtigen Körper weiter im Schlick.
Völlig außer Atem beendete Lu die Matschdusche, ging noch einmal tiefer ins Wasser, um sich den Dreck abzuwaschen. Als sie sauber war, watete sie langsam aus dem See. Sie nahm ein Handtuch aus

ihrer Tasche, trocknete sich ab und breitete es dann aus. Ich tat es ihr gleich und setzte mich neben sie.
»Hattest du keine Lust zu schwimmen?«, wollte sie wissen, während sie die Sonnencreme nahm und anfing, sich einzucremen.
»Vielleicht später ...!« Mehr gab mein Sprachzentrum im Augenblick nicht her. Wie gebannt folgte mein Blick ihrer Hand, die über ihre Schenkel fuhr, und ich wurde ein weiteres Mal richtig hart. Scheiße! Ich konnte nicht wegschauen, war wie verzaubert von ihr und hielt die Luft an. Jetzt sah sie mich an, strich erotisch über ihre Haut. Dabei nahm ihr Gesicht diesen verruchten Ausdruck an, der mich schon einmal völlig verrückt gemacht hatte. Mit ihrer Zunge fuhr sie sich langsam über die Lippen.
»Matt, könntest du mir bitte den Rücken eincremen?«, hauchte sie leise, legte so viel Sexapeal in ihren Blick, dass ich unweigerlich schlucken musste. Ich stand kurz davor, die Beherrschung zu verlieren, und mein Puls begann zu rasen. Irgendwie schaffte ich es, die Sonnencreme anzunehmen, während sie ihren Bikini im Rücken öffnete. Sie jetzt zu berühren, würde sich wie ein Abgrund anfühlen, den ich hinunterstürzen könnte. Dann gäbe es kein Zurück mehr für mich und ich wäre verloren.

Mit geschlossenen Augen berührte ich ihren Rücken, aber nicht, weil ich es genoss, sondern weil ich mich beherrschen musste. Verzweifelt dachte ich an Regenwürmer, alte Socken oder an Mutter ... Fest presste ich meinen Kiefer zusammen, in der Hoffnung, die erotischen Fantasien mit Lu aus meinem Kopf zu verbannen.

***

Lu prustete plötzlich los und krümmte sich vor Lachen. »Du müsstest mal dein Gesicht sehen!«
Verdutzt öffnete ich die Augen, verstand kein Wort.
»Du schaust wie ein Pavian!« Sie lachte lauthals, während ich völlig ratlos mit cremigen Händen neben ihr saß. Wieder mal kam ich mir wie ein Idiot vor.
Na super! Das war eine der Lu-Shows und ich Trottel war darauf hereingefallen. Oh Mann!
»Langsam finde ich deine Späße nicht mehr lustig«, motzte ich.
»Du nicht, aber ich«, entgegnete sie und band sich kichernd ihren Bikini wieder zu. »Jetzt sei nicht sauer, du bist eben wirklich nur ein Mann - dafür kannst du nichts.«
So ein ...! Ich legte mich auf den Bauch, schloss meine Augen und konnte nur hoffen, dass mein

kleiner Freund da unten sich bald fangen würde. Wieso schaffte sie es immer wieder, mich so ...? Ach egal - irgendwann würde ich mich für all das revanchieren.
»Eben, ich bin ein Mann - und du bist eine sehr schöne Frau. Also ist das eigentlich nicht weiter verwunderlich.«
»So? Das hast du aber früher ganz anders gesehen ...«
Das waren genau die Worte, die dafür sorgten, dass dieses dumpfe Schuldgefühl wieder in mein Herz kroch. Ich setzte mich auf und sah sie an. »Es stimmt, ich habe das früher anders gesehen, aber ich war dumm und elf Jahre alt.«
Sie lächelte, aber es war kein echtes Lachen, sondern eines, womit sie ihren Schmerz überspielte.
»Weißt du, wie ich mich damals gefühlt habe? Die Sache in der Umkleidekabine war das Schlimmste, was mir in meinem Leben je passiert ist. Ihr habt mich bloßgestellt, mich so unendlich verletzt.«
»Du hast recht, Lu. Das war wirklich eine fürchterliche Sache. Wenn ich mich in deine Lage versetze, dann ...«
»Ich wollte damals in dem Augenblick sterben. Ich glaubte wirklich, nichts wert zu sein.«
Mist! Ich war so betroffen, dass ich kaum ein Wort sagen konnte. Die Bilder von damals spukten in

meinem Kopf. Ich hörte das Gelächter meiner Kumpels und das schockierte Geflüster der Mädchen. Lucinda stand mitten in der Umkleide, völlig nackt, zu Tode verängstigt und weinte.
»Ich war ein Feigling, Lu. Das ging entschieden zu weit, ich schäme mich wirklich dafür ... Um ehrlich zu sein, ich hab mich in dem Moment nicht getraut, dir vor meinen damaligen Freunden, zu helfen oder einzugreifen.«
Sie sah zu mir auf. »Du wolltest mir helfen?«
Ich senkte den Kopf. »Ja. Als Mrs. Miller uns rausschickte, stellte ich sie alle zu Rede. Ich wollte wissen, wer deine Kleider genommen hatte. Du konntest dir wahrscheinlich schon vorstellen, wer es war, oder?«
»Diese Frage hat mich nie sonderlich beschäftigt, weil ich immer davon ausgegangen bin, dass du es warst.«
»Ich? ... Nein! Ich war zwar nicht besonders nett zu dir, aber ich war es nicht. ... Es war Lynn Hamish. So hieß sie doch. Ich stellte sie zur Rede, aber mein bester Kumpel Zac ging dazwischen. Wir prügelten uns schließlich, bis wir alle beim Rektor im Büro landeten.«
»Ist das wahr?«, flüsterte sie. Ich blickte zu ihr. In ihren Augen schimmerten Tränen, die sie versuchte fortzublinzeln.

»Ja, ist es. Wenn du die ganze Wahrheit wissen willst, ich bin damals diese Wette eingegangen. Ich sollte mich mit dir anfreunden, dafür sorgen, dass du dich in mich verliebst. Aber was damals niemand wissen durfte, war, dass ich dich insgeheim beneidete.«
»Jetzt komm, erzähl mir keine Märchen! Matt Baldwin und mich beneiden ...? Warum solltest ausgerechnet du neidisch auf mich gewesen sein?«
»Weil du ein zahmes Haustier hattest und du ganz wunderbar mit ihm umgehen konntest. Ich bin oft an deinem Haus gewesen, hab mich versteckt und dich beobachtet. Und ich fand dich interessant. Nur dein merkwürdiges Elfenkostüm, das fand ich schrecklich. Aber ich hab dir immer gern zu gesehen, wenn du mit deinem Schwein gespielt hast. Niemand wusste davon, das war mein Geheimnis. Ich war einfach zu feige, um zu dir zu stehen, deshalb konnten wir nie wirklich Freunde werden. Als du am nächsten Tag verschwunden warst, bin ich noch ein paar Mal an eurem Haus vorbeigefahren. Seither habe ich dich nie wieder gesehen.«
Jetzt liefen Tränen über ihre Wangen. Mir sank das Herz in die Hose, ich wollte sie doch nicht zum Weinen bringen! Andererseits wurde es warm in

meiner Brust, ich fühlte mich so unsagbar erleichtert. Endlich konnte ich ihr die Wahrheit sagen.
»Hey, Lu. Ich ... warum weinst du? Ich wollte nicht, dass ...«
Sie wischte mit dem Handrücken über ihre Nase.
»Tut mir leid. Ich habe dich so gehasst, ich habe dich für all das verantwortlich gemacht - dich allein. Ich war so verliebt in dich, konnte nicht fassen, dass ein Junge wie du sich für mich interessierte. Und als die Sache in der Schwimmhalle geschehen war, gab ich dir allein die Schuld.«
Scheiße! Wie dumm ich doch damals gewesen war! Aber noch schlimmer war, dass sie bis heute so darunter litt.
Ich konnte sie nicht weinen sehen und zog sie zu mir auf den Schoß. Sofort vergrub sie ihr Gesicht an meinem Hals. Ich strich ihr eine Haarsträhne aus dem Gesicht und küsste ihre Schläfe. »Verzeih mir, Lu. Das alles war wirklich mies und gemein. Ich wünschte, ich könnte es rückgängig machen.«
Sie presste ihren Körper noch enger an mich und weinte leise.
»Schsch! Nicht mehr weinen, sieh dich an, du bist wunderschön und eine tolle Frau. Und das Beste ist, du bist stark. Niemand kann dir jemals wieder so etwas antun.«

Sie nickte und löste sich von mir. Dann sah sie mich an. Ihr Gesicht war vom Weinen gerötet und die Wimperntusche verschmiert. Aber trotzdem war sie wunderschön. Ich verlor mich im Braun ihrer Augen. Mit einem Mal, drückte sie ihre Lippen auf meine. Zuerst war ich überrascht, aber durch dieses intensive Kribbeln in meinem Bauch war ich machtlos, konnte nichts anderes tun, als zu fühlen. Sofort reagierte mein Körper, forderte mehr von ihr. Sie drückte mich ins Handtuch, bis sie schließlich auf mir saß. Dann küsste sie mich wild und ausgehungert, brachte die Wärme in mir zum Kochen, bis mein ganzer Körper in Flammen stand. Ich stöhnte auf - schmeckte ihre Zunge, hielt es nicht mehr länger aus. Ich griff nach ihren Hüften und rollte sie auf den Rücken. Wir atmeten beide schwer und sahen uns Sekunden lang an. Sie stand genauso in Flammen wie ich. Ich wollte sie - jetzt - sofort. Gierig wanderten meine Lippen über ihren Hals, dabei zog ich ihr Bikinioberteil herunter, bis ihre Brustwarze sich mir entgegenstreckte. Sofort nahm ich sie in den Mund, saugte und biss leicht daran, bis ihrer Kehle ein lautes Stöhnen entwich.
»Matt, ich will dich«, flüsterte sie.
Jetzt gab es für mich kein Halten mehr. Ich würde sie nehmen, ihr das geben, was sie von mir verlangte. Endlich konnte ich sie spüren, ihr zeigen,

wie sehr ich sie wollte. Es gab nichts, was ich mir in diesem Augenblick mehr wünschte, als in ihr zu sein.
Mit fiebrigen Fingern öffnete ich meine Hose, konnte es nicht länger erwarten, als mich plötzlich ein kalter Schwall aus Schlamm von hinten traf.
Was zum Teufel ...?
Brauner, kalter Schlick klebte an meinen Haaren, lief mir den Rücken hinunter, hatte mich völlig durchnässt. Mein Oberkörper war eingesaut, das Zeug tropfte an mir herunter. Kurz darauf hörte ich ein zufriedenes »Törööö«.

***

»Morten! Was tust du?«, rief Lu, die sich ihr Bikinioberteil wieder anzog und aufstand.
Damit hatte das Vieh mich eiskalt erwischt, das Feuer in meiner Hose und in meinem Hirn erlosch. Ich schnaufte aufgebracht, drehte mich zu ihm um. »Was hast du eigentlich für ein Problem, hä? Du bist sowas von hinterlistig, weißt du das? Kann man denn nicht in Ruhe hier ...«, brüllte ich den Dickhäuter an.
Weiter kam ich nicht, denn das herzlose Monster hob seinen Rüssel und katapultierte einen weiteren

Schwall der braunen Matschpampe direkt in mein Gesicht.
Es war dunkel um mich, alles fühlte sich kalt und eklig an. Dann hörte ich Lu kichern und das dämliche Vieh brummte laut, als würde es mitlachen.
Mit den Fingern wischte ich den Dreck von meinen Augen, damit ich wenigstens etwas sehen konnte.
Wut stieg in mir auf und am liebsten hätte ich es dem Ungetüm heimgezahlt. Doch mir war klar, dass ich keine Chance gegen ihn haben würde.
Lu lachte und lachte. Ich musste wirklich komisch aussehen. Und plötzlich hatte ich das Bild von dem Elefanten im Kopf, wie er sich leise an mich herangeschlichen hatte, mit der Absicht, seine Freundin Lu vor mir zu retten. Wie bescheuert ich wohl aus der Wäsche geschaut hatte, als er sein Ziel genau erwischte.
Ich grinste. Eigentlich wollte ich wütend sein, doch letztlich war die Vorstellung, dass Morten eifersüchtig auf mich reagiert hatte, sehr witzig und so lachte ich lauthals mit.
Lu ging zu ihrem Retter und tätschelte ihn. »Morten, das war aber wirklich nicht nett von dir.«
Nett? Konnte dieses Vieh überhaupt nett sein?
Verdreckt, als wäre ich in eine Schlammgrube gefallen, stand ich da, mit einem halb erigierten

Glied. Mit unterschiedlichen Gefühlen beobachtete ich Lu, wie sie auf ihren Elefanten einredete. Plötzlich sah ich sie mit anderen Augen und musste mir eingestehen, dass diese verrückte Pummelelfe mir etwas bedeutete.

»Tut mir leid, Matt. Das hat Morten wirklich noch nie gemacht.« Sie kam auf mich zu, nach dem er sich wieder dem Wasser zugewandt hatte.

»Wieso? Hast du öfters Sex, wenn dein Elefant zuschaut?«, lachte ich.

Sie errötete und streckte mir die Zunge raus. »Blödmann!«

Ich schmunzelte. »Aber um auf unser Gespräch zurückzukommen, wie hast du es geschafft, dass du dich äußerlich so verändern konntest?«

Sie senkte ihren Blick. »Nach der Sache in der Schule ging es mir sehr schlecht. Mein Vater war damals mit der Situation total überfordert, gab meinem Drängen nach und ließ mich fortgehen. Ich hasste mein Äußeres und arbeitete daran. Ich trieb viel Sport und veränderte mich eben. Aber ich bin immer noch die Gleiche wie damals.«

»Das stimmt, das ist auch gut so.«

Wir lächelten uns an, ich glaubte, das war das erste Mal überhaupt, dass wir uns einig waren.

Wir machten uns auf den Rückweg, und als wäre die Blockade zwischen uns gelöst, plauderten und

lachten wir miteinander. Stellten sogar ein paar Gemeinsamkeiten fest, obwohl wir so grundverschieden waren.
Morten trottete hinter uns her, als wir die Ranch betraten. Lu und ich spazierten über die Wiese, vorbei an dem Gehege von Mr. Porter. Dimi war gerade damit beschäftigt, den Esel mit einer Karotte zu locken. Er sah auf, als wir an ihnen vorbeischlenderten. »Wie siehst du denn aus? Sollte nicht Morten eine Schlammkur bekommen?«, witzelte er.
»Ha, ha! Morten dachte, dass es meiner Haut auch guttun würde.«
Lu kicherte und lief weiter zum Blockhaus. An der Hintertür blieb sie stehen und wartete auf mich.
»Danke, Matt.«
»Wofür?«
»Dafür, dass du mir die Wahrheit erzählt hast.«
Von ihren Tränen war nichts mehr zu sehen. Im Gegenteil, ihre Augen strahlten sogar. Es freute mich sehr, das zu sehen.
»Und ... was ich noch fragen wollte, ...«
»Ja?«
»Also, ... vorhin, als Morten uns unterbrochen hat ... ich meine ... hm, ... du hattest da doch einen Wunsch ...«
»Ja?« Sie grinste breit.

»Also ich würde ihn dir gerne erfüllen . Ich bin sozusagen direkt bereit.«
In den Sekunden, bevor sie mir antwortete, hörte ich, wie mein Herz schneller klopfte - ich war so aufgeregt! »Wir müssen nicht, wenn du nicht willst, wir könnten es aber, so wie in der einen Nacht.«
Verdammt! Wieso war es so schwierig für mich, sie darum zu bitten?
»Du bietest mir unverbindlichen Sex an?«
Vielleicht war das keine so gute Idee, aber mein Körper sagte eindeutig, dass er genau das wollte.
»Ja.« Erwartungsvoll sah ich sie an, in der Hoffnung, ihr hätte das kleine Spiel am See auch gefallen, bevor ihr Freund es so lieblos beendet hatte.
»Vielleicht solltest du erst mal Morten um Erlaubnis bitten«, sagte sie lachend und ließ mich perplex stehen.

Kapitel 13
Matt

Auch wenn sich die Stimmung zwischen Lu und mir seit dem heutigen Nachmittag verändert hatte, spürte ich doch deutlich, wie sie sich verspannte, wenn Andy in unserer Nähe war. Ihr Lächeln fror ein, sie war längst nicht mehr so fröhlich. Dabei war sie viel offener geworden, seit wir uns ausgesprochen hatten.

Für mich war eines klar, es musste etwas mit dieser Sache zu tun haben, die sie alle vor mir geheim hielten.

Und genau das spornte mich an, so schnell wie möglich herauszufinden, was da vor sich ging. Aber ich erreichte nicht viel, außer, dass Andy noch misstrauischer wurde.

Wenn ich mit ihnen am Esstisch oder im Wohnzimmer saß, beobachtete er mich prüfend.

»Ich sollte mal meine Familie anrufen«, sagte ich, als Andy und Lu es sich mit mir im Wohnzimmer gemütlich machten. »Habt ihr ein Telefon oder ein Handy, das ich vielleicht verwenden könnte?«

»Oh Mist! Das hatte ich ja völlig vergessen«, sagte Lu. »Andy, du hast doch eins, oder? Meins liegt oben im Zimmer.«

»Natürlich!« Andy griff in seine hintere Jeanstasche und reichte es mir.
»In Ordnung, danke. Ich werd es kurz machen.«
Langsam lief ich an der Wiese hinterm Haus entlang, bis die Empfangsleiste des Handys anzeigte, dass ich telefonieren konnte. Ich wählte und wartete. Es klingelte, ich war wirklich froh, durchgekommen zu sein. Als ich Sandys Stimme erkannte, verzog sich mein Mund automatisch zu einem Lächeln.
»Hey Süße! Na, wie geht es dir?«
»Matt!«, rief sie erstaunt. »Wieso meldest du dich erst jetzt? Wieso kann man dich auf deinem Handy nicht erreichen? Weißt du, wie oft ich versucht habe, dich anzurufen? Und bevor du fragst, Ja, mir geht es gut. Ich bin ein braves Mädchen und nehme alle meine Medikamente, aber mir ist schrecklich langweilig und du fehlst mir.«
Ich lachte. Typisch Sandy. Sofort sprudelten all ihre Gedanken und Empfindungen aus ihr heraus.
»Süße, ich vermisse dich auch, aber ich kann nicht lange sprechen. Also, hör genau zu. Die Sache mit meinem Handy ist eine lange, fast unglaubliche Geschichte, die werd ich dir erzählen, wenn ich wieder zurück bin. Sobald ich kann, werde ich mir ein Neues besorgen. Lu und mir geht es gut.«
»Matt? Was ist los? Du hörst dich so merkwürdig an. Ist wirklich alles in Ordnung?«

»Ja, mir geht es gut.«
»Und wie ist Hawaii?«
Ich wusste, es würde keinen Sinn machen, Sandy etwas vorzuspielen. Sie roch es schon zehn Meter gegen den Wind, wenn etwas nicht stimmte.
»Um ehrlich zu sein, Lu und ich sind nie in Hawaii angekommen.«
»Was? Aber ...«
»Auch das ist eine längere Geschichte. Lu hat einen Anruf bekommen, wir mussten kurzfristig unsere Pläne ändern.«
»Und wo seid ihr jetzt?«
»In Louisiana, auf einer Ranch.«
»Aber Matt ...! Wissen unsere Eltern davon?«
»Natürlich nicht, deshalb rufe ich an. Sie werden es sowieso erfahren, aber ich möchte dich bitten, es ihnen so schonend wie möglich beizubringen. Mutter wird toben, wenn sie es erfährt, aber du kannst ihr sagen, ich habe alles unter Kontrolle.«
»Ihr habt vielleicht Nerven! Weiß denn Lus Vater davon?«
»Keine Ahnung, wahrscheinlich nicht. Unter Umständen werde ich früher zurückkommen. Aber das kann ich noch nicht genau sagen.«
Meine Aufmerksamkeit wurde kurz von einem merkwürdigen Geräusch abgelenkt. Ich lauschte, vermutlich war es eines der Tiere.

»Du? Du allein? ... Matt, hast du dich mit Lu gestritten?«
Verdammt! Sandy konnte man nichts vormachen. Sie kannte mich einfach zu gut, um zu wissen, dass etwas faul war.
»Nein, alles halb so wild. Wirklich, Schatz. Also, ich melde mich wieder. Pass auf dich auf.« Dann beendete ich das Gespräch. Viel hatte nicht gefehlt und ich hätte meiner Schwester Rede und Antwort stehen müssen.
Ich wollte ins Haus zurück, als ich ein weiteres Mal dieses seltsame Geräusch wahrnahm, innehielt und horchte. Es kam aus einem der Scheunen und hörte sich nicht nach einem Tier an.
Leise ging ich in die Richtung, aus der die Laute kamen, blieb dann vor einer der Scheunen stehen. Diese hatte ich bisher noch nicht betreten, weil Lu mir gesagt hatte, dass sie dort keine Tiere hielten, sondern Geräte für den Garten und einen Anhänger aufbewahrten.
Neugierig, wie ich war, wollte ich der Sache auf den Grund gehen. Durch den Spalt zwischen den Holzbalken konnte ich erkennen, dass Licht brannte. Vorsichtig spähte ich hinein, konnte nicht glauben, was ich da sah. Ganz deutlich erkannte ich einen Mann in einem Spidermankostüm. Breitbeinig stand er auf der Ladefläche eines Anhängers und posierte

wie der Schauspieler indem gleichnamigen Film. Er gab diese zischenden und euphorischen Geräusche von sich, die mich hergelockt hatten.
Ich runzelte die Stirn und sah mich um. Was war das denn? »Oh Spidey, rette mich!«, säuselte eine weibliche Stimme. Ich sah wieder zwischen den beiden Balken hindurch und jetzt entdeckte ich Anna, die in roter Unterwäsche mit Strapsen - an den Händen gefesselt - auf einer Decke lag.
Ein Kichern entfuhr mir, als ich wieder zu Spiderman spähte, der natürlich Dimitri sein musste. Meine Güte! Wie waren denn die beiden drauf? Dimitri drehte sich in meine Richtung. »Nimm das, du Schurke! Und das! Und das ...« Er kämpfte eindeutig mit einem imaginären Feind. Allerdings bekam ich große Augen, als ich auf seinen Schritt blickte. Das war wirklich ekelig! Sein Penis baumelte aus dem Anzug und wippte bei jeder seiner Bewegungen mit. Ich prustete los, konnte mich nicht zusammenreißen. Schnell drehte ich mich um und versuchte, dieses Bild aus meinem Hirn zu verbannen.
Mit eiligen Schritten lief ich davon und überließ die beiden ihrem Spiel.Ich bereute es zutiefst, der Ursache der Geräusche nachgegangen zu sein.
Jetzt verstand ich auch, was Andy gestern mit ›Spielchen‹ gemeint hatte.

***

»Und? Was haben sie gesagt?« Lu war sichtlich nervös, als ich das Wohnzimmer betrat und Andy sein Handy wieder zurückgab.
»Noch nicht viel. Ich habe mit Sandy gesprochen und ihr gesagt, dass wir in Louisiana sind. Sie wird es unseren Eltern ausrichten.«
Lu knabberte an ihrem Daumennagel. »Dann wird es wahrscheinlich nicht lange dauern, bis mein Vater hier auftaucht.«
»Meinst du? Letztlich ist es doch egal, ob wir Flitterwochen auf Hawaii machen oder hier. Wer weiß, vielleicht sieht er das ja genauso?«
Andy sah auf, als Lu ihren Vater erwähnte. Sein Blick verfinsterte sich, aber er sagte kein Wort. Ich war mir sicher, dass er glaubte, Lus Befürchtung könnte wahr werden und ihr Vater würde plötzlich hier aufkreuzen. Also hatte er tatsächlich etwas zu verbergen. Oder zumindest wollte er keinen weiteren Fremden hier haben.
»Falls dein Vater wirklich hierherkommen sollte, wäre das doch eine gute Gelegenheit, ihm zu zeigen, was ihr hier für all diese Tiere tut und dass es tatsächlich harte Arbeit ist, oder, Andy?«

»Nein, das wäre ganz und gar nicht gut«, sagte er gereizt. »Für ihn ist nichts gut genug. Lucinda ist seine einzige Tochter. Dass sie zeitweise hier lebt und für mich arbeitet, hat ihm noch nie in den Kram gepasst.«
Die Feindseligkeit in seinen Augen spiegelte deutlich wieder, was er von Clint Godluc hielt. Ich fragte mich, ob die beiden sich schon einmal begegnet waren.
»Wahrscheinlich hat er sich für seine Tochter etwas Besseres vorgestellt.«
»Das kannst du laut sagen.« Andy wurde energischer, ich glaubte, einen wunden Punkt bei ihm getroffen zu haben. Vielleicht könnte ich ihn aus der Reserve locken, wenn ich ihn weiter ausfragte.
»Ist schon gut, Andy«, versuchte Lu, ihn zu beruhigen.
»Nein, gar nichts ist gut. Jahrelang hat dein Vater sich nicht dafür interessiert, wie es seiner Tochter geht, und jetzt will er dich zwingen, seine Geschäfte zu übernehmen. Er hat keine Ahnung, wer du wirklich bist. Ehrlich gesagt kann ich nicht begreifen, wieso du dazu eingewilligt hast.«
»Das weißt du ganz genau, Andy«, erwiderte Lu und stemmte ihre Fäuste in die Hüften.
»Verdammt, Lu! Ich habe dir gesagt, dass ich das schon hinbekommen würde. Dazu hättest du

nicht ...« Andy nickte in meine Richtung und hatte bestimmt eine Bezeichnung für mich im Mund, die mir weder gefallen, noch geschmeichelt hätte. Doch er hielt sich noch rechtzeitig zurück, es in meiner Anwesenheit laut auszusprechen.

»Was ist mit deiner Surfschule? Das war ein wirklich fairer Deal, der dir jetzt durch die Lappen geht. So ein Angebot bekommst du nie wieder.«

Stimmt! Ich erinnerte mich daran, wie mir Lu an unserem ersten Abend in der Bar davon erzählt hatte.

»Morten ist mir wichtiger und das weißt du genau.«

Sie schwiegen eine Weile, irgendwie kam ich mir überflüssig vor. Andys Blicke sprachen Bände - er war offensichtlich über beide Ohren in Lu verliebt und jetzt wusste ich auch, was er von unserer Verbindung hielt.

»Hört auf zu streiten. Es ist, wie es ist. Falls Clint tatsächlich herkommen sollte - was ich nicht glaube - wird er keinen Ärger machen.«

»Ach, und was macht dich da so sicher?«, funkelte mich Andy grimmig an.

»Weil Lu mit mir hier ist - ganz einfach.«

Andy sah mich abschätzend an und ich war mir sicher, dass er einen bissigen Kommentar unterdrückte.

Clint hatte mir seine Tochter anvertraut. Die Voraussetzung für eine Fusion war die Ehe mit mir, weil er genau wusste, wie sprunghaft seine Tochter war. Er glaubte, ich könnte sie unter Kontrolle bringen. Mit der Eheschließung gehörte sie zu mir, ich würde alles tun, damit der Name Baldwin nicht durch irgendwelche Verrücktheiten von ihr in den Schmutz gezogen wurde.

***

Am nächsten Morgen wachte ich erst auf, als das Sonnenlicht hell in mein Zimmer schien. Von draußen hörte ich Geräusche. Ich stand auf und sah aus dem Fenster.
Sky sprang mit noch leicht unsicheren Bewegungen auf der Weide umher. Rosa, seine Mutter, graste in seiner Nähe und hielt still, als das Fohlen zum Trinken kam. Gleich am Zaun lehnte Lu. Sie trug noch ihre Joggingkleidung und sah dem Fohlen nachdenklich zu.
Sie sah wunderschön aus im Sonnenlicht. Ihre Haut schimmerte golden und ihr kurzes, dunkles Haar glänzte. Ihre pinkfarbene Strähne war nun durch das Waschen und die Sonne etwas verblasst. Die Wärme, die mich in den letzten Tagen öfters beschlichen

hatte, strömte in meine Brust. Endlich kapierte ich, was dies zu bedeuten hatte.
Ich hatte Gefühle für Lucinda Godluc. Das konnte kompliziert werden und vielleicht auch Schwierigkeiten bereiten.
Ich begehrte sie, suchte ständig ihre Nähe, konnte den Blick nicht von ihr nehmen, wenn sie lauthals lachte - was ich wirklich tun wollte, war, sie beschützen.
Egal was Andy vorhatte, ich war davon überzeugt, dass Lu nur einwilligte, weil er sie dazu überredet hatte und sie Morten in Sicherheit wissen wollte. Erpresste Andy sie mit Morten? Andererseits war Andy über beide Ohren in sie verliebt, würde er dann so etwas tun?
Ich wandte mich vom Fenster ab, wusch und zog mich an. Mein Frühstück bestand heute aus einer Tasse Kaffee. Andy hatte mir gestern den Auftrag gegeben, die Zäune um das Grundstück herum zu kontrollieren und die Stellen auszubessern. Ich nahm das Werkzeug, das ich dafür brauchte, und ging an die Arbeit.
Ich arbeitete schon eine ganze Weile Meter für Meter vorwärts, als Dimitri anfing, die Zaunstellen, die ich repariert hatte, zu kontrollieren. Sofort hatte ich wieder das Bild von dem heißen Spiderman im Kopf und grinste.

»Gute Arbeit, Matt! Es ist gleich Mittag, heute gibt es Annas speziellen Gemüseauflauf.«
Ich richtete mich auf. »Und was ist daran speziell?«
Er zuckte mit den Schultern. »Ehrlich gesagt, ich habe keine Ahnung. Aber er schmeckt gut. Alles andere ist nicht so wichtig.«
»Dann werde ich mich überraschen lassen.«
»Ja ... ähm, kannst du mir einen Gefallen tun?« Er kratzte sich nachdenklich am Kinn.
»Und welchen?«
»Anna und ich würden gerne am späten Nachmittag einen Ausflug machen. Aber Andy hat mich eigentlich beauftragt, nach Lafayette zu fahren, um Medikamente und bestelltes Futter abzuholen. Könntest du das mit Lu für uns übernehmen?«
Ich zuckte mit den Schultern. »Klar, kein Problem.«
»Die Sache ist nur die, Andy ... er sollte davon nach Möglichkeit nichts mitbekommen. Er ist heute Nachmittag und den ganzen Abend drüben in Church Point und hilft dort bei den Bakers. Bis er zurückkommt, seid ihr schon lange wieder da. Nur solltest du dich bei ihm nicht verquatschen.«
»Also, ich habe damit kein Problem. Weiß Lu Bescheid?«
»Nein, das regle ich mit ihr. ... Dann würdest du das für Anna und mich machen?«
»Ja, warum nicht?«

Ein breites Grinsen machte sich auf seinem Gesicht bemerkbar - ich wollte mir nicht vorstellen, was die beiden bei dem Ausflug so treiben würden.
Er klopfte mir dankend auf die Schulter und lief zurück. Was für ein komischer Vogel! Eigentlich traute ich ihm nichts Kriminelles zu. Vielleicht täuschte ich mich, aber mein Instinkt sagte mir, dass Dimitri kein schlechter Kerl war. Ich konnte nur hoffen, dass mich mein Gefühl nicht täuschte.

Kapitel 14
Matt

Vor dem Blockhaus kam gerade ein Jeep zum Halten, als ich das Werkzeug wieder zurück in den Schuppen brachte. Eine grauhaarige Frau stieg aus und begrüßte Andy mit einem Händeschütteln. Sie wechselten noch ein paar Worte, dann stieg Andy in ihren Wagen.

»Danke, Mann!«, sagte Dimitri und klopfte mir auf die Schulter, als wir gemeinsam dem Jeep hinterher sahen. »Kein Problem! Müssen wir zu einem bestimmten Zeitpunkt in Lafayette sein?«

»Nein, wenn ihr im Laufe des Nachmittags die Sachen dort abholt, ist das in Ordnung. Lu weiß Bescheid. ... So, dann werd ich mal meine Süße suchen. Sie wünscht sich schon lange diesen Ausflug. Sie richtet gerade ein kleines Picknick für uns.«

Ich grinste. Spiderman und seine Gespielin beim Picknick im Grünen! Na, wenn das die Natur nicht freute?

»Dann wünsche ich euch beiden viel Spaß.«

Als Lu und ich wenig später mit dem Transporter unterwegs nach Lafayette waren, kurbelte sie das Fenster herunter und hielt ihr Gesicht in den Fahrtwind. Ich hatte ihr angeboten zu fahren. Sie sah

müde aus und hatte leichte Schatten unter den Augen.
Als wir den Wald verließen, um auf die Landstraße abzubiegen, sah sie mich an und lächelte. Dieses Lächeln nahm ihr ganzes Gesicht ein, es berührte mich auf eine sehr süße und angenehme Weise.
»In Lafayette gastiert gerade ein Rummel. Wenn wir alles erledigt haben, können wir ja dort vorbei schauen. Hast du Lust?«
Ein Jahrmarkt? Ich war in meiner Kindheit das letzte Mal auf einem gewesen. »Ja, warum nicht? Aber ich möchte mir vorher noch ein neues Handy kaufen wegen Sandy. Ich habe ihr versprochen, sie wieder anzurufen. Außerdem will ich auch wissen, was zu Hause gerade los ist.«
»Kein Problem, ich kenne ein Geschäft, in dem sie tolle Angebote haben.«
Ich nickte einverstanden und richtete meinen Blick auf die Straße. »Auf jeden Fall will ich Sandy anrufen, solange wir noch in Lafayette sind, hier habe ich einen besseren Empfang.«
»Darf ich dich mal etwas fragen?«
»Klar!«
»Seit wann hat Sandy diese Krankheit?« Interessiert sah mich Lu von der Seite an.
»Es fing vor ungefähr zwei Jahren recht harmlos an, sie lag mit einer Grippe im Bett - nichts

Ungewöhnliches. Ein paar Tage Fieber, Kopf- und Halsschmerzen. Dann war sie schnell wieder fit. Aber nach ein paar Tagen klagte sie über Muskelschmerzen in den Beinen und der Brust. Sie fühlte sich schlapp, noch schlechter als zuvor. Damals glaubten wir, sie hätte ihre Grippe nicht richtig auskuriert. Aber als sich ihr Zustand nicht besserte, fand man heraus, dass sie unter Kinderlähmung lit.«

»Das ist ja furchtbar ... Ich kannte deine Schwester als sportbegeistertes, junges Mädchen«, sagte Lu nachdenklich.

»Ja, damals war sie ein Cheerleader an der Highschool und sehr stolz darauf. Sie liebte die Auftritte vor den Spielen. Die Mädels waren verdammt gut.«

»Und ... ich meine, gegen Kinderlähmung wird man doch geimpft, oder?«

»Normalerweise schon. Eigentlich gibt es diesen Virus in den westlichen Ländern so gut wie gar nicht mehr.

Nach ein paar Tests war die Diagnose klar. Meine Mutter konnte das kaum hinnehmen. Sie war hysterisch, behauptete immer wieder, das Sandy und ich dagegen geimpft wären. Sie ließ auch nicht locker und fand schließlich heraus, dass unser damaliger Kinderarzt vergessen hatte, meine kleine

Schwester zu impfen. Er hat schlampig gearbeitet, dafür sitzt sie jetzt ihr Leben lang im Rollstuhl.«
»Das ist wirklich schrecklich. Es tut mir so leid für sie.« Mitfühlend legte sie ihre Hand auf meinen Oberarm.
»Die Diagnose war für uns alle ein Schock. Aber für Sandy war es am schlimmsten. Sie hatte starke Schmerzen. Ich höre immer noch ihr Weinen von damals, wenn ich daran denke.«
Es tat gut, mit Lu darüber zu sprechen. Zu Hause mieden wir das Thema, weil es meine Eltern zu sehr schmerzte.
»Sie ist noch so jung, Lu. Sie wird nie wieder laufen können - nie mehr.« Ich war deshalb immer noch wütend. Ich presste meine Lippen aufeinander und schluckte, als ich an den Tag zurückdachte.
Lu sah eine Weile aus dem Fenster, bis sie sich wieder an mich richtete. »Darf ich dir etwas sagen, ohne das du böse auf mich wirst?«
»Natürlich.«
»Ich habe deine Schwester als starke Persönlichkeit kennengelernt und ich glaube, sie kommt damit besser klar, als ihr vielleicht alle glaubt. Das Einzige, was sie wirklich quält, ist die Einsamkeit und dass sie so sehr bemuttert wird.«
Ich blickte zu ihr rüber. »Hat sie das gesagt?«

Lu nickte und bestätigte eigentlich nur das, was ich selbst insgeheim schon vermutet hatte.
»Sie hat mir erzählt, dass sie zu Hause unterrichtet wird, dass sie schon lange keine Freunde mehr besucht haben und viel allein ist.«
»Das stimmt.«
»Wieso kann sie nicht in eine Schule gehen? Mittlerweile gibt es so viele öffentliche Gebäude, die rollstuhlgerecht sind, sogar Universitäten.«
»Das liegt daran, dass meine Mutter das nicht will. Sandy ist ihr kleines Mädchen, sie hat große Angst um sie. Am liebsten würde sie Sandy in Watte packen. Sie gibt sich die Schuld.«
»Sei mir nicht böse, Matt, aber sie macht einen Fehler. Die Schuldfrage ist eine Sache, aber ihre Tochter einzusperren, sie vor der ganzen Welt beschützen zu wollen, eine andere. ... Okay, Kinderlähmung ist ein schlimmes Schicksal, aber Sandy wird lernen, damit zu leben. Ich bin sicher, dass sie es grandios meistern wird. Verstehst du? Sie will hinaus ins Leben und ihre Erfahrungen machen. Sie sehnt sich nach so viel Normalität wie möglich. Das sollten ihr deine Eltern nicht nehmen. Sie ist unglücklich und frustriert.«
Lu hatte recht. Sandy war ein sehr lebensfroher Mensch. Der Schulalltag und ihre Freunde mussten ihr ganz schrecklich fehlen. Vielleicht gab es

tatsächlich Möglichkeiten für sie. Das meiner Mutter begreiflich zu machen, könnte ein hartes Stück Arbeit werden. Aber schließlich ging es um Sandy. Sobald ich wieder zu Hause sein würde, wollte ich mich darum kümmern.

»Du hast recht, Lu.«

»Ich habe ganz sicher recht. Eltern müssen irgendwann lernen, ihre Kinder loszulassen, auch wenn es schwerfällt.«

»Du hörst dich an wie eine sehr weise Frau«, lachte ich. »War das der Spruch, den du von deiner Mutter immer zu hören bekamst?«

Lu senkte ihren Blick. »Nein, meine Mum starb ein Jahr, bevor mein Vater und ich nach Hinsdale zogen.«

***

»Tut mir leid, ich hatte keine Ahnung.« Jetzt bereute ich die Worte. Ich konnte deutlich den Schmerz, den sie immer noch fühlte, in ihren Augen sehen.

»Woher solltest du das auch wissen? Es ist schon lange her.«

»Bin ich zu neugierig, wenn ich frage, woran sie gestorben ist?«

Sie schwieg einen Augenblick. »Sie hatte Krebs.«

Die Stille, die jetzt in dem Transporter herrschte, löste Betroffenheit in mir aus. Nur das monotone Motorengeräusch war zu hören. Es tat mir leid für sie. In diesem Alter ohne Mutter aufzuwachsen war bestimmt nicht leicht.
»Mein Vater hat es nach ihrem Tod in unserem Haus nicht mehr ausgehalten und ein neues in Hinsdale gekauft.«
Ich hatte dieses Bild direkt vor mir, wie die kleine Pummelelfe von damals in dem hässlichen Elfenkostüm im Garten mit ihrem Hausschwein Bertha spielte. Wie schrecklich einsam musste sich Lu gefühlt haben? Und dann noch die Sache, die in der Schule passiert war. Verdammt! Sie hatte schwere Zeiten hinter sich.
»Schon gut, Matt. Das wussten die wenigsten ... aber deshalb brauchst du mich nicht mit deinem Dackelblick anzusehen. Das ist Jahre her.«
Überrascht schaute ich zu ihr rüber. Spielte sie jetzt die Starke oder wollte sie nicht darüber sprechen?
»Dackelblick? Ich dachte, ich schaue wie ein Pavian!«
Jetzt lachte sie, ich war erleichtert. »Stimmt, manchmal schaust du wie ein Pavian.«
Das Ortsschild von Lafayette tauchte vor uns auf und Lu dirigierte mich durch die Stadt. Es war viel los auf den Straßen und nach ein paar Tagen der

Abgeschiedenheit tat es ganz gut, wieder unter Stadtmenschen zu sein.
Wir bogen in eine Seitenstraße. Hier waren die Häuser nicht so hübsch wie auf der Hauptstraße und menschenleer.
»Bist du sicher, dass wir richtig sind?«
»Ja, da vorn ist es. Park einfach hier.«
Ein Gebäude tauchte vor uns auf, welches ein wenig herunter gekommen aussah. Das Reklameschild war alt, von der Sonne verblichen.
Darauf stand: ›Ben´s Sämereien‹.
Ich parkte direkt vor dem Geschäft.
»Du wartest hier. Ich bin gleich wieder da.«
»Soll ich nicht mit reinkommen?«
»Jetzt hör auf, ich bin schon groß und kann allein einkaufen.« Sie öffnete die Tür und stieg aus. Mein Blick folgte ihr, während sie um den Transporter ging und schließlich im Laden verschwand.
Ich schaltete das Radio ein. Der Sound knisterte ein wenig, bis ich es richtig einstellen konnte. Als ich die Klänge von ›Sweet Home Alabama‹ hörte, summte ich den Song leise mit.
Minuten vergingen. Mit den Fingern auf dem Lenkrad trommelnd, wurde ich ungeduldig. Ich hasste es zu warten. Wieso dauerte das so lange? Durch das Fenster konnte man nichts erkennen. Ich sah mich um, niemand weit und breit. Altes

Zeitungspapier fegte, aufgescheucht vom Wind, durch die Straße. Die Häuser hier waren in einem jämmerlichen Zustand. Zugegeben, das gab es in New York auch, aber jeder wusste, dass man sich in solchen Gegenden nicht aufhalten sollte.
Mein Blick fixierte die Ladentür, durch die Lu verschwunden war. Je mehr Zeit verging, desto unruhiger wurde ich. Schließlich stieg ich aus und betrat den Laden.

***

Beim Öffnen der Tür klingelte es. Ein gewöhnungsbedürftiger Geruch stieg mir in die Nase. Der Verkaufsraum war nicht gerade groß, aber vollgestopft mit Regalen und Rollständern in denen bunte kleine Tütchen, einsortiert waren. Als Dekoration diente übergroßes Plastikobst- und Gemüse, das von der Decke hing.
Niemand war zu sehen, es war absolut ruhig.
»Lu?«, fragte ich vorsichtig in die Stille. »Hallo?«
Keine Antwort. Hinter einer Theke gab es einen Durchgang, der in den hinteren Bereich führte, ein dunkler Vorhang versperrte mir die Sicht.
Ein Gefühl, das hier irgendetwas nicht stimmte, machte sich in mir breit und zwang mich, nach Lu

zu suchen. Frech trat ich hinter die Theke und schob den Vorhang beiseite.
Unordnung empfing mich in dem winzigen Raum. Ein alter Tisch und ein Stuhl standen an einer Wand. Eine Zigarette qualmte alleine in dem übervollen Aschenbecher, überall befand sich schmutziges Geschirr. Ein rostiger Wasserhahn tropfte leise vor sich hin.
Eine Verbindungstür war angelehnt. Gerade wollte ich sie öffnen, als mir ein älterer Herr zuvorkam. Gleich hinter ihm entdeckte ich Lu.
»Was haben Sie hier zu suchen?«, fauchte er grimmig. Sein graues, fettiges Haar hatte er im Nacken zu einem Zopf gebunden. Sein Hemd war verdreckt und bestimmt lange nicht mehr gewaschen worden.
»Äh, schon in Ordnung. Er gehört zu mir«, sagte Lu mit einem vorwurfsvollen Blick - sie schien nervös. Der Typ musterte mich - verzog seine Augen zu kleinen Schlitzen. »Trotzdem hat der hier nichts verloren.«
»Es hat so lange gedauert, deshalb dachte ich, ich komme dir entgegen und helfe.«
Wir kehrten in den Verkaufsraum zurück. Der Kerl blieb hinter seinem Tresen stehen. »Kommt gegen Abend wieder, dann wird Joe die Ware gebracht haben.«

»In Ordnung«, sagte Lu, hakte sich bei mir ein und schob mich Richtung Tür.
Die Ladenglocke läutete wieder beim Hinausgehen und Lu zog mich ins Tageslicht.
»Wieso kannst du nicht draußen warten, wie ich es dir gesagt habe?« Wir liefen zum Transporter.
Warum war sie so sauer?
»Du warst da so lange drin und ich wollte dir helfen. Ich wusste ja nicht, ob du schwer tragen musst.«
Lu rollte mit den Augen, öffnete die Tür des Transporters und stieg ein.
»Wieso sind die Sachen jetzt nicht da?«, wollte ich von ihr wissen, als ich den Motor anließ.
»Keine Ahnung. ... Wir müssen später wieder herkommen.« Sie nahm ihr Handy aus ihrer Gesäßtasche und tippte.
»Was jetzt?« Ich fuhr aus der Parklücke und war ehrlich gesagt, froh, diese Gegend wieder verlassen zu können.
»Jetzt gehen wir in die Apotheke und dann besorgen wir dir ein Handy.«

Kapitel 15
Lu

Das war gerade noch einmal gut gegangen! Wieso konnten Männer sich eigentlich nie an das halten, was man vereinbart hatte?
Nervös schickte ich Dimitri eine Nachricht und erzählte ihm von den Verzögerungen. So würden wir später noch mal hierherfahren.
»Ein merkwürdiger Laden, findest du nicht?«
Ich sah zu ihm auf, biss mir auf meine Lippe und zuckte mit den Schultern. Jeder in Lafayette wusste, dass man dort außer Sämereien und Gartenwerkzeug noch allerhand andere Dinge besorgen konnte.
Mir wurde heiß und kalt, ich fühlte mich ein wenig in die Enge getrieben. Ich wollte Matt nicht belügen, wusste aber, dass ich keine andere Wahl hatte.
Genau im richtigen Augenblick klingelte mein Handy, ich nahm ab.
Ich sprach kurz mit Dimi und gab währenddessen Matt Handzeichen, in welche Richtung er fahren sollte. Als ich wenig später das Gespräch beendete, standen wir schon vor der Apotheke.
»Diesmal gehe ich mit«, bestimmte Matt, stieg aus und begleitete mich hinein.

»Jetzt besorgen wir dein Handy, dann gehen wir auf den Rummel«, sagte ich, als wir die Apotheke wieder verließen, und schenkte ihm ein versöhnliches Lächeln. Ich konnte nur hoffen, dass die Lieferung gegen Abend endlich ohne Probleme eintreffen würde, und ich den Inhalt vor Matt verheimlichen könnte.
Matt erstand ein neues Handy, welches er sofort ausprobierte. Wir tauschten sogar unsere Nummern. Als Kind wäre ich in Ohnmacht gefallen, wenn ich seine Nummer gehabt hätte - wäre kreischend und hüpfend durchs Haus getanzt.
»Lu!«, sagte er, als wir wieder in den Transporter stiegen.
»Ja?«
Er sah mich ernst an. »Wenn du jemals Hilfe brauchen solltest oder Probleme hast, dann kannst du jederzeit anrufen.«
Wärme durchflutete meine Brust und innerlich führte ich kleine Freudentänze auf.
Jetzt bloß nicht schwach werden! »Ich komm schon klar«, gab ich zurück.
»Das weiß ich. Ich will dir nur sagen, ich bin da, falls du mich brauchst.«
Wollte er jetzt den edlen Ritter spielen? Auch wenn ein Teil von mir das wirklich süß fand und ich am liebsten geschrien hätte, dass ich tatsächlich Hilfe

brauchte, konnte ich mir das nicht gestatten. Bisher hatte ich meine Probleme selbst aus der Welt geschafft und darauf war ich sehr stolz.
Wir fuhren zum Jahrmarkt. Es war viel Betrieb, die Leute hatten wohl früher Feierabend gemacht, um mit ihren Familien den Rummel zu besuchen.
Vom Parkplatz aus hörten wir das Geschrei der jungen Mädchen aus den wilden Fahrgeschäften. Die Luft roch süß nach gebrannten Mandeln und Zuckerwatte. Lichter leuchteten an den bunten Ständen und am Riesenrad, das wir schon von weitem sehen konnten. Die lauten Stimmen der Schausteller hallten uns entgegen. Alles war sehr farbenfroh und lebendig, so, wie ich es aus meiner Kindheit kannte. Es gab viel zu sehen, an jeder Bude eine andere Attraktion.
Matt und ich schlenderten langsam durch die kleinen Gassen, blieben beim Riesenrad stehen und sahen hinauf.
»Ganz schön hoch«, sagte Matt und benutzte seine Hand als Sonnenschutz.
»Findest du?«
»Du etwa nicht?« Er sah mich an.
»Das kommt dir nur so vor. Ich wette, von dort oben hat man einen genialen Ausblick. Traust du dich?«
Ich ließ ihn einfach stehen, lief zum kleinen Kassenhäuschen und kaufte zwei Fahrscheine.

»Lu, also ... ich weiß nicht ... sind diese Dinger überhaupt sicher?«
»Jetzt sag bloß, du hast Schiss«, fragte ich grinsend. Er wirkte verunsichert und blickte immer wieder in die Höhe.
»Ich habe keine Angst, ich vertraue nur der Technik nicht.«
»Jetzt komm schon, sei kein Hasenfuß«, sagte ich und zog ihn einfach mit zur Warteschlange.
Endlich kamen wir an die Reihe und stiegen ein. Es war eine wackelige Angelegenheit, Matts Gesichtsausdruck sprach Bände.
»Bleib einfach ruhig sitzen und genieße die Aussicht. Bist du noch nie mit einem Riesenrad gefahren?«, wollte ich von ihm wissen und nahm ihm gegenüber Platz.
»Ich kann mich an das letzte Mal kaum erinnern.«
Als die Fahrt losging, hielt er sich am Gestänge fest. Seine Knöchel traten weiß hervor, schmunzelnd bemerkte ich, wie angespannt er war. Sonst war Matt immer selbstsicher, jetzt machte er sich fast in die Hose wegen eines Riesenrads.
Da schönes Wetter war, hatten wir einen tollen Ausblick. Ganz oben hielt das Rad an, gab uns ein bisschen Zeit, den Blick aus dieser Höhe zu genießen. Ich entdeckte einen Heißluftballon, der nicht weit von uns im azurblauen Himmel fuhr.

»Da! Sieh mal!«, rief ich begeistert und zeigte mit dem Finger in die Richtung. Vorsichtig wandte er seinen Kopf um.
»Das möchte ich auch mal machen!«, sagte ich voller Begeisterung. »Komm rutsch zu mir rüber, dann musst du dir den Hals nicht so verdrehen.« Ich klopfte auf den Platz neben mir.
Matt riss ängstlich die Augen auf.
»Na komm schon, es wird schon nichts passieren - ich verspreche es!«
Skeptisch blickte er auf die Stelle neben mir, rutschte unsicher Stück für Stück näher. Er zuckte schon beim kleinsten Schaukeln zusammen.
»Schau nicht nach unten! Sieh mich an.« Ich lächelte ihn an. Unsere Blicke trafen sich und er konnte das letzte Stück zu mir überwinden.
Endlich saß er neben mir, bleich wie eine Wand.
»Und? War es schlimm?«
Matt legte seinen Arm um meine Schulter und schien sich etwas zu entspannen. »Nein! In deiner Nähe zu sitzen, ist nicht schlimm, eher aufregend.«
Mein Herz machte einen Satz bei diesen Worten. Ein süffisantes Lächeln lag auf seinen Lippen.
Das Riesenrad setzte sich in Bewegung und schneller als gedacht waren wir wieder am Boden.
Wir schlenderten an weiteren Buden vorbei und blieben schließlich bei einem Verkäufer stehen, der

Hemden in knalligen Farben anbot. Matts Interesse war geweckt. Ein leuchtend rotes Hemd beäugte er näher.
Der Verkäufer witterte ein Geschäft und redete auf Matt ein. Er erzählte etwas von Mode, und dass Matt damit bei den Frauen landen könnte. Ich stellte mich demonstrativ zu Matt, der Händler kapierte, dass ich zu seinem Kunden gehörte. Dabei änderte er seine Verkaufstaktik und begann von der Qualität des Stoffes zu erzählen. Er erklärte Matt, dass das Hemd aus purer Seide bestünde.
In mir klingelten alle Alarmglocken. Seide!
»Na, was meinst du, Lu? Meinst du, du fliegst auf mich, wenn ich dieses Hemd trage?« Er lachte schelmisch, während ich den Verkäufer anfunkelte.
»Also, ich mag überhaupt keine Seide.«
»Du magst keine Seide? Und wieso nicht? Sie ist doch weich, schön glatt und fühlt sich kühl auf der Haut an«, verwundert blickte Matt auf mich herab.
»Weißt du, wie dieses Hemd und fast alle Textilien aus Seide hergestellt werden?«
Ich sah ihm an, dass er keinen blassen Schimmer hatte, was bei der Herstellung genau geschah.
Er zuckte mit den Schultern. »Keine Ahnung, aber du wirst es mir gleich sagen.«
»Um Seide für dein Hemd zu gewinnen, werden Seidenraupen bei lebendigem Leib in kochend

heißes Wasser geworfen. Die Raupen ... sie werden einfach umgebracht.«
Matt zog seine Augenbraue hoch. Auch der Verkäufer sagte kein Wort mehr und hörte mir aufmerksam zu.
Matt sah auf das rote Hemd, ich konnte mir schon denken, an was er dachte. Ich beugte mich zu ihm vor. »Ein schrecklicher Gedanke, dass Schmetterlinge ihr Leben auf so qualvolle Weise verlieren, nicht wahr?«
»Davon hatte ich keine Ahnung.« Er gab dem Verkäufer das Hemd wieder.
»Nur wenige Menschen wissen das, dabei gibt es mittlerweile andere Verfahren, wie man Seide herstellen kann. Überleg es dir gut, ob du dieses Seidenhemd wirklich kaufen willst.«
Matt nickte nachdenklich und wandte sich an den Händler. »Tut mir leid, Sir. Sie haben gehört, was meine Frau eben erklärt hat. Unter diesen Umständen werde ich von heute an keine Seide mehr tragen, zumindest keine, bei deren Gewinnung die Raupen getötet werden. Sie sollten sich vielleicht überlegen, ob Sie nicht lieber mit Baumwolle handeln wollen.« Dann legte Matt seinen Arm um mich und wir schlenderten weiter.
Noch einmal sah ich zum Stand zurück. Der verdutzte Händler blickte nachdenklich auf das

Hemd. Vielleicht würde er von nun an ein paar Schmetterlinge retten, in dem er auf Seide verzichtete, oder auf Hersteller umstellte, die keine Flatterchen dafür umbrachten.

***

Matt und ich teilten uns eine Zuckerwatte. Meine Finger waren vom Zupfen der weißen Fäden klebrig. Ich erlaubte mir einen Spaß und versuchte, das feucht-klebrige Zeug an seiner Wange abzuschmieren. Aber es gelang mir nicht, er wich aus und traf stattdessen mich. So alberten wir eine ganze Weile, bis wir überall klebten. Wir kauften eine Flasche Wasser und versuchten uns ein bisschen zu säubern, wobei dies eher einer Wasserschlacht glich.

Schon lange hatte ich nicht mehr so viel Spaß gehabt. Obwohl ich sagen musste, dass jeder Tag anders war, seit ich mit Matt in Louisiana war. Jeden Tag lernte ich neue Seiten an ihm kennen.

Ich fühlte mich wohl in seiner Gegenwart - ständig begleitet von diesem süßen Ziehen in meinem Unterleib, dem wärmenden Gefühl in meiner Brust und der Aufregung, wenn er mich ansah.

Eine Stimme, die aus einem Lautsprecher in der Nähe eines Zeltes zu uns drang, erregte unsere

Aufmerksamkeit. Dort hatte sich auch schon eine Menschenmenge gebildet. »Sehen Sie sich diese Muskeln an. Sind das nicht Kraftpakete? Kommen Sie näher und schauen Sie sich die Männer an.« Matt und ich folgten der Stimme und drängten uns nach vorn.

Zwei Männer mit freiem Oberkörper standen auf einer kleinen Bühne neben dem Eingang des Zeltes und stellten in verschiedenen Posen, ihre Muskeln zur Schau. Ein dickbäuchiger Mann kommentierte ihre Vorstellung mit Begeisterung. »Was glauben Sie, welcher der beiden kann den anderen besiegen? Kommen Sie herein, sehen Sie den Kampf der Giganten, schließen Sie jetzt Ihre Wetten ab.« Die Leute ließen sich nicht lange bitten und strömten ins Zelt.

Ich wandte mich um. »Oh Matt, ich liebe Wetten! Lass uns mitmachen, bitte!«

»So? Eine Zockerbraut bist du also auch. Du steckst wirklich voller Überraschungen«, lachte er. »Auf welchen der Muskelprotze willst du denn setzen? Sie sehen beide sehr angsteinflößend aus.«

Ich schaute mir die Typen genauer an. Der Erste sah aus, wie ein in die Jahre gekommener Wrestler. Seine Haut war von zu vielen Stunden unter dem Solarium unnatürlich braun und ledern. Das Haar

lockte sich bis auf die Schultern und war strohblond gefärbt.
Ganz im Gegensatz zu seinem Kontrahenten, dessen Muskeln nicht so aufgepumpt waren - ein wirklicher Sunnyboy. Kurz geschorenes dunkles Haar und ein weißes Lächeln, als wäre er gerade aus einem Hollywoodfilm entsprungen. Geheimnisvolle Augen strahlten mir entgegen - er gefiel mir.
»Auf den da«, sagte ich und zeigte mit dem Finger auf ihn.
»Du stehst also auf Machotypen. Wie gut, dass ich auch so unwiderstehlich bin.«
»Meine Güte, Matt! Eingebildet bist du wohl gar nicht. Hast du dich überhaupt schon einmal geprügelt?«
»Ob du es glaubst oder nicht, ja, habe ich und das ist noch gar nicht so lange her.«
»Ehrlich? Und wer hat gewonnen?«, wollte ich wissen.
Sein Mund verzog sich zu einem Schlitz. »Den Kampf habe ich gewonnen, die Frau er.«
Sprach er jetzt von Hannah, dieser Frau, die er eigentlich heiraten wollte?
Matt zog mich ins Zelt und wir stellten uns an der Kasse an.
»Also, ich setze auf den Womanizer!«, beschloss ich.
»Gut, dann setze ich auf Erfahrung und Willen.«

Matt wandte sich dem Mann hinter der Kasse zu und zahlte unsere Einsätze.
»Gibt es hier auch Platzkarten? Meine Frau und ich würden gerne den Kampf von den besten Plätzen aus sehen.«
Der Typ sah Matt abwertend an. »Zwei Plätze, in der ersten Reihe?«, fragte er und drehte sich zu seinem Kollegen um. »Pit, haben wir noch zwei Logenplätze für die edlen Herrschaften frei?«
Pit grinste. »Natürlich! Ich werde die Herrschaften hinführen.«
Der Kassierer wandte sich uns zufrieden zu. »Das macht dann zwanzig Dollar extra.« Fordernd streckte er die Hand aus.
»Wie viel? Zwanzig Dollar für zwei Logenplätze?«
»Pro Kopf!«, sagte der Kassierer und grinste frech über beide Ohren.
Zähneknirschend zückte Matt seine Brieftasche und bezahlte. Pit trat aus dem Kassenhäuschen und begleitete uns durch die Menge. Das Zelt war brechend voll und wir mussten uns an einigen Leuten vorbeidrängen, um zu den Plätzen zu gelangen, die Pit uns zuwies.
»Hey Mitch! Los, bewegt eure Hintern! Die Logenplätze sind jetzt belegt.« Zwei Typen, auf deren Jacken in weißen Buchstaben ›Security‹ stand, erhoben sich und machten uns Platz.

»Ich wünsche Ihnen eine gute Unterhaltung«, verabschiedete sich Pit und grinste dämlich.
»Komischer Vogel«, sagte Matt, als wir Platz genommen hatten. »Und für eine einfache Bierbank vierzig Dollar ist schon eine Frechheit!«
Ich nickte zustimmend. »Dafür sind wir ganz nah am Geschehen.«
In der Mitte des Zeltes befand sich die Arena. Ein Spot wurde eingeschaltet und Rockmusik ertönte aus den Lautsprechern.
»Warst du schon mal bei einem Kampf?«, fragte Matt.
»Nein, es ist mein erstes Mal. Und du?«
»Meins auch.« Er richtete seinen Blick zur Arena, als der dickbäuchige Mann erschien und in das Mikrofon sprach. Er stellte die beiden Kämpfer noch einmal vor.
»Zu meiner Rechten sehen Sie den Mann mit der stählernen Faust, Lex, mit einem Kampfgewicht von 122 Kilogramm.« Der blonde Muskelprotz erhob seine Fäuste und ließ sich von den Leuten feiern. Sie klatschten, pfiffen und schrien durcheinander. Auch Matt applaudierte, rief sogar etwas, um ihn anzufeuern.
»Und zu meiner Linken, mit einem Kampfgewicht von 103 Kilogramm unseren Feuer spuckenden

Drachen Ivan.« Ein tosender Applaus brach aus, ich klatschte begeistert mit.
»Das ist mein Mann«, rief ich aus. Matt rollte mit den Augen.
Genau wie Lex vorher, ließ sich Ivan von der Menge feiern. Dabei sah er zu uns herunter und lächelte in meine Richtung. Ich feuerte ihn an, ließ mich von meiner Leidenschaft mitreißen und stand applaudierend auf. »Ja, zeig´s ihm, Ivan!«
Ivan musste mich gehört haben. Er zwinkerte und warf mir einen Boxhandschuhkuss zu.
Matt schüttelte den Kopf. Ich wollte noch etwas sagen, doch dann ging der Kampf schon los.

***

Zuerst sah es für meinen Mann nicht so gut aus. Lex prügelte heftig auf ihn ein, doch nicht lange und Ivan kam richtig in Fahrt und nahm seinen Kollegen in die Mangel. Die Schläge knallten durch das Zelt.
»Ich kann mir nicht vorstellen, dass das wirklich echt ist. Die tun bestimmt nur so«, sagte ich.
»Das ist alles einstudiert und genau geplant. Sie müssen den Leuten für ihr Geld schließlich auch etwas bieten.«
Ich war froh, dass Matt mir recht gab. Die Schläge, die die beiden einstecken mussten, waren gefaked.

Alles wurde mit Spezialeffekten untermalt und im Grunde schauspielerten die Kämpfer. Da niemand wirklich verletzt wurde, gab es für mich keinen Grund, meinen Kämpfer nicht begeistert anzufeuern.
Schneller als erwartet ging Lex schließlich zu Boden - er hatte den Kampf verloren. Die Menge schrie und applaudierte für den Gewinner Ivan.
Ich stand auf, feierte meinen Sieg und klatschte begeistert mit.
Auch Matt war aufgestanden und klatschte anerkennend, bis ihm jemand auf die Schulter klopfte.
»Hals- und Beinbruch!«, rief ein Mann, der eine Reihe hinter uns stand. Ein weiterer Mann tätschelte Matt und rief ihm irgendwelche Siegeswünsche zu.
Ich verstand nicht, was das zu bedeuten hatte, noch bevor Matt zu mir schauen konnte, wurde er von zwei großen und breiten Männern bedrängt.
»Du bist dran!«, rief der eine und hielt ihn am Oberarm fest.
»Was? Wie meinen Sie das?« Matt blickte fragend zu mir und wieder in die Gesichter der Typen.
»Dein Kampf beginnt und jetzt rauf mit dir! Ivan wartet nicht gerne.«
»Was? Aber ...«

Der Typ schaute finster und als Matt immer noch nicht verstand, zeigte er auf die Bank.
Mir dämmerte Böses. Mit schwarzer Schrift stand auf der Sitzfläche ›Herausforderer‹.
»Das ist ein Missverständnis! Ich kämpfe nicht«, wehrte sich Matt. Doch die beiden Männer ließen sich von seinem Einwand nicht beeindrucken. »Das spielt keine Rolle. Wer sich dort hinsetzt, der kämpft. Steht auf dem Ticket.«
Die Leute wurden langsam unruhig und fingen an, ihren Kampf zu fordern. Matt fummelte nervös unsere Wettscheine aus der Tasche und suchte das Kleingedruckte.
»Ich kann das nicht. Ich bin kein Kämpfer«, rief er verzweifelt aus und versuchte, sich aus der Affäre zu ziehen.
»Das sagen sie alle. Willst du etwa vor deiner Freundin und dem Publikum als Waschlappen dastehen? Und jetzt rauf mit dir!« Sie packten Matt an beiden Armen und zogen ihn hinauf zur Arena, als wäre er ein Fliegengewicht.
»Verdammte Scheiße!«, entfuhr es mir erschrocken. Was sollte ich tun? Ivan würde Hackfleisch aus Matt machen. Mein Magen zog sich zusammen und ich bekam Angst.
Als Matt im Käfig stand und immer wieder versuchte das Missverständnis aufzuklären, lief ich

zum Käfigrand und rief nach ihm. »Matt! ... Matt!« In dem Getöse war es ein Wunder, dass er mich hörte, aber er lief aufgeregt zu mir.
»Was soll ich tun?«
»Matt, hör zu. Erinnerst du dich, worüber wir vorhin gesprochen haben? Das ist nur Show! Also spiel mit und nach einer Minute lässt du dich einfach ohnmächtig zu Boden fallen, dann ist es vorbei.«
»Meinst du?«
»Ja, versuch es einfach.«
»Okay, ich mach´s!« Er nickte und schon wurde er wieder von den Typen gepackt. Sie beförderten ihn zur Mitte des Rings.
Oh Gott! Mit weichen Knien und einer mächtigen Portion Schiss sah ich dem Treiben im Käfig zu. Ich beobachtete Matt, wie ihm sein Shirt aus- und Boxhandschuhe angezogen wurden. Er wirkte gegen Ivan schmächtig und untrainiert, doch schlug mein Herz eindeutig für ihn. Vorüber waren die Sympathien für Ivan. Ich wollte, dass Matt da heil herauskam. Und wenn ihm doch etwas zustieß?

Kapitel 16
Matt

Ivan stand direkt vor mir, während der Schiedsrichter uns kurz die Regeln erklärte. Wir sahen uns in die Augen. Ich konnte noch nicht einmal schlucken, mein Mund war wie ausgetrocknet. Er war unglaublich groß und hatte Muskeln, von denen ich nur träumen konnte. Sein Blick lag ernst, ruhig und siegessicher auf mir.
Fuck! Was tat ich hier nur? Ich war nicht Rocky, der italienische Hengst, ich kam mir wie Donald, die Ente vor.
Ich blickte zu Lu, die zu uns hochsah. Doch Ivan hatte meinen Blick bemerkt und linste ebenfalls zu ihr. Dann grinste er dämlich. »Wenn ich gewinne, gehört die Kleine heute Nacht mir.«
Was? Der Kerl hatte wohl nicht mehr alle Tassen im Schrank! Ich ignorierte sein Geschwätz.
»Die Schlampe wird schreien vor Glück, wenn ich es ihr besorge.«
Noch einmal sah ich zu Lu. »Einen Dreck wirst du tun«, knurrte ich und spürte, wie das Adrenalin durch meine Adern peitschte und die anfängliche Unsicherheit wich.
»Wir werden sehen!«

Ich schnaubte verächtlich. Wenn das ein Versuch war, mich sauer zu machen, dann hatte er es geschafft.
Da ertönte auch schon die Glocke, die Menge schrie begeistert auf.
Ivan tänzelte locker und in einem gleichmäßigen Rhythmus vor mir her. Ich tat es ihm nach, hielt meine Fäuste angewinkelt vor mir, wie ich es aus dem Fernsehen kannte. So hüpften wir mehr oder weniger ein paar Runden im Kreis, bis Ivan langsam auf mich zu kam.
Er holte aus, sein roter Boxhandschuh knallte auf mein Kinn. Der Schlag traf mich so heftig, dass mein Blick ins Wanken geriet, ich Sternchen sah und sofort zu Boden sank.
Die Menge kreischte und ich brauchte einen Moment um mich wieder zu fangen. Binnen Sekunden spürte ich den Schmerz, der sich in meinem gesamten Gesicht ausbreitete. Jetzt war mir klar, dass dieser Kampf kein Fake war.
Der Schiedsrichter begann mich anzuzählen und im Augenwinkel bemerkte ich, wie Ivan auf die andere Seite des Rings hüpfte. Er ließ sich von der Menge feiern und blieb schließlich bei Lu stehen. Er sagte etwas zu ihr, was ich aber nicht hören konnte.
Von Wut getrieben, riss ich mich zusammen, stand auf und lief Richtung Ivan. Zwar torkelte ich, aber je

mehr Sekunden vergingen, desto klarer wurde ich wieder. Ivan drehte sich zu mir um, diesmal schlug ich so schnell und so hart ich konnte, zu und traf ihn tatsächlich. Ich holte nochmals aus und schlug in sein verdutztes Gesicht. Lu kreischte auf vor Begeisterung, doch zu schnell hatte Ivan sich von dem Angriff erholt.
Meinen nächsten Schlag wehrte er ab und verpasste mir mehrere kleine Haken. Ich verlor das Gleichgewicht und fiel ein weiteres Mal. Inzwischen schoss der Schweiß aus meinen Poren, ich atmete schwer, während Ivan noch frisch vor mir her tänzelte. Mein Gesicht brannte wie Feuer und ein Auge schwoll an.
Eigentlich war diese Sache unfair und aussichtslos, aber ich wollte vor Lu nicht wie ein Versager dastehen.
Ein letztes Mal riss ich mich zusammen, mobilisierte alle Kräfte, die ich noch hatte und tänzelte, wenn auch unkoordiniert, zu Ivan.
Er gab mir etwas Zeit und wieder belauerten wir uns gegenseitig. Das Gehüpfe gab mir einen kleinen Aufschub, jedoch nicht lange. Ivan griff wieder an, doch diesmal erahnte ich die Richtung seines Schlages und konnte rechtzeitig ausweichen.
»Du lernst schnell, aber jetzt bringen wir es zu Ende«, sagte er und drängte mich in die Ecke. Er

schlug nicht so hart wie vorher, aber dafür verpasste er mir viele kleine Hiebe.
Keine Ahnung, woher ich die Kraft nahm, aber ich schaffte es, ihn von mir zu schubsen, traf ihn so, dass er ins Straucheln geriet. Jetzt musste ich meine Chance nutzen, ballte meine Faust und schlug mit aller Kraft zu.
Die Leute tobten, als mein Gegner tatsächlich zu Boden ging. Lu hüpfte vor Aufregung am Ring hin und her, doch der Kampf war noch nicht vorüber.
Ivan schüttelte mehrmals den Kopf, bis er sich erholt hatte, dann stand er mühelos auf und kam direkt auf mich zu.
»Das hättest du lieber nicht tun sollen.« Er schlug noch einmal kräftig und hart zu, sodass ich wie ein nasser Sack umfiel. Der Schiedsrichter begann zu zählen und ich ließ es einfach geschehen.
»Fünf ... vier ... drei ... zwei ... eins ... AUS!« Die Leute hatten einen Sieger und feierten ihn gebührend.
Es war vorbei - Gott sei Dank! Erleichterung durchströmte mich. Völlig erschöpft blieb ich liegen. Sollten sie doch ihren Helden feiern.
»Na komm schon! Steh auf, du hast ganz gut durchgehalten.« Ivan streckte mir seine Hand entgegen. Sollte das ein Scherz sein oder was?
Ich schlug sie aus. »Verpiss dich!«

»Hey, nicht so feindselig. Deiner Freundin tue ich nichts, ich wollte dich nur heißmachen, sonst hättest du wahrscheinlich gar nicht mitgemacht, oder?«
Wieder streckte er mir seine Hand entgegen. »Das war nur Show, nichts für ungut.«
Schließlich nahm ich sie an und ärgerte mich. Wie konnte ich nur auf diese bescheuerte Masche hereinfallen?
Der dickbäuchige Mann klopfte mir auf die Schulter und gab mir mein Shirt zurück. »Gut gemacht, aber leider verloren.« Er grinste blöd, am liebsten hätte ich ihm meine Faust ins Gesicht geschlagen, doch die fühlte sich wie Blei an.
Man entließ mich aus der Arena.
»Bitte applaudiert für unseren Herausforderer«, rief der Kommentator ins Mikrofon. Doch ich wollte einfach nur raus hier.

***

»Matt! Oh Gott, Matt!« Lu empfing mich. »Es geht schon, lass uns hier ganz schnell verschwinden.«
Während wir aus dem Zelt liefen, zog ich mein Shirt wieder an. Jeder Knochen tat weh und ich wollte lieber nicht in einen Spiegel sehen. Mein Gesicht fühlte sich geschwollen an. Die Lippe schien

aufgeplatzt, und ich schmeckte den metallischen Geschmack von Blut.
»Es tut mir so leid, Matt«, sagte Lu. Sie half mir, das Shirt über den Rücken zu ziehen. »Schon gut, ich will einfach nur gehen, bitte!«
Sie sagte keinen Ton mehr, bis wir schließlich am Transporter ankamen.
Erschöpft ließ ich mich auf den Beifahrersitz sinken.
»Ich bin gleich wieder da.« Bevor ich etwas sagen konnte, war sie schon verschwunden. Ich lehnte mich zurück und schloss meine Augen.
Was für ein Wahnsinn! Wenn ich genau darüber nachdachte, war dieser Kampf völlig verrückt. Egal, jetzt war es vorbei, ich würde diesen Tag in meinem ganzen Leben nicht mehr vergessen können.
Ivan war natürlich besser trainiert gewesen als ich, es war offensichtlich, dass er gewinnen würde. Wie konnte ich mich nur so von ihm provozieren lassen? Mir hätte klar sein müssen, dass sich Lu niemals auf diesen Typen eingelassen hätte.
Die Beifahrertür wurde aufgerissen. »Hier, trink!«, sagte Lu und hielt mir einen Plastikbecher mit Bier hin.
»Bier?«
»Es gab leider nichts anderes auf die Schnelle. Aber einen Eisbeutel konnte ich noch auftreiben. Den kannst du dir auf dein Auge halten.«

»Sehe ich so schlimm aus?« Ich klappte die Sonnenblende herunter und betrachtete mich in dem kleinen Spiegel.
Mein linkes Auge fing an, sich zu färben und meine Lippe war tatsächlich aufgeplatzt. Ein klein wenig Blut lief mir aus dem Mundwinkel.
»Es fühlt sich schlimmer an, als es aussieht«, sagte ich, nahm ihr den Eisbeutel und das Bier ab.
»Trotzdem sollte Andy einen Blick darauf werfen, wenn er zurückkommt. Fühlst du dich stark genug, um die Lieferung noch abzuholen?«
»Ob ich mich stark genug fühle, dich wieder in diesen merkwürdigen Schuppen zu lassen? Ich bin gerade meinem sicheren Tod von der Schippe gesprungen, natürlich fühle ich mich stark genug!«
»Matt, das ist nicht witzig. Wir können auch erst zurückfahren.«
»Nein, schon gut. Los, lass uns die Sachen abholen.«
Lu fuhr los, ich kühlte meine Schwellung und trank das Bier. Tatsächlich konnte ich mich etwas entspannen, fühlte mich ein wenig besser.
Als wir wieder in dieser abgelegenen Gegend waren, parkte sie an der gleichen Stelle.
»Bleib diesmal einfach hier sitzen und ruhe dich weiter aus. Ich hole nur eben die Kartons, bin gleich wieder zurück.«

Schon stieg sie aus. Sie wollte meine Widerworte nicht hören, beeilte sich und schlug die Tür zu. Müde sah ich ihr nach, wie sie wieder in dem Laden verschwand.
Na gut! Ich würde sitzen bleiben, aber nur weil ich wirklich fertig war.
Minuten verstrichen und meine Blase machte sich bemerkbar. Ich sah mich um. Niemand war auf den Straßen, nicht weit vom Transporter entdeckte ich ein Gebüsch.
Nachdem meine Blase entleert war und ich unseren Wagen wieder erreicht hatte, kam Lu bepackt wie ein Esel mit mehreren Kartons aus dem Laden gestolpert.
Ich fing sie auf, dabei fielen ein paar Schachteln zu Boden, etwas klirrte und schepperte.
»Hey, warum läufst du nicht zweimal oder sagst etwas? Dann hätte ich dir helfen können.«
»Verdammter Mist!«
Sie öffnete die Hintertür des Wagens und stellte die Kartons auf der Ladefläche ab.
»Setz du dich lieber, bevor du mir noch umkippst.«
»Warum sollte ich umkippen? Ich fühle mich schon besser. Was ist denn das für ein Zeug? Ich dachte, wir holen Futter ab!«
Neugierig hob ich ein paar Kartons vom Boden auf und sah sie mir genauer an. Nichts war aufgedruckt,

kein Firmenname und auch keine Artikelnummern oder so etwas in der Art. Merkwürdig!
»Keine Ahnung, Andy hat die Sachen bestellt«, sagte sie und nahm mir sofort die Schachtel aus der Hand. Sie war nervös.
»Setz dich einfach in den Wagen.« Gereizt nahm sie meinem Arm und führte mich zur Beifahrerseite.
»Bin gleich wieder da, ich muss nur noch einen Karton holen, dann sind wir hier weg.«
Ich runzelte die Stirn. Sie wusste genau, was in den Kartons war und wollte auf keinen Fall, dass ich mir unsere Ladung genauer anschaute. Es war offensichtlich, dass sie etwas vor mir verbarg.
Mein Blick lag auf ihren zitternden Händen. Als sie dies bemerkte, versteckte sie die Arme hinter ihrem Rücken.
Mit zusammengekniffenen Augen musterte ich sie.
»Was verheimlichst du mir?«
»Nichts!«
»Du bist eine sehr schlechte Lügnerin, Lu!«
Sie verdrehte die Augen. »Hör auf zu spinnen, Matt. Ich hole jetzt den letzten Karton, du bleibst hier sitzen.«
Sie wartete gar nicht erst darauf, dass ich etwas erwiderte, sondern verschwand einfach.
In meinem Kopf spielten sich tausend Möglichkeiten ab. Illegale Substanzen, Waffen oder Drogen. Ich

konnte die Ungewissheit nicht länger ertragen, stieg aus und öffnete den Laderaum. Mit klopfendem Herzen und mit der Hoffnung, dass ich mich irrte, riss ich den ersten Karton auf. Als ich den Inhalt vor mir liegen sah, war ich erstaunt - die Sache mit der Hoffnung erstarb. Ich durchsuchte weitere Kartons und fand darin Taschenlampen, dunkle Tarnanzüge mit Sturmmasken, mehrere Dosen Pfefferspray, eine Waffe mit der dazugehörigen Munition und weiteres Werkzeug. Im letzten Karton entdeckte ich Handgranaten. Mir stockte der Atem. Was um Himmels willen hatten sie vor?

***

Mein Instinkt hatte mich diesmal nicht im Stich gelassen, von Anfang an hatte ich gewusste, dass irgendetwas faul war.

Lu kam aus dem Laden und blieb mitten in der Bewegung stehen, als sie mich bemerkte. Unsere Blicke trafen sich.

Ich war so enttäuscht von ihr, hatte aber auch Angst um sie. »Wieso, Lu?«

Sie senkte ihren Blick, damit ich ihre Scham, von mir erwischt worden zu sein, nicht sehen konnte. Ihre Wangen färbten sich rot. Langsam kam sie auf mich zu und stellte den Karton in den Laderaum.

»Warum, Lu? Wieso tust du das?«
»Was tue ich denn?«, gab sie sich schnippisch.
»Jetzt tu bloß nicht so unschuldig. Du weißt ganz genau, was ich meine!«
Sie zeigte mir weiter die kalte Schulter, verschloss die Türen des Transporters und wollte zur Fahrerseite laufen.
Oh nein! Sie würde mich nicht so einfach stehen lassen! Schnell hielt ich sie an ihrem Arm fest.
»Rede endlich mit mir!«, presste ich zwischen zusammengebissenen Zähnen hervor.
»Lass mich sofort los, du tust mir weh!«
Als ich nicht gleich reagierte, riss sie sich von mir los, lief zur Fahrerseite und stieg ein. Mir blieb nichts anderes übrig, als ebenfalls einzusteigen. Sie wäre sonst sicherlich dazu imstande, ohne mich loszufahren.
»Du sagst mir jetzt sofort, was ihr vorhabt.«
Hektisch startete sie den Motor und fuhr vom Parkplatz. »Wieso konntest du nicht einfach auf mich hören und sitzen bleiben?« Sie gab zu viel Gas, sodass der Motor laut aufheulte, als sie anfuhr.
»Das ist keine Antwort auf meine Frage, Lu!«
»Je weniger du weißt, desto besser, okay?«, schrie sie mich an.

Wieso verstand diese Frau nicht, dass ich sie nur beschützen und vor weiteren Fehlern bewahren wollte?
»Was plant ihr? Für was braucht ihr diese Waffen? Wollt ihr jemanden umbringen?«, schrie ich zurück.
»Du willst wissen, was wir planen? Okay, ich sage es dir, aber du wirst mich nicht davon abbringen können. Wir werden Tiere befreien. Und nein, wir werden niemanden dabei töten.«
Das war mir schon klar gewesen, aber wofür brauchten sie dann Handgranaten und eine Pistole?
»Hallo? ... Lu, ist dir eigentlich klar, für was man Handgranaten verwendet?«
»Keine Ahnung, Andy hat sie bestellt«, gab sie zu.
»Ich kann es nicht glauben! »Dann war die Liebe zu Morten nur eine Ausrede, um hier herzukommen und die Tiere zu befreien?«
»Morten war zu keinem Zeitpunkt eine Ausrede. Es war abgemacht, dass die anderen die Aktion auch ohne mich durchziehen.«
»Und warum wolltest du unbedingt, dass ich mit dir hierherkomme? Es wäre doch einfacher gewesen, wenn ich tatsächlich nach Hawaii geflogen wäre.«
Sie fuhr aus der Stadt, immer noch mit erhöhtem Tempo. Wir hatten Glück, dass wir nicht von einer Streife gesichtet wurden.

»Zu diesem Zeitpunkt wusste ich ja noch nicht, ob ich dir vertrauen konnte. Wenn ich allein nach Louisiana geflogen wäre, hättest du doch sicher meinen Vater informiert.«

Also war ich nur Mittel zum Zweck für sie. »Ich kann nicht glauben, wie durchtrieben du bist. Hast du mir die letzten Tage auch etwas vorgespielt?«

»Nein! Das habe ich nicht, aber das spielt jetzt auch keine Rolle mehr. Wir werden diese Tiere befreien, und wenn du das nicht akzeptieren kannst, Matt, dann ...«

»Dann?«

Sie schwieg - und das für den Rest der Fahrt.

Ich konnte immer noch nicht glauben, dass sie durch ihre vergangenen Aktionen nichts gelernt hatte. Ein Stück weit konnte ich sie ja verstehen. Aber das, was sie alle vorhatten, war gefährlich.

Täglich passierten so viele ungerechte Dinge auf der Welt, die meisten davon waren grausam und schrecklich.

Als wir das Blockhaus erreichten, stieg ich wortlos aus, schlug die Tür hinter mir zu und machte mich auf den Weg in mein Zimmer. Am besten, ich packte meine Sachen und verschwand von hier. Ach, und falls mir auf dem Weg dorthin Andy begegnen würde, dann würde ich genau die gleichen Boxhiebe für ihn verwenden, die ich heute hatte einstecken müssen.

»Matt ...«, rief mich Lu, doch ich reagierte nicht.

Kapitel 17
Matt

Die Herren des Hauses hatten Glück, dass sie beide noch nicht zurück waren. Ich vermutete, dass Lu zu Morten ging. Aber um ehrlich zu sein, war es mir egal.

Ich ging duschen, brauchte dringend eine Abkühlung. Anschließend packte ich meine Sachen zusammen.

Heute würde ich keinen Flug mehr bekommen, aber gleich morgen früh wollte ich zum Flughafen.

Nach einer Stunde konnte ich immer noch kein Auge zumachen, lag auf dem Rücken im Bett und starrte an die Decke.

Lu war mir in der Zwischenzeit sehr wichtig geworden, ich sah sie in Gefahr, das verursachte mir eine Scheißangst.

Ihre Liebe zu den Tieren konnte ich verstehen, für ihre Leidenschaft und Hingabe bewunderte ich sie. Aber warum begriff sie nicht, dass sie gegen Windmühlen ankämpfte? Die ganze Welt nahm das Schicksal von hungernden Kindern, Kriegen, Sklaverei, Folter und so vielen Grausamkeiten hin. Jeder wusste das und die Wenigsten taten etwas dagegen. Da konnte eine kleine süße Pummelelfe auch nichts ändern. Sie wollte die Welt verbessern,

doch so einfach funktionierte das nicht - nicht so! Verdammt! Was hinderte mich daran, von hier zu verschwinden? Ich kannte die Antwort längst, auch wenn ich sie mir nicht eingestehen wollte - zu tief waren meine Gefühle.
Es war bereits dunkel geworden und im Haus vernahm ich Dimis und Andys Stimmen. Wahrscheinlich wussten sie nun, dass ich hinter ihr Geheimnis gekommen war.
Ich setzte mich und horchte, konnte aber nichts verstehen. Entschlossen stand ich auf und stieg die Treppen zu ihnen hinunter.
»Was will er schon dagegen unternehmen?«, hörte ich Andy sagen.
»Ich weiß nicht, aber wir können es nicht darauf ankommen lassen«, meinte Anna, als sie mich die Treppen hinunter kommen sah.
Andy stand vom Esstisch auf und drehte sich zu mir. Sie alle saßen zusammen und starrten mich an - nur Lu nicht. Ihr Blick war gesenkt, sie sah ins Leere.
»Anscheinend, komme ich gerade richtig«, sagte ich in ruhigem Ton, lehnte mich gegen die Wand und verschränkte meine Arme. Ich war wirklich gespannt, wie sich das Gespräch entwickeln würde.
»Wie siehst du denn aus?«, fragte Anna.
Verdammt! An meine Verletzungen hatte ich gar nicht mehr gedacht. Aber jetzt, als Anna davon

sprach, spürte ich die Schwellungen und die Blessuren wieder.
»Lange Geschichte, sind nur ein paar Kratzer. Nicht so schlimm!«
»Das sieht aber gar nicht gut aus. Du solltest dringend eine Salbe draufmachen.« Sie klang besorgt.
»Wir haben andere Probleme als sein Gesicht, Anna«, mischte sich Andy ein und sah mich grimmig an.
Dimitri hob beschwichtigend seine Arme und stand auf. »Andy, lass es mich mal erklären. Matt, bevor du über uns urteilst, möchte ich dir etwas erzählen.«
»Na, auf die Erklärung bin ich wirklich gespannt.«
»Wir wissen, dass wir mit unseren Aktionen nicht viel erreichen. Wenn sie uns erwischen, bekommt meistens die Presse Wind davon. Und was tut sie? Sie berichtet darüber. Das heißt, sie schreiben einen Artikel, veröffentlichen vielleicht sogar ein Foto. Wir möchten die Menschen dazu bringen, darüber nachzudenken. Dann haben wir schon viel erreicht. Wir wollen niemandem schaden und schon gar nicht verletzen. Die Leute aufzurütteln und sie für diese Problematik zu sensibilisieren, ist unser Ziel, verstehst du?«

»Ihr erreicht damit überhaupt nichts, außer dass ihr euch Ärger einhandelt«, sagte ich grimmig. »Ihr bringt euch mit solchen Aktionen in Gefahr.«
»Du täuschst dich. Wir haben schon vielen Tieren geholfen und konnten damit auf verschiedene Probleme aufmerksam machen. Es gibt mittlerweile einige Leute, die uns unterstützen und helfen.«
»Ihr könnt das alles nicht verharmlosen, denn ich habe die Waffen und die Munition gesehen. Wenn ihr wirklich nur die Tiere befreien wollt, für was braucht ihr dann Waffen - mal ganz abgesehen von Handgranaten?«
»Jetzt habe ich aber genug«, brüllte Andy auf einmal los und knallte seine Handfläche auf den Tisch. Sogar Anna und Lu zuckten erschrocken zusammen. »Dieses ganze Gequatsche bringt doch nichts. Rede nicht länger um den heißen Brei, Matt. Sag schon, was du haben willst.«
Ich runzelte die Stirn. »Was ich haben will?«
»Ja, du hast doch bestimmt einen Preis.«
Der Kerl glaubte doch wirklich, ich wäre käuflich.
»Pff ...! Mir geht es doch nicht um Geld! «
»So, um was dann? ... Ach so, jetzt verstehe ich, du willst sie.« Er nickte in Lus Richtung.
»Ich will, dass du sie in Ruhe lässt.«
»Ach, und wenn sie aber von mir nicht in Ruhe gelassen werden will?«, fauchte Andy mich an.

»Hört auf, alle beide. Niemand zwingt mich dazu, Matt. Ich tue das aus freiem Willen und Andy, hör auf Matt als einen Feind zu betrachten.«
Andy sah von mir zu Lu. »Fakt ist, du kannst nichts dagegen unternehmen - morgen wird unsere Befreiungsaktion starten, ob dir das passt oder nicht. Keiner zwingt dich hierzubleiben, du kannst jederzeit gehen.« Andy sah mir in die Augen. Er war fest entschlossen, es durchzuziehen und ich spürte, wie machtlos ich dagegen war. Er wandte sich ab und verließ das Wohnzimmer.
Die anderen sahen schweigend zu mir. Was konnte ich tun? Verzweifelt überlegte ich hin und her.
»Wenn alle immer nur zu sehen, und keiner bereit ist, zu handeln, dann wird sich nie etwas verändern«, sagte Lu. Ihre Augen hatten einen klaren und festen Ausdruck. Sie war davon völlig überzeugt und ich spürte ganz deutlich, dass ich sie niemals umstimmen konnte. Es war wie eine Mauer, gegen die ich anrannte.
Es herrschte absolute Ruhe im Wohnzimmer. Alle Augen waren auf mich gerichtet. Sie warteten auf etwas, aber das konnte ich ihnen einfach nicht geben - mein Einverständnis.
Wortlos zog ich mich zurück, stieg die Stufen wieder hinauf in mein Zimmer. Ich brauchte Abstand und Zeit zum Nachdenken.

***

Ich trat ans Fenster, starrte auf die Wiese, auf der Mr. Porter und ein paar Pferde in der Dunkelheit grasten. Der Mond schien silbern auf die Tiere und ließ sie wunderschön erscheinen. Die Ranch war für viele Lebewesen der letzte Zufluchtsort. Ich bewunderte das Engagement von Lu und den anderen. Doch die geplante Aktion brachte dies alles in Gefahr. Nicht der Gedanke, die Tiere zu befreien, störte mich, Nein, nur die Waffen, die sie sich dafür angeschafft hatten - war das wirklich nötig?
Meine Gedanken wurden von einem leisen Klopfen an meiner Tür unterbrochen.
»Matt, ich bin's! Darf ich reinkommen?«
Ich öffnete die Tür.
Verlegen stand Lu vor mir, hielt ein Tablett in ihren Händen und sah mich mit ihren warmen braunen Augen an. »Ich ... würde gerne deine Wunden versorgen.« Meine Wut verrauchte, bei ihrem Anblick empfand ich jetzt diese süße Wärme. Wortlos ließ ich sie eintreten.
»Du grübelst hier im Dunklen?« Sie schaltete die kleine Lampe ein und sofort wurde das Zimmer in einem weichen Licht erhellt.

Das Tablett stellte sie auf dem Nachttisch ab.
»Komm setz dich aufs Bett, dann sehe ich mir deine Verletzungen näher an.«
Ich tat, was sie von mir verlangte und setzte mich.
Sie nahm mein Kinn, lenkte es zum Licht, um mein Gesicht genauer betrachten zu können. In dem Moment war sie mir so nah. Ich durfte ihr nicht in die Augen sehen, also starrte ich an ihr vorbei, sonst würden sich meine Vorbehalte wie Brausepulver in Wasser auflösen.
Sie nahm ein Fläschchen und einen Wattetupfer vom Tablett, tränkte ihn mit der durchsichtigen Flüssigkeit.
»Das wird ein wenig brennen, also nicht erschrecken.«
Behutsam tupfte sie die Stelle an meinem Auge. Es brannte unangenehm und ich wich bei der Berührung zurück.
»Schsch, ... ist gleich vorbei«, flüsterte sie hoch konzentriert. Ein sanfter Ausdruck umspielte ihre Augen, ich hatte das Gefühl, dass auch sie nicht mehr sauer auf mich war.
»Ich habe Angst um dich«, gestand ich in die Stille hinein und wartete auf ihre Reaktion.
Sie hielt mitten in der Bewegung inne. »Ich weiß, Matt, aber das brauchst du nicht. Ich passe immer auf mich auf.«

Sie tupfte weiter.
»Fertig«, sagte sie, legte den Wattebausch beiseite und betrachtete nochmals mein Gesicht. »Wo hast du noch Schmerzen?«
Ich deutete auf mein Herz.
»Auf der Brust? Lass mal sehen.« Sie ging auf die Knie und zog mir neugierig das Shirt über den Kopf. Nichts war zu sehen, keine Rötung, keine Aufschürfung, keine Verletzung. Als sie bemerkte, dass ich nicht vom körperlichen Schmerz gesprochen hatte, sah sie mich an. Überraschung und Aufregung lagen in ihrem Gesicht.
Langsam beugte sie sich zu mir vor und küsste liebevoll den Punkt auf meiner Brust, berührte ihn sanft mit ihren Lippen. Dann lehnte sie sich wieder zurück. »Besser?«, fragte sie flüsternd.
Langsam schüttelte ich mit dem Kopf und deutete auf mein Kinn. Abermals beugte sie sich zu mir und küsste die Stelle.
Mein Zeigefinger wanderte zu meinem Mund. Sie hielt inne, küsste meine Lippen - zart und kurz.
Ich erwiderte ihre Berührung.
Sie wich wieder ein kleines Stück zurück, und wir sahen uns in die Augen. Ich verlor mich in ihrem Blick, spürte die Lust so intensiv in mir hochwallen, dass ich den Atem anhielt, um nicht zu seufzen.

In diesem Augenblick gab es nichts, nur sie und mich und dieses unbändige Verlangen ihr noch näher kommen zu wollen.
Ihre Hände legten sich um meinen Hals, sie lehnte ihre Stirn an meine. So verharrten wir ein paar Sekunden - hielten unsere Augen geschlossen, fühlten die Wärme des anderen. Meine Gefühle spielten verrückt und immer tiefer zog mich Lu in ihren Bann.
»Lu, meine mutige, süße, bezaubernde Lu ...«
Ich presste sie an mich und zog sie in meine Arme. Berauscht von ihrem Duft, vergaß ich alles um uns herum. Sie machte mich süchtig, gierig - ich wollte mehr.
Ich küsste ihren Hals, fuhr mit den Lippen hinab bis zu ihren Schultern, berührte und schmeckte sie mit meiner Zunge.
Sie löste sich von mir. Erst glaubte ich, sie würde es beenden, doch dann begann sie, langsam ihre Bluse aufzuknöpfen. Ihre Augen nahmen einen vielsagenden Ausdruck an.
Mir stockte der Atem, als sie ihr Hemd vom Rücken gleiten ließ. Lu kniete in ihrem BH vor mir, sie sah mich fordernd und unschuldig an, stand auf, öffnete ihre Shorts und ließ sie von ihren Hüften zu Boden fallen.

Ich konnte es nicht erwarten, über ihre Haut zu streichen, sie zu berühren, mich vollends dem Gefühl hinzugeben, welches sie in mir auslöste. Meine Hand legte sich auf ihr Schlüsselbein, fuhr langsam zum Träger ihres BHs und streifte ihn hinunter. Sie öffnete ihn und ließ ihn fallen.
Sie war so wunderschön. Ich schluckte. Ihre Brüste waren perfekt. Sie stand direkt vor mir, ich hatte das süße Dreieck ihres Slips vor Augen. Mit meinem Zeigefinger malte ich kleine kreisende Muster auf ihre Haut, immer weiter bis zu ihrem Slip. Mit dem Daumen glitt ich darunter und zog sanft. Ich wollte sie nackt sehen. Sie ließ es geschehen und stieg aus ihrem Slip. Rücklings drückte sie mich in die Kissen und setzte sich auf mich.
Oh Gott! Was hatte sie vor?
Zärtlich und scheu küsste sie mich, dann wurde es wild und unbeherrscht. Unsere Zungen verschlangen sich, pure Leidenschaft lag darin. Ich warf sie auf den Rücken. Hilflos lag sie unter mir, ihre Handgelenke hatte ich fest im Griff. Atemlos sahen wir uns an. Mit meinen Küssen zeichnete ich eine Spur vom Hals zu ihren Brüsten. Ihre Knospen streckten sich mir entgegen, luden mich ein, daran zu kosten. Mit der Zunge fuhr ich darüber, was sie lustvoll aufstöhnen ließ. Ich saugte daran und biss zärtlich hinein. Lu wand sich unter mir, stöhnte.

Es war so wunderbar zu sehen, wie sie auf meine Berührungen reagierte. Gierig küsste ich ihren Bauch, arbeitete mich weiter bis zur Innenseite ihrer Schenkel und drückte sie leicht auseinander.
Langsam fuhr ich mit meiner Zunge über ihren Venushügel. Erwartungsvoll stöhnte sie auf und streckte mir ihre Hüften fordernd entgegen. Sie konnte es nicht erwarten, bis ich ihre empfindlichste Stelle liebkosen würde. Sie war so sexy, dass es mir wohlige Schauer über den Rücken jagte.
»Bitte, Matt ... lass mich nicht betteln«, flüsterte sie, was mich nur weiter antrieb, es noch etwas hinauszuzögern.
Ihre Hände krallten sich in meinen Haaren fest und ich wusste genau, was sie jetzt brauchte. Ich fuhr mit meiner Zunge über ihre Perle. Ein Schrei entfuhr ihr, als ich daran saugte. Ich spielte damit, neckte und kostete sie.
Noch niemals zuvor hatte ich eine Frau so in Ekstase erlebt! Und ich war der Mann, der ihr diese Wonne schenkte.
Ich leckte sie schneller - härter. Als sie kurz vor dem Höhepunkt stand, zog ich meine Zunge zurück - ein flehender Seufzer drang aus ihrer Kehle.
Langsam führte ich das Spiel weiter, drang mit meinem Finger in sie ein. Ihr Atem ging schwerer und ihre Hände krallten sich ins Bettlaken, als Lu

sich von den Wellen ihrer Lust bis zum Höhepunkt treiben ließ. Laut schrie sie meinen Namen.
Ein weiteres Zucken durchströmte ihren Körper, langsam ließ ich meine Zunge weiterkreisen. Ich sah zu ihr auf. Ihr Anblick war das Schönste, was ich je gesehen hatte. Zufrieden und leidenschaftlich sah sie mich an. Ein selbstsicheres Grinsen lag auf ihren Lippen. Sie wusste genau, wie hart ich war, drückte mich in die Kissen und setzte sich auf mich.
Mit kreisenden Bewegungen neckte sie mich.
Ich schluckte, mit meiner Beherrschung ringend.
Sie wusste genau, was sie tat. Endlich führte sie mich zu ihrer Öffnung, ließ mich aber noch nicht eindringen. Dabei schloss sie ihre Augen.
Ich liebte diesen Anblick. Mein Herz raste vor Anspannung, als sie mir endlich Einlass gewährte.
Langsam senkte sie ihre Hüften, bis ich sie vollkommen ausfüllte.
»Gott! Bist du eng!« Überwältigt von den Empfindungen, die über mich einbrachen, stöhnte ich laut auf. Unsere Blicke trafen sich, ich erstickte ein weiteres Stöhnen, als sie sich zu mir herunterbeugte und mich leidenschaftlich küsste.
Gleichzeitig bewegte sie ihre Hüften - langsam und in einem gleichbleibenden Rhythmus.
Das Tempo wurde schneller, ich legte meine Hände an ihre Taille und half ihr stärker zuzustoßen.

Ruckartig drehte ich sie auf den Rücken und übernahm die Führung.
»Schneller, Matt!«, stöhnte sie und warf ihren Kopf hin und her. Ich tat, was sie von mir verlangte, konnte mich sowieso kaum mehr zurückhalten. Hart und unnachgiebig stieß ich immer wieder in sie, bis sie laut stöhnte.
Wir kamen gleichzeitig, ich ergoss mich tief in ihr. Der Orgasmus katapultierte mich in eine andere Sphäre, ließ mich nichts anderes mehr wahrnehmen.

Kapitel 18
Matt

Wir brauchten beide eine Weile, bis unser Atem sich wieder beruhigt hatte. Ihre Haut war noch erhitzt und feucht. Sie hatte es wieder getan - mich so tief empfinden lassen, es war fast ein Schock für mich, überhaupt zu solchen Gefühlen fähig zu sein.
Sie hatte in mir eine Leidenschaft entfacht, derer ich mich niemals für fähig gehalten hatte. Mehr noch, wenn andere davon erzählten, hatte ich sie immer belächelt und es für Spinnerei gehalten.
Sie malte mit ihrem Finger kleine Muster auf meine Haut. »Matt?«
»Hm ...«
»Wirst du fortgehen?«
Fortgehen? Niemals! Ich wollte für immer mit ihr hier liegen bleiben. Schläfrig fuhr ich mir über das Gesicht. »Wieso?«
»Du hast gepackt.«
Ich hob den Kopf und blickte zu meinem Koffer, der darauf wartete, mit mir zum Flughafen zu verschwinden.
»Ich weiß nicht«, wich ich ihr aus, richtete mich auf und zog meine Boxershorts an.
Sie klemmte das Laken unter ihre Achseln und setzte sich auf.

»Versteh mich nicht falsch, Lu. Ich mache mir Sorgen. Ich kann deine Liebe zu den Tieren und deinen Gerechtigkeitssinn verstehen, aber ...« Weiter konnte ich nicht sprechen, dieses unangenehme Gefühl brach wieder in mir aus - Angst.
»Aber?«
»Ich wünschte, die Dinge wären anders. Dann wäre es einfacher zwischen uns.«
»Ja, ich weiß, was du meinst. Aber dann verschließen wir die Augen vor all diesen Problemen. Ich will, dass du verstehst, dass das meine einzige Chance ist, etwas zu bewegen. Wenn wir es nicht tun, wer dann?«
Ich nickte nachdenklich und gab ihr insgeheim Recht. Es wäre schwer für mich, sie gehen zu lassen.
»Seit ich dich kenne, hast du immer getan, was du wolltest, aber jetzt hat sich etwas geändert.« Ich legte mich neben sie.
»Ich fühle mich für dich verantwortlich, ich will dich beschützen und dich in Sicherheit wissen. Wenn du morgen da raus gehst und deine Tiere befreist, werde ich mir Sorgen machen - ich werde mir immer Sorgen um dich machen«, sagte ich nachdenklich.
»Das brauchst du nicht. Als Kind hätte ich einen Beschützer gebraucht, heute nicht mehr. Damals war ich schwach, aber ich habe daraus gelernt - bin daran gewachsen und stark geworden. Ich glaube, dass das

der Weg war, den ich gehen musste, um die zu werden, die ich heute bin.«
Wir schwiegen und sie kuschelte sich in meinen Arm. Es fühlte sich richtig und vollkommen an. Am liebsten hätte ich sie nie wieder losgelassen.
»Was ist, wenn die Flitterwochen vorbei sind? Wirst du dann mit mir kommen?«
Sie löste sich aus meinen Armen und setzte sich aufrecht hin. »Ich weiß, ich hätte schon längst mit dir darüber reden sollen, aber ich habe einfach Angst, dass ich Morten verlassen muss - weil ich das nicht kann.«
»Gibt es denn keine Möglichkeit, ihn in unserer Nähe unterzubringen? Dann könntest du ihn jeden Tag sehen und dich um ihn kümmern.«
Sie sah auf und blickte mich verwundert an. Ein erfreutes Lächeln schlich sich auf ihre Lippen. »Das wäre schon eine Option, aber einen Elefanten nach New York, geschweige denn nach Hinsdale bringen zu lassen, kostet eine ganze Stange Geld.«
Ich nickte, das war mir klar gewesen, aber das spielte für mich keine Rolle. Wenn ich Lu dazu bringen könnte, einen Kompromiss mit mir einzugehen, dann war ich auch bereit, einen solchen Transport zu bezahlen.
»Mach dir darüber keine Gedanken, wir finden eine Lösung.«

»Ich kann nicht glauben, dass aus dem Ekel Matt Baldwin ein echt cooler Typ geworden ist«, sagte sie lächelnd.
»Hey, ich war schon immer cool. ... Na ja, nicht immer, aber schon viel länger, als du glaubst«, lachte ich.
Lu legte sich wieder zu mir, als wäre es selbstverständlich, und schmiegte sich an mich. Ich genoss das Gefühl ihrer zarten Hand, welche ruhig auf meinem Bauch lag. Ihr Oberkörper hob und senkte sich langsam.
»Matt?«
»Hm ...?«
»Ich mag dich wirklich und ich bin froh, dass du hier bist«, sagte sie schläfrig.
Ich küsste ihre Stirn, drückte sie noch näher an mich und sog ihren Duft in mich ein. Eine tiefe Zufriedenheit überkam mich, bohrte sich fest in mein Herz und ließ mich erfüllt mit ihr einschlafen.

***

Als ich am nächsten Morgen aufwachte, war Lu verschwunden. Ich sah mich um und stellte enttäuscht fest, dass sie schon eine Weile mein Bett verlassen haben musste. Ihr Platz war kalt.

Mein Auge war blau und geschwollen, aber deutlich besser als gestern. Nur meine Lippen fühlten sich wie aufgeblasene Schlauchboote an. Nicht nur, weil ich mich gestern mit einem Jahrmarktboxer geprügelt hatte, sondern auch weil meine Lippen den Körper von Lu erkundet hatten. Die Erinnerung erregte mich und schon würde die morgendliche Toilette mal wieder ein Problem werden. Ich musste mir einfach abgewöhnen, an sie zu denken - und schon gar nicht morgens.
Als ich wenig später frisch geduscht die Treppen hinunterstieg, standen die vier Aktivisten um den Esstisch über eine Landkarte gebeugt und lauschten Andys Worten.
»Lu, du wartest auf mein Zeichen. Wenn ich ...«
Sie hörten mich die Treppen hinunterlaufen.
»Guten Morgen«, sagte ich in die Runde, wohl wissend, dass ich sie störte.
Sie grüßten zurück, behielten mich aber im Auge.
Ich ging zur Küche und bediente mich mit Kaffee.
Ihre Augen ruhten auf mir, während ich Zucker in meine Tasse tat.
»Lasst euch von mir nicht stören ... ich bin gleich weg.« Als wäre alles in bester Ordnung, trank ich den ersten Schluck und verließ das Haus. Ich wollte nichts von ihren Plänen hören, auch wenn es mich reizte herauszufinden, was sie vorhatten.

Noch fiel es mir schwer, mich an den Gedanken zu gewöhnen, aber ich tat es für Lu. Ich wollte ihr diesen Freiraum geben, auch wenn der Widerstand in mir weitertobte.
Ich trat über die Wiese und beobachtete Sky, wie er zusammen mit Greta über die Weide rannte. Trotzdem blieb das Fohlen immer in der Nähe seiner Mutter. Es war so friedlich hier und insgeheim bewunderte ich Andy. Was er hier geschaffen hatte, war ein kleines Paradies.
Mr. Porter schien es besser zu gehen. Er lief mir entgegen und blieb am Geländer stehen.
Kam er zu mir oder war Dimi mit Futter in der Nähe? Suchend sah ich mich um. Ich war allein. Vorsichtig trat ich zu ihm. »Guten Morgen, Mr. Porter. Na, alter Junge, wie geht es dir?«
Der Esel nickte mit seinem Kopf und schüttelte sich. Ich betrachtete das Tier. Eigentlich sah er recht niedlich aus, mit seinen langen Ohren und den weißen Flecken um seine Augen.
Zögerlich streckte ich ihm eine Hand entgegen. Ob er sich von mir berühren ließ? Vorsichtig trat ich noch näher an ihn heran und tatsächlich, ich konnte über sein Fell am Kopf streicheln. Ich schmunzelte und freute mich, dass ich ein winziges Stückchen meiner Angst vergessen konnte.

Durch sein Vertrauen wurde ich mutiger und streichelte großzügiger über sein Fell. Er schien es zu genießen.
Gott! Es war ein tolles Gefühl! Es bestärkte mich darin, über seine Nüstern zu streichen. Wie weich und flauschig er sich an dieser Stelle anfühlte!
Ich trat wieder ein Stück von ihm zurück und nahm einen weiteren Schluck von meinem Kaffee.
Mr. Porter wandte sich um und zupfte Gras. Da entdeckte ich an einem seiner Hinterläufe grässliche Narben. Sie waren zwar verheilt, doch deutlich konnte ich die rosa Stellen sehen, über die kein Fell mehr gewachsen war. Armer Kerl!
»So langsam wirst du mutiger!«, hörte ich Lus Stimme hinter mir. Hatte sie mich etwa beobachtet?
»Mr. Porter liebt es, gestreichelt zu werden«, sagte sie.
»Na ja, wer tut das nicht?«
Sie lachte und strich dem Tier über das Fell.
»Was sind das für Narben?«
»Das sind Brandnarben.«
»Stammt er auch aus einer ... Aktion von euch?«
»Ja, wir fanden ihn auf einem verlassenen Bauernhof. Er war halb verhungert und mit diesen Verletzungen übersät, die sich böse entzündet hatten. Greta fand ihn - wir hatten Glück, sonst hätte er nicht länger überlebt. Der Besitzer hat ihn einfach

mit einem Strick angebunden und seinen Hof verlassen. Er hätte keinen Tag länger durchgehalten.«
Wie schrecklich! Tiefes Mitleid überkam mich. »Wie kann man nur so ...« Ich fand keine Worte, die ausdrückten, wie fürchterlich ich das Schicksal von Mr. Porter fand. »Hat der Halter ihm diese Narben zugefügt?«
»Das wissen wir leider nicht, aber wir gehen davon aus. Leider konnten wir ihn nie ausfindig machen. ... Aber das Wichtigste ist, dass er überlebt hat und es ihm hier gut geht.«
Ja, hier ging es ihm wirklich gut. Und bei der Pflege, die er erhielt, konnte ich mir vorstellen, dass er vielleicht seine schlimmen Erlebnisse ein Stück weit vergessen konnte. Sandy wäre begeistert von ihm. Ich könnte sie mir hier gut vorstellen - selbst in ihrem Rollstuhl.
Eine Weile sah ich Lu dabei zu, wie sie mit Mr. Porter spielte. Sie hatte wirklich ein gutes Händchen für Tiere und so langsam begriff ich, wie tief ihre Liebe war. Die Geschichte von Morten und auch die von Mr. Porter stimmten mich nachdenklich und vielleicht sollte ich nicht so hart mit ihrem Vorhaben ins Gericht gehen. Wenn ich mir vorstellte, dass in diesem Augenblick viele Mortens oder ein paar Mr.

Porters misshandelt oder geschlagen wurden, überkam mich großes Mitleid.
Warum hatte ich mir vorher nie Gedanken darüber gemacht?
»Kommst du mit? Es ist Zeit für Mortens Futter«, fragte sie.
»Klar, warum nicht?«
Gemeinsam liefen wir zu seinem Stall.
»Wegen vorhin in der Küche ...«, wollte sie das Thema wieder aufnehmen.
Beschwichtigend hob ich meine Arme. »Sag mir nichts, Lu. Es ist in Ordnung und ich will so wenig Details wie möglich über euren Plan erfahren. ... Gerade beginne ich, mich an den Gedanken zu gewöhnen. Aber ... gib mir einfach noch Zeit.«
Sie strahlte über das ganze Gesicht. »Dann wirst du also hierbleiben und nicht nach Hause fliegen?«
Sie betörte mich mit ihrem Lächeln, ihrer frischen Art und ihrem Blick. »Nein!«, hörte ich mich sagen. »Ich werde bleiben, wenn Andy mich lässt.«
»Oh, da bin ich mir ganz sicher.«
Wir öffneten die Stalltür und traten ein. Sofort wurden wir mit einer Ladung Heu beworfen.
»Was für eine Begrüßung«, lachte Lu. »Guten Morgen mein Herz.«
Sie sah so bezaubernd aus mit dem Heu in ihren Haaren. Eine weitere Ladung Heu flog in meine

Richtung, aber ich war dem "Liebhaber" meiner Frau nicht böse, fand es sogar ganz amüsant. Es war charmant, wie der Elefant versuchte, auf sich aufmerksam zu machen.
Lu lachte und tätschelte ihn, während er mit seinen großen Ohren schlackerte.
»Komm her zu mir!« Lu streckte mir ihre Hand entgegen. Zögerlich ergriff ich sie.
Morten tastete mit seinem Rüssel mein Haar ab. Immer noch hatte ich großen Respekt vor ihm. Er war so riesig und stark.
Lu nahm seinen Rüssel und hielt ihn mir vors Gesicht. »Du musst hineinpusten!«
»Was?« Unsicher lachte ich auf. »Hinein pusten? Wieso?«
»Elefanten erkennen dich an deinem Geruch.« Sie machte es mir vor und blies sanft in seinen Rüssel. »Siehst du, so erkennt er dich und vergisst es sein Leben lang nicht mehr.« Stimmt, sie hatte es mir am See schon einmal erklärt. Sie drückte mir seinen Rüssel in die Hand. Ich wunderte mich, dass Morten so stillhielt. Dann tat ich, worauf die beiden warteten, und blies vorsichtig hinein.
»Gut gemacht!«, lobte mich Lu und auch Morten schien heute mir friedlich gesinnt zu sein. Ich sah zu ihm auf. Lange, buschige Wimpern umrahmten

seine Augen und plötzlich traute ich mich, ihn zu berühren.

Kapitel 19
Lu

Was war bloß los mit mir? Seit wann war ich so sentimental? Nie hätte ich gedacht, dass Matt mich so tief berühren würde. Die letzte Nacht hatte mir gezeigt, wie zärtlich und einfühlsam er sein konnte. Das mit Matt war keine schnelle Nummer - es war mehr, viel mehr. Und das machte mir Angst.

Ihn mit Mr. Porter und jetzt mit Morten zu sehen, zeigte mir, dass er es einfach nicht gewöhnt war, Tiere um sich zu haben. Er lebte in New York, war durch und durch Geschäftsmann. Er war der typische Bürohengst mit Anzug und Krawatte, einem großen Pflichtbewusstsein seiner Familie gegenüber und Plänen für die Zukunft - also das Gegenteil von mir.

Dennoch war ich dabei, mich ernsthaft in ihn zu verlieben. Ich mochte seine Gelassenheit, seine Art Problemen zu begegnen, und seinen Mut.

Es verblüffte mich, wie er für Morten eine Lösung suchte. Bei diesem Gedanken schlug mein Herz schneller. Nicht einmal mein Vater würde das für mich tun, obwohl er genau wusste, wie sehr ich an dem Dickhäuter hing.

»Heute Abend ist es so weit, oder?«, fragte er, ohne aufzusehen.

»Ja.« Wir sahen Morten dabei zu, wie er seinen Rüssel hin und her schwenkte.

»Darf ich dich noch eine Sache fragen?«

Ich würde ihm alles erzählen, aber das wollte er nicht und vielleicht war das auch besser so.

»Klar, was willst du wissen?«, fragte ich stattdessen.

»Mir ist eure Motivation klar, aber für was braucht ihr die Waffen? Ich meine ... Handgranaten? Wollt ihr ein Gebäude in die Luft sprengen?«

»Natürlich nicht! Dimitri ist ganz scharf auf die Dinger. Sie sind nicht für die Aktion geplant. Und die Pistole ... na ja ... Andy will auf Nummer sicher gehen. Aber darüber brauchst du dir keine Gedanken zu machen.«

Er schwieg und ich sah ihm an, wie er mit sich rang.

»Und wie lange werdet ihr fort sein? Und was tue ich in dieser Zeit?«

»Ich wäre dir sehr dankbar, wenn du hier warten würdest.« Er sah mich an.

»Weißt du eigentlich, wie schwer das für mich ist? Ich...«

Er machte sich tatsächlich Sorgen um mich. Mein Herz strömte über vor Glück. Ich hatte das Gefühl zu platzen, wenn ich diesem Kribbeln nicht nachgab. Ich warf mich an seine Brust und drückte meine Lippen auf seine. Sofort erwiderte er meinen Kuss, legte seine Arme um meine Hüften.

Ich war machtlos gegen die Flut von Gefühlen, die erneut auf mich einströmte. Hitze stieg in mir auf und ich presste ihn noch enger an mich. Unser Kuss wurde drängender und schürte das Feuer, dessen Glut von gestern Nacht noch übrig geblieben war. Ohne unseren Kuss zu beenden, hob Matt mich hoch und trug mich in eine Ecke, in der frisches Heu zu einem kleinen Berg angehäuft worden war. Sachte legte er mich ab. Sein Mund wanderte an meinen Hals, und das Feuer zwischen meinen Beinen loderte auf. Er lag halb auf mir und plötzlich unterbrach er seine Liebkosungen. »Versprich mir, dass du vorsichtig bist und zu mir zurückkommst«, flüsterte er heiser und rau vor Verlangen. Sein Blick lag auf meinen Lippen.

So berauscht von dem Gefühl, dass er mich wollte, war mein Hirn zuerst so verwirrt, dass ich kaum ein Wort herausbekam.

»Versprich es mir, Lucinda Godluc. Komm zu mir zurück.« Oh Gott! Er meinte es wirklich ernst.

»Versprochen«, flüsterte ich.

Zufrieden lächelte er, während ich die Augen schloss und mich seinen Zärtlichkeiten hingab.

Die Stunden vergingen und als Anna und ich am späten Nachmittag unsere Ausrüstung vorbereiteten, wurde ich dann doch nervös.

»Weiß Andy eigentlich von Matt und dir?«

Ich packte gerade unsere Rucksäcke und verteilte die Taschenlampen und die Funkgeräte. »Wovon soll Andy wissen?«
»Jetzt tu doch nicht so! Du bist über beide Ohren in diesen Bürohengst verknallt.«
Ich sah zu ihr auf. »So? Und woher willst du das wissen?« Ihr konnte ich einfach nichts vormachen.
»Süße, deine Blicke sprechen Bände«, lachte sie. »Aber ich freue mich für dich. Ich frage mich nur, wie das funktionieren soll?«
»Was soll wie funktionieren?«
»Na ja, du weißt schon... Er führt ein ganz anderes Leben als du. Außerdem liebst du deine Freiheit. Ich kann mir nicht vorstellen, wie du in einem Büro sitzt.«
Da musste ich ihr recht geben. Ich war nicht der Typ für diesen Job, den mein Vater mir aufbrummen wollte. Mit der winzigen Ausnahme, dass ich bis vor Kurzem noch eine Surfschule eröffnen wollte. Da gehörten Buchhaltung, Verkaufsgespräche und Beschaffungen natürlich mit dazu, aber das war etwas anderes. Ich hatte keine Ahnung, wie ich Godluc & Baldwin Industries mit Matt leiten sollte. Aber im Augenblick hatte ich ganz andere Probleme.
»Wir werden sehen. Das zwischen Matt und mir ist Neuland für mich. Und Andy geht das nichts an.«

»Hey, jetzt sei nicht zickig! Ich freue mich ja für dich. Du hast verdient, dass dich jemand so mag, wie du bist. Matt scheint nicht so spießig zu sein, wie ich anfangs dachte.«
Spießig? Ja, Matt war ein Schnösel, hin und wieder kleinkariert, überempfindlich, manchmal sogar zimperlich und ganz sicher gehörte er zu der Gesellschaft, die ich schon immer verabscheute. Aber ich hatte einen neuen und vollkommen liebenswerten Mann kennengelernt. Einen, der seine Schwester sehr liebte, einen Matt, der über seine Ängste und manche Schatten sprang. Einen, der mutig genug war, sich einem Boxkampf zu stellen, und einen zärtlichen Matt, der bereit war, mich zu nehmen, wie ich war.
Ich lächelte, als ich über meine Erkenntnis nachdachte.

***

Es herrschte Aufbruchsstimmung. Andy, Dimi, Anna und ich waren schon umgezogen. Wir trugen unsere dunklen Tarnanzüge, die Sturmmützen hingen an einem Gürtel, zusammen mit den Taschenlampen und den Funkgeräten.
Andy und Dimi brüteten noch einmal über der Landkarte, während Matt in einer Ecke stand und

das ganze Treiben still beobachtete. Ich glaubte, in seinen Augen die Abneigung gegen die Befreiungsaktion zu erkennen, jedes Mal, wenn sich unsere Blicke begegneten, lächelte er mich nachdenklich an.

»Gut, dann lasst uns die Uhren vergleichen und dann sollten wir uns langsam auf den Weg machen. Der Wachmann dreht genau um Mitternacht seine Runde«, sagte Andy.

Alle Uhren stimmten überein und Andy war der Erste, der seinen Rucksack schnappte, Matt kurz zunickte und nach draußen lief.

»Bis später, Matt. Wird schon schiefgehen«, sagte Dimi und lief mit Anna im Arm hinaus. Ich war die Letzte und wartete, bis Dimi und Anna das Haus verlassen hatten, bis ich meinen Rucksack nahm. Matt beobachtete mich. Ich spürte seine Blicke.

»Du siehst gefährlich aus.« Wieder lag dieses freche Grinsen, welches mir so gefiel, in seinem Gesicht.

»Ich bin gefährlich. Du solltest dich in Acht nehmen«, erwiderte ich kess und lächelte spitzbübisch. Draußen wurde der Transporter angelassen und Andy hupte ungeduldig.

»Zu spät! Ich bin dir längst verfallen.«

So ein Charmeur! Grinsend schüttelte ich den Kopf.

»Pass auf Morten und die Anderen auf, während wir fort sind.«

Er nickte. »Und du passt auf dich auf. Und jetzt geh schon, kleine Kriegerin.«
Wir lächelten uns an. Dann drehte ich mich um und schob die Tür hinter mir zu.
Dimi und Anna saßen schon im Innenraum des Transporters, als ich einstieg.
Andy sagte kein Wort, aber sein Blick, als ich endlich die Beifahrertür zuschlug, sprach Bände. Er spürte, dass etwas anders war.
Ich sah aus dem Fenster. Während der Fahrt versuchte ich, mich auf unser Vorhaben zu konzentrieren, doch Matts Spruch ›Zu spät! Ich bin dir längst verfallen‹, ging mir nicht aus dem Kopf. War das wirklich so oder nur ein weiterer Joke von ihm?
Ich riss mich zusammen und lenkte meine Gedanken mit dem Ablauf der Aktion ab. Mir war heiß in dem Anzug und ich kurbelte das Fenster hinunter. Kühle Fahrtluft erfrischte mein Gesicht.
Nach einer Stunde näherten wir uns der Gegend und fuhren durch eine kleine Ortschaft.
»Wir sind gleich da, gib den Zweien da hinten ein Zeichen.«
Ich klopfte kräftig gegen das Sichtfenster hinter mir. Rings um uns herum befanden sich nur Felder, ein Schotterweg und eine Wiese, die wir überqueren

mussten, um an den Zaun zu gelangen, hinter der sich das Gebäude befand.
Noch während wir heranfuhren schaltete Andy das Licht unseres Wagens aus, damit man uns nicht entdeckte. Wie geplant parkte er den Transporter etwas abseits des bewachten Grundstücks. Den Rest mussten wir ihn schieben, um nicht entdeckt zu werden. Leise stiegen wir aus und öffneten den Laderaum, damit Anna und Dimi aussteigen konnten.
Ich setzte mich ans Steuer, nahm den Gang heraus und wartete, bis Andy, Dimi und Anna den Wagen zu schieben begannen. Langsam lenkte ich den Lieferwagen zur Wiese. Als wir ein gutes Stück geschafft hatten, stoppte ich und stieg wieder aus.
»Das müsste reichen. Trotzdem müsst ihr darauf achten, die Gestelle so schnell wie möglich einzuladen. Fertig?«, wollte Andy von uns wissen.
Wir nickten konzentriert und zogen unsere Sturmmasken auf.
»Wir haben ab jetzt genau eine halbe Stunde Zeit. Dann wird der Wachmann seine Runde drehen. Bis dahin sollten wir es über die Bühne gebracht haben. Hast du die Kamera, Dimi?«
Dimi zeigte auf eine Schlaufe an seinem Gürtel.
»Sehr gut! Los geht´s!«

Leise huschten wir in gebückter Haltung über die Wiese. Schon nach ein paar Metern konnte ich das einfache Flachdachgebäude erkennen. Es wurde von ein paar Strahlern angeleuchtet. Niemand war zu sehen, als wir am Zaun ankamen. Dimi machte sich sofort an die Arbeit und schnitt mit einem Bolzenschneider den Maschendraht auf.
Andy, Anna und ich huschten durch, während Dimi wie vereinbart zurückblieb. Er würde nachkommen, sobald er die Lücke so weit geöffnet hatte, dass wir ohne Probleme hindurchrennen konnten.
Kurz blieben wir in gebückter Haltung am Boden und überprüften, ob sich jemand auf dem Vorplatz aufhielt. Alles lag still und fast gespenstisch vor uns. Als Andy uns ein Zeichen gab, rannten wir los und folgten ihm zum Gebäude.
Jetzt kam der knifflige Teil. Wir mussten die Tür aufbrechen und dabei eventuell ein Glas einschlagen ohne gehört zu werden.
Mein Herz klopfte bis zum Hals, als Andy aus seinem Rucksack das Werkzeug herausholte und sich sofort an die Arbeit machte.
Es knackte metallisch, aber die Tür ließ sich nicht so einfach öffnen. »Verdammt!«, fluchte Anna leise und sah sich nach Dimi um.

»Ganz ruhig, wir kriegen das schon hin«, sagte Andy, wobei ich mir sicher war, dass er mehr zu sich selbst sprach.
Schließlich hörten wir Dimis Schritte über den Platz rennen.
»Ich glaube, wir sollten noch warten. Gerade sind zwei Autos gekommen. Sie parken zwar auf der anderen Seite des Gebäudes, aber wer weiß, was die Ärsche vorhaben«, keuchte Dimi.
Andy richtete sich ruckartig auf. »Scheiße! Und jetzt?«
Ratlos sahen wir uns an und blickten vorsichtig um uns. Alles war ruhig, von Ankömmlingen weit und breit nichts zu sehen oder zu hören.
»Wir haben keine andere Wahl, wir müssen das jetzt durchziehen. Morgen könnte es zu spät sein«, meinte Andy.
Wir wussten, wenn wir es jetzt abblasen würden, wäre es das Todesurteil für Tausende von Lebewesen, vielleicht auch für Morten und die Ranch. Es gab kein Zurück mehr.
»Ich werde mich mal umschauen und komme gleich nach. Geht schon voraus«, schlug Dimi vor.
»Nein, bleib bei uns. Was, wenn sie dich erwischen?« Anna hielt Dimi am Arm fest, als er sich abwenden wollte.

»Keine Sorge, Süße. Ich bin gleich wieder da.« Er verschwand in der Dunkelheit.
Andy machte sich daran, das Schloss aufzubrechen. Mit einem Schlag sprang die Tür auf, das Geräusch war lauter als gewollt.
Andy ging voraus, Anna und ich folgten ihm.

***

Drinnen war es dunkel. Nur unsere Taschenlampen erleuchteten den Raum. Wir befanden uns direkt im Herzstück der Anlage.
Große Silos, riesige Wasserbecken und eine Gasse, in der sich metallene Spülbecken aneinanderreihten, waren zu sehen. Mein Herz klopfte wild, als wir uns daran vorbeischlichen. Jetzt mussten wir nur noch zum Lagerraum gelangen.
Andy sah sich immer wieder um, aber wie erwartet blieb alles ruhig. Er führte uns in den hintersten Teil der Fabrik und blieb vor einer großen Schiebetür stehen. Leise stemmten wir die Tür auf und vor uns befand sich das, was wir gesucht hatten. Vor uns lagen in unzähligen Holzgestellen die schimmernd, weißen Puppen.
Ich blickte zurück in die Halle und wartete darauf, dass Dimi auftauchen würde. Hoffentlich hatte man ihn nicht erwischt.

»Was ist mit Dimi?«, flüsterte ich.
Andy wandte sich zu mir. »Ich weiß nicht. Er wird schon noch kommen. Fangen wir an.«
Beherzt schnappte sich Andy zwei der Gestelle und machte sich auf den Rückweg. Anna und ich taten es ihm gleich und so liefen wir durch die Halle.
Draußen sahen wir uns um, nichts hatte sich verändert. Niemand bekam etwas von unserem Diebstahl mit. Nacheinander liefen wir eilig über den Vorplatz zum Zaun. Dimi hatte den Zaun so weit geöffnet, dass wir bequem mit den Puppen durchlaufen konnten.
»Gut«, sagte Andy atemlos, als wir am Wagen ankamen. »Lu, du bleibst hier - wie abgemacht. Anna und ich machen weiter.«
Ich nickte und schon machten sich die beiden auf den Rückweg. Unser geklautes Gut schob ich ins Wageninnere. Andy und Anna waren schon wieder in der Fabrik verschwunden. Nur von Dimi war weit und breit nichts zu sehen.
Keine fünf Minuten später kamen sie mit der nächsten Ladung. Anna blieb jetzt zurück und ich lief mit Andy in die Halle.
Es war ein merkwürdiges Gefühl, in das überhitzte, dunkle Gebäude zu kommen. Und ein wenig gruselig war es auch, obwohl ich schon an viel schrecklicheren Orten gewesen war.

Verdammt! Wo steckte Dimitri? So langsam machte ich mir Sorgen. Beladen liefen wir eilig aus der Halle und zum Wagen.
Die nächsten Runden vergingen, ohne dass wir etwas von Dimi hörten. Der Transporter war halb voll und unsere Zeit lief allmählich ab.
Ungeduldig stand ich vor dem Wagen und starrte auf die Fabrik. Müssten Anna und Andy nicht längst wieder auf dem Rückweg sein? Ich wartete ab, aber der Platz und die Wiese blieben menschenleer.
Ein ungutes Gefühl beschlich mich, und während die Sekunden verstrichen und ich immer noch niemanden sehen konnte, horchte ich auf. Doch nur die Grillen, die ihr Abendlied sangen, waren zu hören.
Als wir die Aktion geplant und uns über die Sicherheitsmaßnahmen der Fabrik informiert hatten, fanden wir heraus, dass der Wachmann für seine schießbegeisterte Art bekannt war. Vor zwei Jahren hatte sich ein Vorfall auf dem Grundstück ereignet. Jugendliche hatten in unmittelbarer Nähe der Wiese eine Party gefeiert, was dem Wächter ein Dorn im Auge gewesen war. Mit seiner Waffe hat er damals in den Nachthimmel geschossen und die Jugendlichen erschreckt.

Immer noch war von Andy und Anna nichts zu sehen. Ich griff nach meinem Funkgerät und rief nach ihnen.
Keine Antwort, nur ein Knistern war zu hören.
Verdammt! Ungeduldig tigerte ich auf und ab - hoffte inständig, sie würden endlich kommen und Dimi mitbringen. Doch sooft ich auch zum Platz hinüber schaute, er blieb leer.
Ich hielt es schließlich nicht länger aus und machte mich auf den Weg zu ihnen.
Direkt neben dem Eingang blieb ich stehen. Stimmen drangen zu mir. Vorsichtig warf ich einen Blick hinein. Jemand brüllte. »Hände hoch, Bürschchen!«
Scheiße! Andy war erwischt worden. Irgendetwas musste ich tun, musste versuchen, ihn da herauszuholen.
Plötzlich grollte ein lauter Donner durch die Nacht, begleitet von gleißendem, hellem Licht und eine Hitzewelle erfasste mich.
WOW!!! Was war das denn?
Erschrocken blickte ich auf die Wiese. Eine riesige Rauchwolke war aufgestiegen. Lichterloh brannten die Äste eines Baumes und die Feuerzungen schlängelten sich meterhoch in den Himmel.
Sekunden später hörte ich auch Dimi und den Wachmann schreien.

Er hielt Dimi eine Waffe an den Kopf und kam zusammen mit ihm und Andy heraus. Der Typ schrie ihn an. »Wart ihr das? Sind noch mehr von euch hier? Rede endlich!«
Andy hielt seine Hände ergebend hoch. Der Typ sah sich suchend nach weiteren Einbrechern um und dabei registrierte er mich.
Plötzlich griff Dimi den Wachmann an, schlug ihm seine Pistole aus der Hand und schleuderte sie weit von sich.
»Lauft! Lauft!«, schrie Andy und stürmte auch schon los. Dimi brachte den Wachmann zu Boden und rannte mit mir zusammen los.
Plötzlich knallten Schüsse durch die Luft und Männer schrien durcheinander. Jetzt bekam ich es mit der Angst zu tun. Scheiße! Sie schossen auf uns. Wir hatten gerade die Wiese erreicht, rannten durch den Zaun, als Dimi neben mir aufschrie und ins Gras fiel.
Sofort stoppte ich, während Andy zu uns zurückkehrte. Anna schrie im Hintergrund.
Oh mein Gott! Dimi war getroffen!

Kapitel 20
Matt

Seit Stunden waren Lu und ihre Freunde jetzt unterwegs. Es kam mir wie eine Ewigkeit vor, in der ich durchs Blockhaus lief und an nichts anderes denken konnte als an sie. Dreimal hatte ich bereits den Fernseher ein und wieder ausgeschaltet - ich fand einfach keine Ruhe, war nervös und machte mir Sorgen.

Es war zwar mitten in der Nacht, aber ich verließ das Haus, brauchte frische Luft, um auf andere Gedanken zu kommen.

Draußen zirpten die Grillen und eine leichte Brise fuhr mir durchs Haar. Es war eine schöne Nacht. Ich sah zum Himmel. Die Sterne leuchteten und funkelten um die Wette. Wann hatte ich das letzte Mal Zeit für die Schönheiten gehabt, die mich umgaben?

Gut, ich ging regelmäßig zum Segeln, traf mich mit Freunden, kaufte die besten Anzüge und investierte meine ganze Energie in unsere Firma. Noch nie war mir bewusst geworden, wie festgefahren mein Leben doch in vielerlei Hinsicht war.

Wo waren die sogenannten Freunde, als es mir schlecht ging? Außer Lisa, einer gemeinsamen

Freundin von Hannah und mir, hatte sich seit unserer Trennung niemand gemeldet.
Ich überlegte nicht lange, ich musste mit jemandem reden, zog mein Handy aus meiner Tasche und rief sie an.
»Hallo?«
»Hallo Lisa, ich bin´s, Matt.«
»Matt? Weißt du, wie spät es ist? Wo steckst du? Ich mache mir Sorgen!«
»Du brauchst dir keine Sorgen um mich zu machen.«
»Na, du bist vielleicht witzig! Nach der Trennung von Hannah verschwindest du einfach und dein Handy scheint tot zu sein.«
»Mir geht es gut. Ich musste mir ein neues Handy besorgen und habe deshalb eine neue Nummer«, erklärte ich ihr.
»Okay, aber besonders zufrieden hörst du dich nicht an.«
»Doch doch, ich ... bin in Louisiana und es ist so eine schöne Nacht, da wollte ich mal wieder mit dir reden. Wie geht es dir?«, wich ich ihr aus.
»Matt, hör auf, um den heißen Brei zu reden! Du rufst doch nicht mitten in der Nacht an, um mit mir zu plaudern. Ich kenne dich lange genug, um zu wissen, dass es dir überhaupt nicht gut geht. Du hörst dich noch schlimmer an als nach eurer Trennung.«

Wieso konnten es die Frauen in meinem Leben durchs Telefon riechen, wenn bei mir etwas nicht stimmte? Sandy und Lisa kannten mich eben gut genug, um mich einschätzen zu können. Schließlich wollte ich nicht, dass Lisa von jemand Fremdem erfuhr, dass ich völlig überraschend geheiratet hatte.
»Okay, du hast gewonnen!«
Ich erzählte ihr die Geschichte von der Hochzeit, der Fusion, von Lu, unserer gemeinsamen Vergangenheit, von der Ranch, von Morten, und was ich in den letzten Tagen und Stunden erlebt hatte. Ich sprach das erste Mal mit jemandem völlig frei und ungezwungen. Es tat gut, sich das alles einmal von der Seele zu reden.
»Hallo? Bist du noch dran?«, fragte ich, als ich geendet hatte und sie keinen Ton von sich gab.
»Äh ... ja natürlich. Ich bin gerade etwas sprachlos, Matt. Das ist wirklich ...!«
»Ja, ich weiß, das alles muss sich wie ein Witz anhören, aber ich schwöre, so ist es gewesen. Das Veilchen ist zwar nicht mehr so blau, aber es ist noch da.«
Sie lachte. »Das ist echt ein Hammer! Und jetzt bist du in deine Frau verliebt?«
Verliebt? War ich das?
»Weiß nicht, ob man das so nennen kann. Ich meine, die Trennung von Hannah ist doch eigentlich noch

frisch. Bis vor ein paar Tagen war ich noch wütend und verletzt und ... Das ist nun nicht mehr so. Im Gegenteil, ich glaube, ich verstehe sie jetzt besser.«

»Ehrlich? Mensch Matt, das freut mich! Und Hannah wird bestimmt erleichtert sein.«

»Weißt du, Lisa, ich glaube, dass eine Ehe zwischen ihr und mir wirklich falsch gewesen wäre. Ich verstehe, was ich falsch gemacht habe, ich habe ihr die Freiheit genommen.«

»Kannst du sie denn Lu geben?«

Mit dieser Frage brachte sie meine Gedanken in eine ganz andere Richtung. Und sie hatte recht. War mein Leben etwas für Lu, die so freiheitsliebend war? Ich bezweifelte sehr, dass sie es neben mir aushalten würde. Sie war wie ein Vogel, dessen Flügel man mit Gewalt stutzen wollte.

»Ich muss darüber nachdenken«, sagte ich.

»Du solltest das vielleicht mit Lu gemeinsam tun. Dann weißt du auch, was sie wirklich will und ob sie sich ein Leben mit dir vorstellen kann.«

»Danke, dass ich mit dir reden konnte.«

»Du weißt, ich bin immer für dich da, Matt.«

»Danke. Okay, ich melde mich, sobald ich wieder zurück bin. Dann müssen wir unbedingt essen gehen.«

»Sehr gern! Bis bald, Matt!«, sagte sie und wir legten auf.

Nachdenklich lief ich zurück ins Blockhaus, bevor ich die erste Stufe hinaufgestiegen war, klingelte mein Handy.
»Hallo?«
Es rauschte und jemand weinte im Hintergrund. Sofort verkrampfte sich etwas in meiner Brust und Angst kroch in mir hoch. »Lu? Bist du das?«
»Ja, hör zu!« Sie schluchzte, hörte sich schrecklich an, keuchte und schien völlig durcheinander zu sein. Deutlich war die Panik in ihrer Stimme zu hören, die sie zu unterdrücken versuchte. »Wir brauchen deine Hilfe. Dimi wurde angeschossen. Du musst uns abholen, so schnell du kannst. Er verliert ständig das Bewusstsein. Oh Gott! Bitte komm schnell!«
»Was? Verdammt!« Ich biss auf meine Unterlippe, um nicht wütend loszubrüllen. Stattdessen versuchte ich ruhig zu bleiben, was angesichts ihrer Angst, gar nicht so einfach war. »Wo genau seid ihr?!«

***

Ich rannte zum Jeep und gab Vollgas. Tausend Gedanken schossen mir durch den Kopf und das sorgte dafür, dass ich fuhr, als wäre der Teufel hinter mir her.

Dimitri war angeschossen und ich wusste, was das zu bedeuten hatte - es ging um Leben und Tod. Lu hatte mir gerade noch mitteilen können, wo sie sich befanden, aber ich bezweifelte, dass ich die richtige Stelle auf Anhieb finden würde. Sie waren nicht weit entfernt, von mir hing nun ab, ob Dimi rechtzeitig ins Krankenhaus kommen würde.
Als ich die Gegend erreichte, in die Lu mich bestellt hatte, fuhr ich die kleinen Feldwege ab, bis ich von Weitem in der Dunkelheit Scheinwerferlicht erkennen konnte. Je näher ich kam, desto ruhiger wurde ich. Ich hatte sie gefunden. Unendliche Erleichterung durchströmte mich. Was war nur passiert?
Ich parkte den Jeep mitten auf dem Weg, sprang heraus und riss Lu in meine Arme. Ich war so froh, dass sie wohlauf war. Ihr Gesicht war zwar vom Weinen gerötet, aber ihr fehlte körperlich nichts.
»Was ist passiert?«, wollte ich wissen. Sie löste sich aus meiner Umarmung und führte mich zu den anderen an den Wagen.
»Wir wurden erwischt und plötzlich haben sie angefangen zu schießen, dabei wurde Dimi getroffen«, weinte Lu.
Ich blickte zu Andy in den Transporter. Dimi lag bewusstlos auf dem Bauch im Laderaum. Er hatte eine Schussverletzung im Rücken. Andy hielt einen

Druckverband auf seine Wunde, doch dieser war schon völlig mit Blut aufgesogen. Anna kniete daneben und weinte.

»Gut, dass du kommst. Wir müssen ihn dringend ins Blockhaus bringen, damit ich ihn operieren kann.«

»Ins Blockhaus? Spinnst du? Wir sollten ihn in ein Krankenhaus bringen«, erwiderte ich fassungslos.

»Das nächste Krankenhaus ist in Lafayette, wir verlieren zu viel Zeit«, keuchte Andy, der zusammen mit Lu versuchte, den bewusstlosen Körper aus dem Lieferwagen zu hieven.

Völlig entnervt fuhr ich mir durchs Haar und wusste nicht recht, was ich davon halten sollte. Lafayette war wirklich weiter entfernt als das Blockhaus, aber ...«

»Matt! Du musst uns jetzt helfen, sonst stirbt er!«, schrie Lu verzweifelt.

»Okay!« Sofort packte ich mit an und gemeinsam trugen wir den verletzten Dimitri zum Jeep. Andy und Anna blieben hinten bei ihm, während Lu bei mir vorne einstieg. Eilig startete ich den Wagen und fuhr so sachte wie möglich los. Ich wusste nur allzu gut, welche Erschütterungen man hinten durchleben konnte.

»Was ist passiert?«, stellte ich Lu zur Rede. Sie kramte nach einem Taschentuch und schnäuzte sich.

»Ich weiß auch nicht genau. Dimi war irgendwann verschwunden. Ich war allein beim Transporter geblieben und wartete auf Andy und Anna, aber sie kamen auch nicht zurück. Irgendwann lief ich ihnen nach und dann war da plötzlich diese Explosion.«
»Eine Explosion?«
»Keine Ahnung, es gab einen riesigen Knall und ein Baum fing an zu brennen. Davon angelockt, kam der Wachmann mit Dimi und Andy aus dem Gebäude. Wahrscheinlich wollte der Typ sehen, was los war. Er hielt Dimi die Waffe direkt an die Schläfe. Bis dahin wussten wir nicht, dass sich noch weitere bewaffnete Leute auf dem Firmengelände aufhielten. Als wir flüchteten, schossen sie auf uns, trafen Dimi und den Wagen. Sie haben einen Reifen getroffen, aber Andy fuhr einfach weiter, änderte die Route, bis wir es auf Schleichwegen hierher geschafft hatten. Irgendwann gerieten wir in Schlingern und fuhren in den Graben.«
»Verdammt! Verdammt, Lu!« Ich war so wütend! Nicht nur auf sie, auf die ganze Bande. Ich wusste es, ich hatte von Anfang an kein gutes Gefühl bei der Sache gehabt. Und jetzt hatten sie wirklich Probleme. Verfluchte Scheiße!
Ich fuhr, so schnell ich konnte, zum Blockhaus zurück. Als wir ankamen, sprangen Anna und Lu sofort aus dem Auto und rannten ins Haus.

Andy und ich trugen Dimitri hinein und legten ihn auf einen Untersuchungstisch in Andys Tierarztpraxis. Sie machten sich alle an die Arbeit. Jeder wusste genau, was zu tun war. Anna suchte alle sterilen Instrumente zusammen, die Andy brauchen würde, während Lu Dimitris Kleidung aufschnitt und eine Lampe direkt über der Wunde positionierte. Andy machte sich für die Operation bereit.

Ich kam mir überflüssig und hilflos vor, verließ leise den Raum und ging ins Wohnzimmer. Sie würden schon nach mir rufen, wenn sie meine Hilfe bräuchten.

Wenn Dimitri starb, dann hatten sie ernsthafte Schwierigkeiten. Einbruch, Diebstahl und der Gebrauch von Handgranaten. Scheiße! Ich war zwar kein Experte, aber bestimmt würde es ausreichen, um ins Gefängnis zu wandern.

Verdammt! Warum hatte ich das zugelassen?

Ich stand am Fenster im Wohnzimmer und starrte in die Dunkelheit. Ich hoffte nur, dass Dimitri es schaffen würde.

Eine warme Hand legte sich auf meinen Rücken. Ich brauchte mich nicht umzudrehen, ich wusste auch so, wer hinter mir stand.

»Andy konnte die Kugel entfernen. Die Operation ist gut verlaufen, jetzt müssen wir warten.« Ihre

Stimme klang müde und erschöpft, aber immer noch ängstlich.
Ich drehte mich zu ihr und sah sie an. »Wie geht es ihm?«
Sie zuckte mit den Schultern. »Die nächsten Stunden werden entscheidend sein.«
»Was ist mit dem Wagen? Der steht immer noch im Graben. Die Polizei wird bestimmt danach suchen, meinst du nicht?«
»Ja, ... du hast Recht. Ich gehe gleich los und hole ihn.«
»Du willst was! Weißt du, wie spät es ist? Außerdem werdet ihr bestimmt gesucht.«
»Ich weiß das alles, Matt. Aber ... ich muss den Transporter irgendwie holen. Darin sind Lebewesen.«
»Du weißt das alles und stehst immer noch zu der Sache?« Ich konnte es nicht glauben. Begriff sie denn nicht, dass solche Aktionen es nicht wert waren, wenn dabei Menschenleben auf dem Spiel standen? Nein, das ging entschieden zu weit!
»Matt, ich...«
»Nein, Lu, damit bin ich raus. Ich habe dir vertraut und dich gehen lassen, weil ich glaubte, es wäre eine harmlose Sache, aber jetzt ist alles schief gelaufen.«
»Matt, aber...« Ihre Stimme erhob sich und wütend funkelte sie mich an.

»Hast du auch nur eine Sekunde an deinen Vater gedacht? An meine Familie? An unsere Firma?«
»Dann geht es dir also darum, was die Gesellschaft von dir denkt? Pah! Ich hätte wissen müssen, dass du genau wie alle anderen bist.«
Zornig schnaubte ich. »Ich bin wie alle anderen? Wenn Dimitri stirbt, war es das wert? Verdammt, Lu! Das solltest du dich fragen! Darüber hinaus, wenn diese Sache ans Tageslicht und die Firma dadurch in Verruf kommt, verlieren wir Aufträge, was sagst du dann den Angestellten, die für uns arbeiten, wenn wir sie entlassen müssen? Hast du auch daran gedacht? Ich hätte dich nicht als dermaßen egoistisch eingeschätzt.«
Wütend funkelten wir uns an und jeder suchte nach Worten.
Sie schnaubte, doch ich ließ sie gar nicht erst zu Wort kommen. »Hier geht es nicht immer nur um dich. Ihr habt Menschenleben in Gefahr gebracht, ohne über die Konsequenzen nachzudenken. Wenn Dimitri stirbt, geht das ganz allein auf eure Kappe.«
Schnell senkte ich meine Stimme, um wieder ruhiger zu werden. »Wir alle sind ein kleines Rädchen in einer Maschinerie, deren Motor die Gesellschaft ist. Natürlich ist nicht alles gut, aber solche Dinge müssen wir eben politisch regeln. Wenn jeder in einer Nacht-und-Nebelaktion tut und lässt, was er

will, dann kommen genau solche Dinge dabei heraus.«

In den Sekunden, als wir uns schweigend anstarrten, wurde mir klar, dass ich mir die ganze Zeit etwas vorgemacht hatte. Für Lu und mich gab es keine Zukunft. Es tat weh, aber wie sollten wir je zusammen unsere Firma führen, ganz zu schweigen von einer Beziehung? Verdammt! Ich war so durcheinander und konnte keinen klaren Gedanken mehr fassen. Ich musste dringend hier raus! Ich wandte mich ab.

»Matt, wo gehst du hin?«, schrie sie mir hinterher.

»Ich gehe und hole deine Viecher!« Wütend verließ ich das Haus.

***

Ich war so wütend und gleichzeitig so enttäuscht, dass ich einen Schlussstrich für mich zog. Ich hatte mich in Lu getäuscht - es hätte sowieso nicht funktioniert.

Mit dem Jeep fuhr ich von der Ranch. Viel zu schnell rauschte ich über die Straße - das brauchte ich jetzt. Das letzte Mal, dass ich mich so elendig fühlte, war der Tag gewesen, an dem Hannah mich verlassen hatte. Doch die Sache mit Lu ging noch tiefer und tat richtig weh.

Irgendwann stand ich vor dem Transporter, der in einem Graben lag. Die Türen standen offen, so wie wir ihn verlassen hatten. Niemand war zu sehen - ich war völlig allein. Neugierig trat ich näher. Die Blutlache am Boden der Ladefläche konnte ich durch das Mondlicht erkennen. Selbst einen Rucksack und eine danebenliegende Taschenlampe hatten sie vergessen.
Ich nahm sie an mich und leuchtete ins Wageninnere. Unzählige Holzgestelle standen darin. Was war das nur? Was war so wertvoll gewesen, dass sie solch ein Risiko in Kauf genommen hatten? Vorsichtig schaute ich mir die Dinger genauer an. Ich runzelte die Stirn. Was war das denn?! Styroporeier? Interessiert nahm ich eines in die Hand. Es bewegte sich nicht - weiß schimmerte es im Licht. Leicht und weich fühlte es sich an, ähnlich wie Watte.
Doch dann fiel mir wieder jener Abend ein, als Andy in Büchern, die von Raupen und Schmetterlingen handelten, vertieft gewesen war. Jetzt verstand ich seine Geheimniskrämerei und wusste, was ich in den Händen hielt. Das waren Schmetterlingspuppen, die man für die Seidengewinnung verwendete. Auf dem Jahrmarkt hatte Lu mir erklärt, wie dramatisch die Gewinnung der Seide vonstattenging.

Zigtausend Puppen befanden sich in den Gestellen.
Ob sie noch lebten?
Ich erinnerte mich, wie Lu erzählt hatte, dass man sie lebendig in heißes Wasser werfen würde und später die Puppen zu Seide spann. Aber wenn Lu und ihre Freunde die weißen Kokons gerettet hatten, dann musste das bedeuten, dass sie noch am Leben waren. Zum Blockhaus konnte ich sie nicht mitnehmen, aber im Transporter waren sie vielleicht vorerst am sichersten.
Ich sah mich weiter um und fand einen Ersatzreifen und Werkzeug. Dann machte ich mich an die Arbeit und wechselte den Reifen.
Zum Glück hatte ich in meiner Jugend mal eine Phase durchgemacht, in der ich mich für Autos und Mechanik interessiert hatte. Dadurch hatte ich einiges gelernt.
Ich fuhr zurück. Um den Jeep sollte Andy sich selbst kümmern. Nur wo sollte ich den Transporter verstecken? Er war nicht gerade klein.
Auf halbem Weg fiel mir wieder der See ein, in dem Morten und Lu gebadet hatten. Lu meinte, dass sich selten jemand dorthin verirren würde.
Ich parkte nicht direkt am Ufer, sondern in der Nähe der Böschung zwischen ein paar Bäumen, und bedeckte den Wagen mit Laub und Ästen.

Zu Fuß lief ich den gleichen Weg zurück, den ich damals mit Lu und Morten entlang gelaufen war. Nach all den Stunden hatte ich mich beruhigt. Meine Sachen waren schon gepackt. Ich beschloss, einfach zu verschwinden. Clint Godluc und meine Eltern würden toben, das war mir klar - aber leider unausweichlich. Ich hatte mein Bestes gegeben.
Die Ranch tauchte vor mir auf. Der Nachthimmel war erleuchtet von blauem und rotem Licht von Polizeiautos und einem Krankenwagen. Verdammt! Leise schlich ich mich näher heran. Aus Mortens Stall hörte ich ein dumpfes Tröten. Bestimmt war er nervös und spürte, was vor sich ging.
Im Inneren sah ich einige Polizisten durch das Haus laufen.
Jetzt wurde meine Befürchtung wahr. Die Tür ging auf und Sanitäter kamen mit einer Trage heraus. Dimitri lag immer noch bewusstlos darauf. Jemand weinte hysterisch auf - Anna. Sie schrie panisch seinen Namen und kurz darauf hörte ich Tumult im Haus, während die Sanitäter die Wagentüren schlossen und losfuhren. Beim Vorbeifahren duckte ich mich, sodass sie mich im Scheinwerferlicht nicht sehen konnten. Es dauerte nicht lange, da wurden Andy, Anna und Lu in Handschellen abgeführt. Man brachte jeden von ihnen in ein anderes

Polizeiauto – wahrscheinlich, um zu verhindern, dass sie sich absprachen.
Dann stiegen auch die Polizisten ein und fuhren davon. Ich sah den Rücklichtern hinterher, bis sie schließlich verschwanden.
Jetzt war ich allein auf der Ranch. Sie hatten noch nicht einmal das Licht gelöscht oder die Tür geschlossen. Oder war noch jemand da?
Vorsichtig schaute ich mich um. Es herrschte ein heilloses Durcheinander. Im Wohnzimmer, in der Küche, sowie in den anderen Räumen hatten die Polizisten gewütet. Aber was juckte mich das? In ein paar Stunden ging die Sonne auf, dann würde ich meine Sachen schnappen und für immer von hier verschwinden.

Kapitel 21
Matt

An Schlaf war jetzt nicht zu denken. Ständig kreisten meine Gedanken um die Geschehnisse der letzten Stunden. Lu war trotz allem meine Frau. Als ich dem Vertrag zugestimmt hatte, übernahm ich damit einen Teil der Verantwortung für sie.
Draußen ging bereits die Sonne auf. Mit einer Tasse Kaffee und meinem Handy setzte ich mich auf die Stufen und rief meine Schwester an. Natürlich klingelte ich sie aus dem Bett.
»Sandy? Ich bin´s!«
»Matt?«, fragte sie verschlafen und gähnte.
»Ja, hör zu. Ich brauche deine Hilfe.« Sofort wurde sie munter. Ich erzählte ihr, was geschehen war, und sie gab mir alle Telefonnummern, die ich von ihr verlangte.
»Das ist ja furchtbar! Und du hast keine Ahnung, wie es diesem Dimitri jetzt geht?«
»Nein, aber das werde ich schon herausfinden. Ich werde gleich Randolf anrufen, auch wenn ich ihn aus dem Bett klingle.«
»Ja, tu das! Und halt mich auf dem Laufenden, ja?«
»Mach ich. Bis dann!«

Sofort rief ich Randolf Lishing an. Seit vielen Jahren war er unser Anwalt und gehörte schon fast zur Familie.

»Guten Morgen, Randolf. Entschuldige bitte, dass ich dich so früh störe, aber es gibt Probleme und ich brauche dringend deine Hilfe.«

»Matt? Was ist los?«

Noch einmal schilderte ich das Geschehen der letzten Nacht und er versprach, in einer Stunde wieder anzurufen.

In der Zwischenzeit buchte ich einen Rückflug, duschte und trank eine zweite Tasse Kaffee - irgendwie musste ich mich ja wachhalten.

Während ich auf Randolfs Rückruf wartete und die meisten Sachen wieder aufräumte, betrachtete ich die Gehege. Irgendjemand musste sich um die Tiere kümmern und bisher hatten sie noch kein Frühstück gehabt.

Okay, dies konnte ich ja übernehmen, die Arbeit lenkte mich ab und verkürzte meine Wartezeit.

Ich versorgte Mr. Porter und Rosa mit ihrem Fohlen Sky, mistete die Ställe aus und gab ihnen eine große Futterration, damit sie über den Tag versorgt waren.

Greta war mein ständiger Begleiter. Auch wenn ich den triefenden Sabber aus ihrem Maul noch immer grässlich fand, gewöhnte ich mich langsam daran und streichelte sie. Sie konnte ja nichts dafür.

Für Mortens Fütterung standen heute Gemüse und Obst auf dem Plan. Ich nahm die Schubkarre, füllte sie und öffnete die Tür zu Mortens Stall.
»Guten Morgen, alter Junge. Verzeih die Verspätung, jetzt gibt es endlich Futter.«
Er trötete laut, als er mich kommen sah, schwenkte wie üblich Kopf und Rüssel hin und her und schlackerte mit den Ohren.
Immer noch jagte mir seine Größe einen Schauer, über den Rücken, obwohl ich ihn mittlerweile gern hatte.
»Ich vertrete heute deine Freundin Lu. Sie kommt bald wieder«, tröstete ich ihn. Er brummte, als würde er mir eine Antwort geben.
Er tastete mit dem Rüssel meinen Körper ab. Es kitzelte. »Lass das! Hier!«, rief ich und streckte ihm einen Kopfsalat entgegen. Sofort hatte ich damit sein Interesse geweckt. Er griff danach, zerteilte ihn und schob ihn in seine Futterluke. Einige Blätter fielen heraus, die er mit seinem Rüssel aufhob.
»So ist es brav.« Zufrieden fütterte ich ihn weiter. Er verschlang tatsächlich mehrere Köpfe Salat, jede Menge Äpfel und Kartoffeln. Einen frischen Haufen Heu mit ein paar Ästen hatte ich ihm auf der Wiese schon bereitgelegt, als mich Randolf zurückrief.
»Also, mein Junge. Es war gar nicht so leicht. Aber die drei werden auf Kaution freigelassen. Ich bin

davon ausgegangen, dass du die Kosten übernehmen wirst. Deshalb habe ich gleich alles veranlasst. Wann sie genau entlassen werden, kann ich dir leider nicht sagen. Du weißt ja, die Mühlen der Justiz arbeiten langsam.«

»Sehr gut. Und was geschieht dann weiter?«

»Wahrscheinlich wird es zu einer Anklage kommen. Davon musst du einfach ausgehen.«

»In Ordnung! Und mit was für einem Strafmaß müssen sie rechnen?«

»Genaues kann ich dir nicht sagen, die Tathergänge werden noch überprüft.«

»Danke. Ach ... vorerst wäre es ganz gut, wenn du diese Geschichte für dich behältst, bis das Meiste geregelt ist. Vielleicht hat sich bis dahin noch mehr aufgeklärt.«

»Ich gebe mein Bestes.«

»Bis bald, Randolf.«

Ich legte auf und sah Morten zu, wie er lustlos das Heu umherschob. Greta saß neben mir und hechelte.

»Hast du gehört? Sie kommt frei. Bald ist sie wieder bei dir«, sagte ich und klopfte vorsichtig auf Mortens Bauch. »Hey alter Junge, lass dich nicht so hängen. Bald ist sie wieder da.« Greta bellte kurz, als Zeichen, dass sie sich freute.

Ich lief hinaus und füllte mit Hilfe eines Schlauchs die Wassertonne. Morten folgte mir und trank gleich die halbe Tonne leer.
Es wurde Zeit für mich. In knapp drei Stunden musste ich am Flughafen sein. Die Tiere hatte ich mit reichlich Futter versorgt, das Haus war einigermaßen aufgeräumt und den Abschied länger hinauszuzögern war unnötig.
»Mach´s gut, alter Junge«, sagte ich zu Morten und sah ihn mitfühlend an. Ich würde ihn nie vergessen. Greta winselte, als ich ihr über den Kopf strich. Es war nicht leicht zu gehen, aber es musste sein. Je eher, desto besser.
Ich machte mich auf den Weg. Bei Mr. Porter, Rosa und Sky sah ich auch noch kurz vorbei, dann nahm ich meinen Koffer und verließ endgültig die Ranch.

***

Verdammt! So ein verdammter Mist! Fluchend warf ich meinen Koffer in den Staub. Wieso hatte ich nicht daran gedacht? Ich stemmte meine Fäuste in die Hüften und legte meinen Kopf in den Nacken. Wie sollte ich denn von hier wegkommen? Der Transporter lag versteckt am See und der Jeep befand sich noch dort, wo ich ihn mitten in der Nacht zurückgelassen hatte.

Wie sollte ich nur zum Flughafen kommen?«
Eilig schnappte ich meinen Koffer und lief hinters Haus an Mr. Porter und Morten vorbei zum Schuppen. Hatte ich dort nicht ein altes Motorrad stehen sehen, an dem Abend, als ich Dimitri und Anna bei ihrem Spiderman-Spiel beobachtet hatte?
Ich öffnete den Schuppen und da stand es. Jetzt musste es nur noch funktionieren. Ich war in meinem Leben noch nie auf einem Motorrad gesessen, aber so schwer konnte das ja nicht sein. Zugegeben, es war nicht das neueste Modell, aber solange es ansprang und mich von hier fortbringen würde, war mir alles egal.
Wie in allen Fahrzeugen, die hier auf der Ranch waren, steckte auch bei diesem der Schlüssel. Ich startete den Motor, und als dieser nur ein müdes Stottern von sich gab, schickte ich ein Stoßgebet in den Himmel, dass er ansprang.
Ich versuchte es ein weiteres Mal, doch der Motor wollte nicht. Bei meinem nächsten Versuch klappte es endlich und ich lachte erfreut auf.
Es wurde plötzlich dunkel im Schuppen.
Verwundert sah ich auf. Morten stand direkt vor der Tür. Im ersten Augenblick erschrak ich.
»Hey! Du versperrst mir die Durchfahrt, alter Junge.« Ich wedelte mit den Händen, in der Hoffnung, er würde verschwinden. Doch Morten

schien das nicht zu interessieren. Er blieb genau da stehen, wo er war.
Ich schnaufte und stieg vom Motorrad herunter.
»Komm schon, ich verpasse sonst meinen Flieger!«
Als ich ihm entgegenkam, ging er ein paar Schritte rückwärts. »So ist es brav!«
Er trat auf die Wiese und riss ein paar Grasbüschel heraus. Als er damit beschäftigt schien, stieg ich auf das Motorrad und fuhr aus der Scheune.
Wunderbar! Jetzt musste ich nur noch meinen Koffer am Gepäckträger festmachen. Ich stieg ab, nahm ein Seil aus dem Schuppen und befestigte mein Gepäck.
»Also, auf Wiedersehen, Morten. Dass mir keine Klagen kommen«, mahnte ich, setzte mich auf die Maschine und fuhr langsam vom Grundstück. Doch ich hatte nicht mit dem Dickschädel gerechnet. Der hatte sich irgendwie aus dem Gehege befreit und lief mir doch tatsächlich hinterher, begleitet von der bellenden Greta.
Verdammter Mist! Ich bremste und blickte zu ihnen zurück. Auch sie blieben stehen - Greta bellte und Morten trötete laut.
Das gab es doch nicht! Als ich mich ein weiteres Mal nach ihnen umsah, glaubte ich, meinen Augen nicht zu trauen. Der Elefant legte sich doch tatsächlich mitten in den Weg.

»Och, komm schon, Morten! Hör auf mit dem Schmierentheater! Das zieht vielleicht bei Lu, aber ganz sicher nicht bei mir.« Er blieb liegen und sah in meine Richtung.
»Na gut! Wie du willst.« Ich fuhr zurück, stellte die Maschine am Haus ab, ließ aber den Motor laufen. Wer wusste schon, ob die alte Mühle noch mal anspringen würde?
Laut brummend stand Morten wieder auf und folgte mir, zusammen mit Greta. Ich führte ihn ins Gehege zurück und freute mich darüber, dass er mir folgte. Kaum war er drin, verschloss ich die Tür und kontrollierte diesmal den Riegel.
»Du musst das verstehen, ich kann nicht hier bleiben.«
Er trompetete schrill.
»Außerdem wirst du nicht lange allein sein. Lu kommt wieder - du wirst sehen.« Er brummte.
Ich sah ihn an und zum ersten Mal tat es mir wirklich leid, ihn zurückzulassen. Doch ich musste gehen, ich sah keine andere Möglichkeit.
»Mach´s gut, alter Junge.« Schweren Herzens wandte ich mich um, stieg auf das Motorrad und gab Gas. Ich hörte ihn weiter tröten, doch ich ignorierte es. Mein Blick war auf den Weg vor mir gerichtet. Ich wollte nach Hause, dort war mein Leben. Bestimmt gab es durch die Fusion viel zu tun

und um Lus Angelegenheiten könnte ich mich vom Büro aus kümmern. Es gab keinen Grund, hierzubleiben. Das hier war nicht meine Welt und Lu wusste das. Sie hatte sich entschieden. Verdammt!
Mitten in dem kleinen Wald bremste ich ab, bis ich zum Stillstand kam. Ich fluchte wie ein Rohrspatz, wollte einfach nicht wahrhaben, dass ich mich so elend fühlte. Das Bild von Morten tauchte vor mir auf, sein lautes Trompeten klang in meinen Ohren nach, verursachte mir ein schlechtes Gewissen.
»Na gut, du Monster. Du hast gewonnen«, rief ich laut, drehte um und fuhr zur Ranch zurück.

***

Keine Ahnung, warum ich zurückkehrte. Fakt war, ich fühlte mich zwar nicht besser, aber kaum kam ich wieder an der Ranch an, wurde ich von Morten mit lautem Getöse und von Greta mit Gebell empfangen.
Nie hätte ich geglaubt, dass Tiere sich so verhalten konnten. Es war so menschlich und für mich grenzte es an ein Wunder. Morten schien unter dem Abschiedsschmerz gelitten zu haben, er freute sich, als ich wieder auftauchte. War das wirklich möglich? Trotzdem war er etwas unsicher auf den Beinen. Er taumelte leicht. Die Hitze war heute auch

unerträglich! Greta sprang an mir hoch und schleckte vor Freude meine Hände.
Ich ließ meinen Flieger sausen und beschloss zu warten, bis irgendjemand hier auftauchen würde.
Den Nachmittag verbrachte ich mit Morten auf der Wiese. Er ließ sich seit einer Stunde von mir mit Äpfeln füttern. Es war schon fast normal für mich, dass er mich berührte, manchmal sogar schubste. Je länger ich mit ihm zusammen war, desto mehr vertraute ich dem Vieh und hatte richtig Spaß mit ihm.
Ich füllte ein zweites Mal an diesem Tag die Wassertonne, während Morten schon ungeduldig seinen Rüssel hineintauchte und sich eine Ladung in den Schlund spritzte.
»Bei der Menge, die du den ganzen Tag in dich hineinstopfst, muss man ja Durst haben. Trinkst du eigentlich auch etwas anderes als Wasser?« Ich seufzte. »Was würde ich jetzt für einen Drink geben?«, sagte ich und stellte mir einen kalten Whiskey vor.
Morten brummte. Er spritzte das Wasser über seinen Rücken.
»Oh nein! Baden gehe ich mit dir nicht. Das hast du dir beim letzten Mal gründlich versaut. Da wirst du auf Lu warten müssen. Und überhaupt, ich bin kein Kindermädchen. Du könntest mal allein etwas

spielen. Ich würde mich gern aufs Ohr legen, wenn du nichts dagegen hast.« Er zog seinen Rüssel aus der Tonne und prustete eine kalte Ladung Wasser direkt in mein Gesicht. Ich war triefend nass.

»Na, herzlichen Dank. Du bist wirklich ein Ungeheuer. Ist das nun dein Dank?« Ich zog den Schlauch aus der Tonne und hielt ihm den Wasserstrahl direkt ins Gesicht. »Na? Wie gefällt dir das?«, rief ich sarkastisch und voller Spaß.

Doch Morten fand die Idee ganz toll und öffnete seine Futterluke, er ließ sich von mir das Wasser direkt in seinen Rachen spritzen. Ich lachte und schüttelte mit dem Kopf. Er war schon wirklich ein ungewöhnlicher Elefant und diesmal konnte ich ihm nicht lange böse sein.

Später ging ich ins Haus, zog meine nassen Klamotten aus und haute mich ein paar Stunden aufs Ohr. Erst gegen Abend wachte ich durch das Wiehern von Rosa und Sky auf.

Ich stand auf und sah aus dem Fenster. Sky hüpfte auf der Wiese umher, aber... Was war mit Morten? Er lag regungslos mitten auf der Weide.

Ein seltsames Gefühl beschlich mich, als ich zu ihm lief. »Hey alter Junge, bist du müde?« Er bewegte seinen Rüssel auf und ab, als er mich kommen sah. Ich streichelte ihn eine Weile. »Willst du jetzt die ganze Nacht hier liegen bleiben?« Es war

merkwürdig, es schien, als wäre er traurig. Aber immerhin setzte er sich ein wenig auf.
Die Sonne ging gerade unter und er hielt seinen Kopf direkt in die letzten Sonnenstrahlen.
Konnten Elefanten melancholisch sein? Ich wusste so wenig über sie, aber eine andere Erklärung hatte ich nicht.
Ich setzte mich neben ihn ins Gras. »Du vermisst Lu wohl sehr, oder? Du liebst sie so sehr, dass du sogar allen eine Schmierenkomödie vorspielst.« Ich lachte. »Das ist wirklich krass... aber ich kann dich verstehen. Sie ist schon etwas Besonderes.« Morten brummte leise und streckte mir seinen Rüssel entgegen. Ich griff danach und pustete sanft hinein - so wie Lu es mir beigebracht hatte.
»Aber manchmal muss man auch lernen loszulassen. Vorallem, wenn eine Situation aussichtslos ist. Andererseits geht es mir wie dir, ich liebe sie und werde das wohl immer tun.«

Kapitel 22
Lu

»Ihr habt Glück! Die Kaution wurde bezahlt und ihr könnt vorerst gehen«, sagte der Officer. Verwundert blickten wir uns an. Man führte uns aus der Zelle und übergab Anna, Andy und mir unsere persönlichen Dinge.
»Habt ihr gehört? Jemand hat die Kaution bezahlt«, sagte Anna erstaunt.
Ich brauchte nicht lange nachzudenken, ich wusste, das Matt uns herausgeholt hatte.
»Und können Sie uns sagen, wie es unserem Freund geht? Er wurde angeschossen«, fragte Anna. Seit Stunden konnte sie an nichts anderes denken.
»Der Russe?« Der Officer blätterte durch seine Unterlagen und dachte nach. »Ach ja, der ist übern Berg, soweit ich weiß.«
Eine Träne rann über Annas Wangen. »Gott sei Dank!«
Ich schloss sie fest in meine Arme. »Siehst du, er hat es geschafft«, tröstete ich sie.
»Weine nicht. Wenn du willst, können wir gleich zu ihm gehen«, sagte Andy.
Ich war so erleichtert darüber, dass ich kurz meine Augen schloss, als ich die gute Nachricht hörte.

Gemeinsam verließen wir das Revier, nachdem wir alle Papiere unterzeichnet hatten.
»Also, ich möchte sofort zu ihm ins Krankenhaus«, sagte Anna.
»Bist du mir böse, wenn ich zur Ranch fahre? Ich muss nach Morten und den anderen sehen. Ich gehe später zu ihm.«
»Nein, das ist schon in Ordnung. Was ist mit dir, Andy?«
Er zog sein Portemonnaie aus seiner Hosentasche und drückte mir ein paar Scheine in die Hand.
»Ich begleite Anna. Nimm dir ein Taxi, Lu. Es sollte wirklich jemand so schnell wie möglich zur Ranch. Wer weiß, ob Matt noch dort ist oder ob er sie schon seit Stunden verlassen hat.«
Ich nickte. »Bis später.«
Die Sonne ging gerade unter, als das Taxi die Ranch erreichte. Ich bezahlte den Fahrer und stieg aus. Im Haus brannte kein Licht und ich war mir sicher, dass Matt fort war. Doch als ich um das Haus herumging, sah ich ihn von Weitem mit Morten auf der Weide sitzen.
Wärme durchströmte mich und mein Herz fing an zu rasen. Er war tatsächlich geblieben und saß friedlich mit Morten in der Abenddämmerung. Dieser Anblick brannte sich in meine Seele. Ich sah nur ihre dunklen Schatten, es war so wunderschön,

dass mir augenblicklich Tränen in die Augen schossen.
Ich blieb wie angewurzelt stehen und beobachtete die beiden. Redete Matt etwa mit Morten? Ich verstand zwar nicht, was er sagte, aber sie schienen so vertraut miteinander. Matt pustete in seinen Rüssel und streichelte ihn. Der Anblick war atemberaubend - so friedlich, freundschaftlich und ungewöhnlich.
Greta entdeckte mich und kam bellend auf mich zu gerannt. Matt blickte in meine Richtung und stand auf.
Ich begrüßte Greta, freute mich, sie zu sehen, und lief mit ihr über die Weide. Matt blieb wie angewurzelt neben Morten stehen.
Es kribbelte in meinem Bauch. Je näher ich ihm kam, desto besser konnte ich seine Gesichtszüge erkennen. Ich wollte in seinem Gesicht lesen - sehen, ob er sich freute, oder er noch böse auf mich war, doch diesmal war es schwer. Ich sah keine Kälte darin, aber auch kein Feuer.
»Hallo«, sagte ich leise und wandte meinen Blick Morten zu. Sofort tastete er mich ab. »Mein Großer! Hast du mich vermisst?«
»Das hat er allerdings«, bestätigte Matt.

Es war so schön, ihn wiederzusehen! »Offensichtlich hat Matt sich wirklich gut um dich und die anderen gekümmert.«
Morten brummte und erhob sich.
»Damit, dass du noch hier bist, haben wir nicht gerechnet.«
»Wenn ich ehrlich bin, ich auch nicht. Wie geht es Dimitri?«
»Er hat es geschafft. Anna und Andy sind gerade bei ihm.«
Seinen Blick spürte ich überall auf meiner Haut, es prickelte. Aber die Spannung zwischen uns schien unüberwindbar.
Morten trottete langsam Richtung Stall und wir folgten ihm schweigend.

***

Es gab so viel, was ich Matt sagen wollte, Dinge, die mir erst im Gefängnis klar geworden waren. Aber mir fehlte der Mut. Noch niemals zuvor hatte ich mich so schrecklich gefühlt - und noch niemals zuvor wusste ich nicht, wie ich beginnen sollte.
»Ich bin dann mal im Haus«, sagte Matt. Mein Mund klappte zu, gerade als ich die richtigen Worte gefunden hatte. Er verschwand aus dem Stall und ließ mich mit Morten allein.

Eine ganze Weile kümmerte ich mich um ihn, sah noch nach Rosa, Sky, Mr. Porter und den anderen Tieren, bevor ich so viel Mut aufbrachte und ins Haus ging.
Im Wohnzimmer fiel mein Blick sofort auf Matts Koffer. Er würde also gehen. Ich sah mich nach ihm um.
Er stand in der Küche und kochte. Es duftete köstlich. Ich hatte keine Ahnung, wann ich das letzte Mal gegessen hatte - der Fraß im Gefängnis zählte nicht.
»Ich hab dir was zu essen gemacht, du wirst bestimmt Hunger haben. Du magst doch Omeletts, oder?«, fragte er, ohne mich dabei anzusehen.
»Ja, das... ist nett. Danke!«
Er servierte das Essen und brachte etwas zu trinken. Ich begann zu essen.
»Ich wusste ja nicht, wann ihr kommt, deshalb habe ich Morten und die anderen mit großen Futterrationen versorgt.«
»Du gehst also?«
»Gibt es einen Grund zu bleiben?«
Mir war der Appetit vergangen. Ich schob den Teller von mir und lehnte mich zurück. »Matt, bevor du gehst, muss ich dir etwas sagen.«

Er hob abwehrend die Hände. »Lass gut sein, Lu. Mein Anwalt kümmert sich um alles und wird auch für deine Freunde sorgen.«
»Verdammt! Das meine ich doch nicht!«, brauste ich auf. »Ich rede von uns!« War er denn so schwer von Begriff?
»Uns? Es gibt kein ›uns‹. Ich kann nicht mit jemandem zusammen sein, der...«
»Du tust gerade so, als wäre das alles meine Schuld«, unterbrach ich ihn und schluckte. »Es war falsch, dort einzubrechen und die Schmetterlinge zu stehlen. Du hattest recht, es gibt wirklich andere Wege, das ist mir jetzt klar. Aber es gibt einen Grund, warum wir diese Sache unbedingt durchziehen mussten.«
»Und der wäre?«, fragte er. Da stieß Anna die Tür auf.
»Hi! Stellt euch vor, Dimi kann schon in ein bis zwei Tagen entlassen werden. Sind das nicht großartige Neuigkeiten?« Sie umarmte mich stürmisch und strahlte übers ganze Gesicht. »Oh! Habe ich euch unterbrochen?... Hallo Matt, schön, dich zu sehen«, sagte sie und sah zu ihm. Sie spürte die Spannung, die von Matt und mir ausging.
»Das ist ja toll. Ich freue mich«, erwiderte ich.

»Hallo Anna, ich bin auch sehr froh, dass es Dimitri wieder besser geht. Gott sei Dank! Wo hast du denn Andy gelassen?«
»Der schaut nach den Tieren. Ich helfe ihm gleich, dann könnt ihr... äh, weitermachen.« Schon war sie wieder verschwunden.
»Ich bin so froh, dass es Dimi besser geht«, sagte ich erleichtert.
»Und wie war das mit den Handgranaten?«
»Die hat Anna auf die Wiese geworfen, wo niemand sich aufhielt. Nur einen Baum hat sie in Brand gesetzt und das war noch nicht einmal Absicht.« Matt grinste.
»Was ist so witzig?«
»Eine Tieraktivistin wirft mit Handgranaten um sich. Für die Presse wäre das ein gefundenes Fressen.«
Ich seufzte. »Sie hat die Dinger nur geworfen, weil der Wachmann eine Pistole an Dimis Schläfe hielt und sie ihn irgendwie ablenken wollte und keinen anderen Ausweg sah. Das hat schließlich erst mal funktioniert. Dass dieser Idiot von hinten auf uns anschießen würde, damit haben wir nicht gerechnet. Wir haben niemanden verletzt und nichts zerstört, außer das Türschloss der Halle und den Zaun. Aber - und das ist das, was ich dir schon seit gestern Nacht sagen wollte - ich werde von nun an bei

keiner Aktion mehr teilnehmen. Du hattest recht, es ist einfach zu gefährlich.« Nie wieder wollte ich so etwas erleben. Es gab genug andere Aktionen, bei denen ich mich ausleben konnte, das hatte ich jetzt begriffen. In den Stunden im Gefängnis konnte ich über Vieles nachdenken.
»Meinst du das wirklich ernst?« Matt kam ein paar Schritte auf mich zu.
»Natürlich. Hätte Andy nicht diesen Deal gehabt, wäre ich wahrscheinlich nicht mitgefahren.
»Was für einen Deal?«, fragte Matt und ein weiteres Mal wurden wir von Anna unterbrochen, die völlig aufgelöst ins Haus gerannt kam. »Lu, du... du musst sofort kommen. Morten, ihm geht es nicht gut...«
Entsetzt begriff ich, stürmte aus dem Haus und rannte zum Stall. Anna und Matt folgten mir. Atemlos stand ich an der Stalltür und sah, wie Morten im Heu lag. Seine Ohren hingen schlaff an den Seiten herunter und seine Augen hatten einen merkwürdigen Ausdruck. Andy saß bei ihm.
Als Morten mich am Stalleingang erblickte, streckte er mir schwach seinen Rüssel entgegen, als hätte er auf mich gewartet.
»Morten!« Eilig lief ich zu ihm, kniete vor ihm nieder, blickte fragend zu Andy. »Was ist los? Ist er krank?«

Andy sah auf. »Ich weiß nicht, sein Kreislauf ist schwach. Ich gebe ihm eine Infusion.«
Ich wandte mich an Matt. »Hat er genug gefressen? Oder ist dir etwas aufgefallen?«
Matt überlegte und kratzte sich am Kopf. »Also, ich würde sagen, er hat genug gefressen. Nur heute Nachmittag war er etwas wackelig auf den Beinen... Mir ist sonst nichts Ungewöhnliches aufgefallen.«
Oh nein! Oh nein! So schwach hatte ich ihn noch nie gesehen. Ich bekam es mit der Angst zu tun. »Ich lauf schnell und hole den Wasserschlauch.«
Als ich zurückkam, blickte mir Andy traurig entgegen und schüttelte bedächtig mit dem Kopf.
»Oh Gott! Nein! Nicht jetzt«, weinte ich. Ich wusste sofort, was das zu bedeuten hatte - Morten lag im Sterben. Ich war noch ganz außer Puste vom schnellen Lauf. Tränen liefen über meine Wangen, trübten meinen Blick. Ich wischte sie fort, wollte Morten in jedem dieser noch verbleibenden Augenblicke klar und deutlich erkennen können. Langsam lief ich auf ihn zu und setzte mich geschockt zu ihm. Andächtig berührte ich seine Wange, strich über seine raue Haut, legte meinen Kopf an seinen. Sofort tastete sein Rüssel nach mir. Mit zittrigen Händen nahm ich ihn und pustete sanft hinein. Er wollte mich nicht vergessen, sich an mich erinnern.

»Ich schwöre, ich werde mich auch immer an dich erinnern«, weinte ich, küsste sein Gesicht.
Matt und Anna setzten sich noch näher zu uns ins Heu. »Hey alter Junge«, sagte Matt leise und berührte ihn ohne jegliche Scheu. »Wolltest du nicht noch mit Lu baden gehen?«, fragte er und streichelte ihn.
Wie er mit Morten sprach! Es schien, als hätten die beiden Freundschaft geschlossen. Das brachte meine Tränen erst recht zum Laufen. Ich schluchzte und Matt rutschte näher an mich heran, legte seinen Arm um meine Schulter, streichelte Morten sanft.
Mein Morten! Mein Herz wurde so unsagbar schwer. Nie wäre mir in den Sinn gekommen, dass diese Stunde einmal kommen könnte. Er war so ein fester Bestandteil in meinem Leben gewesen, dass es jetzt wie ein Schock für mich war.
Sein Rüssel lag noch immer in meiner Hand, ich fühlte seine Wärme. Seine Atmung wurde langsamer, schwerer, bis sie schließlich nur noch ein leises Wispern war.
Seine großen Augen suchten meine. Ich zwang mich zu lächeln. Er sollte mich nicht weinend in Erinnerung behalten.
Das Licht in seinen Augen wurde kleiner, winzig, bis es schließlich erlosch.

»Ich liebe dich, Morten«, flüsterte ich ihm noch zu, dann schwand die Kraft aus dem großen, mächtigen Körper und die Spannung im Rüssel ließ allmählich nach.
Dann war es vollkommen still, kein Wind, kein Nachtvogel, der in den Bäumen flatterte - nichts. Morten war fort.

***

Jegliches Zeitgefühl hatte seine Bedeutung verloren. Mein Kopf lag immer noch bei ihm, meine Hand streichelte ihn, ich weinte leise.
Warme Hände legten sich unter meine Beine und meinen Oberkörper. Ich wurde hochgehoben und ich ließ es geschehen. Die Kraft in meinen Beinen versagte, als Matt mich auf die Füße stellen wollte.
»Kein Problem, Lu. Ich trage dich«, flüsterte er. Mein Kopf schmiegte sich an seine Halsbeuge, sein vertrauter Duft stieg mir in die Nase, ein tröstendes Gefühl legte sich wie eine sanfte Decke über mich. Matt trug mich, in mein Zimmer, legte mich auf mein Bett und zog mir meine Schuhe aus. Er deckte mich zu, strich mir eine Haarsträhne aus dem Gesicht und wollte sich abwenden und gehen.
»Bleib«, flüsterte ich leise. »Bitte, bleib bei mir.«

Matt hielt inne, schien nachzudenken. Doch er legte sich zu mir und zog mich in seine Arme. Kurz spürte ich seine Lippen auf meiner Stirn, dann schlief ich ein.
Die Vögel draußen und die Morgendämmerung weckten mich. Matt lag neben mir und hielt mich immer noch in seinen Armen. Er war die ganze Nacht bei mir gewesen, hatte dafür gesorgt, dass dieses leere Gefühl, mich nicht völlig verschluckte. Sein Dreitagebart ließ ihn verwegen aussehen, seine Haare waren ein wenig zu lang und verwuschelt, aber das störte mich nicht.
Den Jungen von damals konnte ich kaum mehr in seinem Gesicht erkennen. Er hatte sich verändert. Matt war verantwortungsbewusst, stark und sehr einfühlsam - dafür bewunderte ich ihn.
Ich lag bei Matt, Matt Baldwin, dem Mann, den ich von ganzen Herzen liebte.

Kapitel 23
Matt

Mortens Tod war schrecklich - auch für mich. Gerade hatte ich ihn in mein Herz geschlossen. Aber für Lu musste es sich noch viel schlimmer anfühlen. Als ich ihr Zimmer verließ und hinunter ging, saß Lu auf dem Sofa im Wohnzimmer, eingehüllt in einer Decke und starrte aus dem Fenster. Sie sah bleich und mitgenommen aus.
»Sie hat den ganzen Morgen keinen Ton gesagt, isst nichts und rührt sich nicht«, flüsterte Andy mir zu. Er stand neben mir und blickte sorgenvoll zu ihr.
»Wir müssen ihr Zeit geben, Andy.«
»Du hast recht«, sagte er und ging zurück in die Küche. Ich folgte ihm.
»Kaffee?«, fragte er, nahm eine Tasse, goss ein und reichte sie mir.
»Danke. Gibt es was Neues von Dimitri?«
»Ja, Anna ist schon bei ihm. Er darf morgen nach Hause kommen.«
»Sehr gut. Sag mal... Lu erzählte mir, dass es einen Grund gab, weshalb ihr die Raupen gestohlen habt.«
Andy senkte seinen Blick und starrte in seine Kaffeetasse. »Mein Anwalt kümmert sich um die ganze Angelegenheit und ich fände es gut, wenn ich über alle Details informiert wäre.« Ich lehnte mich

an den Küchenschrank und wartete darauf, dass er endlich den Mund aufmachen würde.
»Na gut, ich werde dir alles sagen... Ich hab einen Deal mit ein paar Leuten von der Presse. Sie zahlen einen tollen Preis für ein paar Informationen und für Bilder. Deshalb...«
Weiter kam er nicht. Meine Faust landete so hart in seinem Gesicht, dass die Tasse auf den Boden schepperte und Andy gegen einen Küchenschrank knallte und unsanft auf den Holzboden fiel.
»Für Geld?«, presste ich hervor, um meine Wut zu unterdrücken. Ich schüttelte meine Finger, um dem lähmenden Schmerz zu entgehen.
»Verdammt, Matt! Ich kann die Ranch nicht länger halten. Das Futter, die Medikamente und das Haus, wie soll ich das alles bezahlen? Der Elefant hat Unmengen an Futter geschluckt. Ich wollte Lus Vater nicht darum bitten. Außerdem...«
»Außerdem?«
»Solange Morten hier war, ist sie immer wieder gekommen«, antwortete Andy leiser, erhob sich und tastete seine Lippe nach Blut ab.
Ich konnte sein Geschwafel nicht länger ertragen und lief aus der Küche.
»Du hast keine Ahnung, wie das ohne Geld ist«, brüllte er mir hinterher.

Ich blieb stehen, wandte mich um. »Und du hast keine Ahnung, wie man mit Menschen umgeht, die man liebt. Man bringt sie nicht in Gefahr, solche Deals zieht man alleine durch.«

Ich ließ ihn einfach stehen und ging zu Lu ins Wohnzimmer. Als ich ans Sofa trat, sah sie zu mir auf.

»Komm Lu, wir gehen spazieren.« Ich streckte ihr meine Hand entgegen. Sie ergriff sie und gemeinsam verließen wir das Haus.

Schweigend liefen wir über die Ranch. Mr. Porter und Sky teilten sich gerade einen kleinen Haufen Karotten und mussten sich anstrengen, um nicht von den anderen Pferden abgedrängt zu werden.

Wir verließen das Grundstück und gelangten schließlich an den See, den wir das letzte Mal mit Morten besucht hatten.

»Er hatte ein schönes Leben, seit er mit dir zusammen war!«, sagte ich in die Stille.

Lu sah mich an und gleich wieder auf den Schotterweg. »Ich hoffe es.«

»Weißt du, dass du viel mehr für ihn getan hast als die meisten Menschen, die je mit ihm zu tun hatten?«

Sie runzelte die Stirn. »Wie meinst du das?«

Wir liefen ganz automatisch an die Stelle, an der wir gebadet hatten.

»Na ja, du hast ihm ein Zuhause gegeben, Freunde und Menschen, die ihn gut behandelt haben. Hier musste er nicht arbeiten, hatte immer gute Fürsorge und wurde nicht ausgenutzt. Bei dir durfte er ein Elefant sein.«

Der See lag ruhig an diesem Tag. Lu und ich setzten uns an die gleiche Stelle in den Sand.

»Wie geht es dir jetzt?«, wollte ich wissen. Sie war zwar immer noch sehr still, aber auf ihre Wangen kehrte frische Farbe zurück.

»Ich vermisse ihn, aber ... ich denke, es ist in Ordnung. Ich habe viele Erinnerungen, viele Erlebnisse und Millionen Bilder im Kopf - die kann mir niemand nehmen.«

»Das stimmt.«

»Matt, ich wollte dir noch unbedingt sagen, dass ...«

»Schsch... du brauchst nichts sagen, ich weiß alles. Viel mehr muss ich dir etwas ... Es tut mir leid, ich habe falsch von dir gedacht. Ich dachte wirklich, dass du alles für solche nächtlichen Aktionen aufs Spiel setzen würdest.«

»Ich wollte, dass Andy seine Ranch behalten kann und dass Morten, Mr. Porter und all die anderen ihr Dach über dem Kopf nicht verlieren.«

»Das werden sie auch nicht, ich habe schon eine Idee.«

Neugierig musterte sie mich. »Was hast du vor?«

»Ich schlage dir einen Deal vor.« Ich konnte ein Grinsen nicht unterdrücken.
»Was für einen Deal?«
Dieses Angebot durfte sie einfach nicht ausschlagen, aber bei Lu konnte man ja nie wissen. Nervös suchte ich die richtigen Worte, spielte an meinem Schnürsenkel.
»Die Animal for Live - (kurz AFL) - soll der neue Werbepartner von Godluc & Baldwin Industries werden. Wir unterstützen in Zukunft Andys Projekte, solange sie im legalen Bereich bleiben. Das heißt, wir sammeln auf unseren Galas nicht nur für Kinder in Not, sondern auch für Tiere. Und du wirst die Botschafterin werden.«
Lu riss die Augen auf und schlug sich ihre Hand vor den Mund. »Das ist jetzt nicht dein Ernst, oder?«
»Und ob! Wir werden verschiedene Projekte zum Tierschutz unterstützen und eng mit ihnen zusammenarbeiten.«
Verwirrt kniff sie ihre Augen zusammen. »Und was willst du dafür?«, fragte sie misstrauisch.
»Dich! ... «
Wie erstarrt sah sie mich an und jetzt begann mein Herz heftig zu schlagen, weil ich nicht wusste, wie die verrückte kleine Pummelelfe reagieren würde.

Ich schluckte. »Ich liebe dich, Lucinda Godluc. Wir sind ja schon verheiratet, deshalb kann ich dich nur fragen, ob du es auch bleiben willst.«
Tränen schimmerten in ihren Augen.
»Aber ... warum ich?«, fragte sie, als könne sie nicht glauben, dass ich sie wirklich wollte. Ich zog sie in meinen Schoß, streifte eine Haarsträhne aus ihrem Gesicht. »Weil du für mich der Zauber am Ende des Tages bist.«

***

»Oh nein! Matt, weißt du, was wir total vergessen haben?« Sie schreckte hoch und setzte sich aufrecht hin. Ihre Lippen waren leicht geschwollen von den Küssen, die ich ihr entlockt hatte.
»Was denn?«
»Die Raupen! Wo hast du sie eigentlich versteckt?«
Ich setzte mich auf. Sie hatte recht. Der Transporter.
»Daran habe ich auch nicht mehr gedacht«, sagte ich, stand auf und blickte in die Richtung, in der ich den Wagen verborgen hielt.
»Komm!«, ich zog sie hoch und gemeinsam liefen wir über den Sand.
»Wieso sehe ich den jetzt erst? Der Transporter war die ganze Zeit hier?«

»Ja. Wo hätte ich ihn sonst hinbringen sollen? Ich finde, es ist das ideale Versteck.«

»Das schon, aber die sind bestimmt alle tot«, sagte sie und half mir, die Blätter und Äste vom Wagen zu entfernen.

»Vielleicht haben wir Glück und es sind noch nicht alle kaputt!«

»Das werden wir gleich sehen.« Ich trat an den Wagen und öffnete die beiden hinteren Türen.

Wildes Geflatter umfing uns. Hunderte - tausende Flügel strömten dem Licht entgegen.

»Oh Matt! Sieh nur!« Der Strom aus Schmetterlingen wollte nicht enden, schloss Lu und mich ein. Sie kuschelte sich in meine Arme und küsste mich sanft.

»Ich liebe dich, Matt.«

Glücklich strahlte ich sie an. Ich war angekommen, fühlte mich vollständig.

»Oh, wie wunderschön!«, sagte Lu, als wir gemeinsam dem riesigen Schwarm zusahen, wie er immer weiter in den Himmel tanzte, hoch in den hellen Wolken, sich verteilte und wiederfand. Jeder Schmetterling war so einzigartig wie ein Zauber am Ende des Tages.

Flatterchen

Ich bin ein Falter, fein und schön, du kannst mich auf den Wiesen sehen. Ich fliege zu den Blüten hin, die aus den Stängeln ragen, dort schlürf ich Nektar, wie ich kann, mein Bauch kann ihn kaum tragen.

Nun flieg ich weiter zu dem Haus, das steht allein im Grase. Ich fliege schnell, ach was, ich rase, da ist doch was in meiner Nase. Nun seh ich in ein Fenster rein und ruf nur »Oh nein, oh nein!«

Dort liegen ja viele meiner Gesellen und stecken fest in so Gestellen. Verzweifelt seh ich weiter rein, dort liegen Püppchen winzig klein. Was soll ich machen, kann ich tun, bin doch selbst nur ein Postillion.

Hier sitz ich nun mit meinen Fragen und höre plötzlich Wesen sagen:
»Wir müssen helfen, schnell, geschwind, bevor die Falter verstorben sind!« Dies können doch nur Menschen sein, kommen sie, um zu befreien?

Die Menschen laufen mit Riesenschritten in das große Feld hinein. Ich nehme die Verfolgung auf und fliege hinterdrein, lass doch die kleinen Freunde jetzt auch nicht mehr allein.

Auf einer Wiese wird gestoppt, die Puppen sacht gebettet. Ich glaub es kaum, ich fass es nicht, sie sind ja jetzt gerettet. Die Menschen gehen nun von dannen mit einem lieben Lächeln. Sie freuen sich und sagen nur »Sie sind nicht mehr gefangen!«

Der nächste Tag war wunderbar, ich kann´s nicht anders sagen, die Wiese war voll Flatterchen in allen bunten Farben. Sie tanzten in die Luft hinein, hoch in die hellen Wolken. Es sah wie eine Begrüßung aus für das schöne Leben.

Zum Abschied flogen sie zu mir, als würden sie es wissen, um mir das kleine Rüsselchen zu küssen. Ich bin ja, wie schon mal erwähnt, auch nur ein Falterlein, doch war ich froh, es selbst gesehen, es Menschen gibt, die uns verstehen.

Susanne Braun

Was wurde aus…

Matt und Lu genossen ihr Glück. Sie blieben noch einige Tage auf der Ranch.
Lu wurde Botschafterin der AFL und fand ihren Platz an Matts Seite.
Ihre freien Tage verbrachten sie oft auf der Ranch.
Außerdem übernahm Lu mehrere Patenschaften für verwaiste Elefanten.
Sie holten ihre Hochzeitsreise in Afrika nach, wo Matt sie mit einer Elefanten-Safari überraschte.

Andys und Matts Zusammenarbeit in der AFL wurde zu einem Erfolg. Andy konnte seine Ranch behalten und weiteren Tieren ein neues Zuhause bieten.
Für den Einbruch und den Diebstahl wurde er zu einer Geld- und Bewährungsstrafe verurteilt.
Er blieb weiter mit Lu befreundet, wusste aber, dass er nie eine Chance bei ihr gehabt hatte.

Dimitri Javoschenkow hatte Glück im Unglück. Er wurde wieder gesund, arbeitete weiterhin mit Anna auf der Ranch und liebte es nach wie vor, für seine

Freundin den Spiderman zu spielen. Auch er bekam eine Bewährungsstrafe.
Anna wurde genau wie Dimitri verurteilt, bekam jedoch zusätzlich Sozialstunden und eine Geldstrafe aufgebrummt.

Clint Godluc war außer sich, als er erfuhr, was seine Tochter angestellt hatte. Aber weil Matt die Sache klären konnte und Lu ihm versprach, nie wieder bei solch einer Aktion mitzumachen, hielt er sich zurück und überließ die Sache Matt. Die Idee mit der Foundation fand er genial. Es verhalf Baldwin & Godluc Industries schnell zu besserem Ansehen.

Victoria und John Baldwin waren sprachlos, als sie von dem Einbruch und dem Diebstahl der Schmetterlinge hörten. Victoria konnte kein gutes Haar an ihrer Schwiegertochter lassen. In einem Streit nahm Matt seine Frau in Schutz und stellte sich gegen seine Mutter. John Baldwin schmunzelte in sich hinein und verteidigte die Meinung seines Sohnes.

Sandy Baldwin konnte nicht glauben, was Matt alles erlebt hatte. Sie freute sich für ihren Bruder und wurde mutiger, sich ebenfalls mehr gegen ihre Eltern durchzusetzen.

Ein paar Monate später nahmen Matt und Lu sie mit zur Ranch. Sie verbrachten dort wunderschöne Wochen.
Außerdem konnte Matt erreichen, dass seine Eltern sie endlich wieder zur Uni gehen ließen. Er besorgte ihr eine kleine, süße Wohnung in der Nähe des Unigeländes und gab ihr so ein Stück Lebensqualität zurück. Sandy war total aus dem Häuschen und sehr glücklich.

Mr. Porter hatte noch viele schöne Jahre auf der Ranch. Er genoss die Extrarüben von dem blonden Mädchen im Rollstuhl, das ihn hin und wieder besuchte. Er liebte besonders die Streicheleinheiten.

Rosa und Sky konnten an einen Pferdeliebhaber vermittelt werden. Dort lebten sie mit vielen anderen Pferden.

Greta freute sich, wenn Matt und Lu die Ranch besuchten. Sie schaffte es immer wieder, den jungen Mann umzuwerfen und ihn mit Küssen zu überwältigen. Warum er immer so panisch reagierte, wenn er so nass im Gesicht war, verstand sie nicht.

Die Schmetterlinge flogen dem Zauber am Ende des Tages entgegen. Sie genossen die wenigen Tage ihrer Freiheit.

Morten wurde nie vergessen. Auf der Ranch - sowie auch zwischen Lu und Matt war er oft das Gesprächsthema. Matt schenkte Lu zum 1. Hochzeitstag einen Kettenanhänger mit einem Elefantenkopf, den sie immer trug.
Morten wurde von den Menschen und den Tieren, die ihn geliebt hatten, sehr vermisst. Manchmal lag Greta im Stall genau an der Stelle im Heu und trauerte ihrem Freund nach.

Lisa freute sich aufrichtig für Matt. Endlich hatten er und Hannah ihr Glück gefunden.
Jede Nacht holte sie ihre Vergangenheit ein, von der noch nicht mal ihre beste Freundin Hannah wusste. Bisher war es ihr gelungen, das Geheimnis auf ihrer Haut im Verborgenen zu halten. Doch nun drohte alles ans Licht zu kommen.

Band 3 YOU & ME - Ein neues halbes Leben
Im Frühjahr 2015

Leseprobe: Heiß und stickig spürte ich seine sanfte Stimme an meinem Ohr. Er hielt mich in seinem Arm, wog mich wie ein Baby hin und her. Mein

Herz raste und mein Blut pulsierte, während er leise auf mich einredete. Ich schmeckte mein Blut, gemischt mit Tränen. Mein Nacken brannte wie Feuer und in der Luft hing der Geruch von verkohltem Fleisch - meinem Fleisch.
Es waren fürchterliche Schmerzen - körperlich wie seelisch. Nichts vermochte sie zu lindern - außer vielleicht der Tod.
Es waren grausame, schreckliche Bilder, die ich nicht vergessen konnte. Unweigerlich tauchten sie aus dem Nichts auf. Ich war in ihnen gefangen, konnte alles wieder fühlen und wahrnehmen. Verzweifelt versuchte ich, sie von mir zu drängen, sie so klein wie möglich zu halten - doch ich war machtlos, durchlebte immer wieder das gleiche Szenario.
Jemand räusperte sich. »Mrs. Green?«
Mit aller Kraft stieß ich die Erinnerungen von mir. Meine Hände ballten sich zu Fäusten, ich schluckte meine aufkommenden Tränen herunter und zwang mich, aufzusehen.
Ein schlanker Typ mit Schlapphut und Trenchcoat riss mich aus meinen Gedanken. Er war vom Regen draußen durchnässt.
Es tat gut, in dieses fremde Gesicht zu blicken. Dadurch wusste ich, dass es vorbei und ich in Sicherheit war. In diesem Augenblick war ich ihm so dankbar! Mit seinem Auftauchen beendete er diesen

Tagtraum und ich war wieder in der Gegenwart, in New York, mitten in Manhattan, in einem kleinen Restaurant, in dem ich mit dem Typen verabredet war.
»Sind Sie Mr. Barlow?«
Er nickte, schob einen Stuhl zurück und setzte sich. »Es tut mir leid, dass es etwas länger gedauert hat. Diesmal haben wir ihn gefunden.« Er zog einen weißen Umschlag heraus und legte ihn auf den Tisch. Langsam schob er ihn mir entgegen.
Mein Magen flatterte, ich konnte meinen Blick nicht von dem Briefkuvert abwenden. Würde ich jetzt endlich eine Antwort auf meine Fragen erhalten? Meine Finger griffen nach dem Umschlag und öffneten ihn.
Mr. Barlow lehnte sich zurück und gab mir Zeit, den Inhalt durchzusehen.
Es waren Fotos. Sie zeigten einen jungen Mann. Mein Herz raste, als ich ihn mir genauer ansah. Er hatte dunkle, kurze Haare und ein hübsches Gesicht. Er trug ein weißes T-Shirt und ausgeblichene Jeans. Unter den Ärmeln seines Shirts ragten Tattoos hervor, genau erkennen konnte ich die schwarzen Tribals jedoch nicht. Er schien viel Sport zu treiben - war muskulös und breit gebaut. Auf einem der Fotos lächelte er, es war ein schönes Lächeln, welches sein ganzes Gesicht einnahm - nur

seine braunen, dunklen Augen blieben geheimnisvoll. Ich wusste, was er zu verbergen versuchte.
Die Fotos zeigten ihn in einer Bar, er stand dort hinter einem Tresen und wusste nicht, dass er fotografiert wurde.
»Sein Name ist Liam Norris. Er arbeitet in einer Kneipe Namens "Maboo" nicht weit vom Central Park, auf der Upper Eastside. Er lebt allein«, sagte Mr. Barlow.
»Ich kenne das "Maboo"«, murmelte ich und betrachtete sorgfältig alle Fotos.
Eine Kellnerin trat an unseren Tisch und zückte ihren Bestellblock.
»Äh ... für mich nichts, danke!«, winkte er ab und sah mich erwartungsvoll an, während die Kellnerin mürrisch verschwand.
»Oh, natürlich!« Der Privatdetektiv wartete auf sein Geld. Schnell steckte ich die Bilder in das Kuvert zurück und verstaute es in meiner Handtasche. Dabei zog ich meinen Umschlag heraus und schob ihn Mr. Barlow zu. Viele Monate hatte ich meine Trinkgelder zusammengespart, um an diese Informationen zu gelangen. »Ist alles drin. Ich habe es mehrfach gezählt. Sie können gerne nachsehen.«
»Ich vertraue Ihnen«, sagte er, nahm den Umschlag an sich und steckte ihn in die Innentasche seines

Trenchcoats. »Vielen Dank. Wenn Sie wieder unsere Hilfe benötigen, dann ...«
»... dann melde ich mich«, vervollständigte ich seinen Satz. Er erhob sich, nickte mir grüßend zu und verließ das Restaurant. Vom Fenster aus sah ich ihm nach, wie er in den Regen verschwand.
Liam Norris. Er arbeitete also im "Maboo". Mit Hannah war ich schon einmal dort gewesen. Es war ein komisches Gefühl, ihm so nahe gewesen zu sein, ohne es zu wissen.
Liam Norris. Das war nicht sein richtiger Name, so, wie Lisa Green nicht meiner war.
Ich konnte meinen wahren Namen in New York nicht behalten, ihn auch nicht ertragen. Es gab zu viele Menschen, denen sich mein wahrer Nachname ins Gedächtnis gebrannt hatte. Mit Lisa Green konnte ich in New York leben, niemand würde mich erkennen und ungestört konnte ich mich auf die Suche nach ihm - Liam Norris machen.

Danksagung

Danke, **Anja Horn**, für deine unermüdliche Liebe für meine Geschichten. "Mia wäret sähe!"

Danke, **Beate Döring** für deine Meinung, deinen Rat und für deine Freundschaft.

Danke, **Renate Heilemann** für Begeisterung und für deine Liebe zum geschriebenen Wort.

Danke, **Susanne Braun** für dein Gedicht. Dein Flatterchen-Gedicht ist wunderschön und verleiht der Geschichte von Lucinda und Matt einen ganz eigenen Zauber.

Danke, **Heidi Rochler**. Deine gute Laune ist ansteckend, ebenso die tollen Worte, die du immer findest.

Danke, **Dina Dokara** für deinen Zuspruch und deine Unterstützung. Du bist einfach großartig.

Danke, **Jenny Wäldchen**. Trotz deiner vollgepackten Tage findest du immer noch Zeit für meine Texte.

Danke, **Monika Dufner**. Du rettest mich buchstäblich!

Danke, **Alexandra Bender** für deine herzliche und begeisternde Art. Es ist so schön mit dir befreundet zu sein. (Meine Marketing Assistentin)

Danke, **all meinen Leser**. Ihr spornt mich immer weiter an und motiviert mich, mit euren lieben Nachrichten und Mails.

Und einen ganz besonderen Dank geht an Ulrike Weide, einer sehr lieben Freundin von Susanne Braun. Aber nicht nur ich, sondern auch Susanne möchte DANKE sagen:

Für meine Freundin Uli,
wir haben uns nicht gesucht und doch gefunden, laufen viele Stunden mit den Hunden, lieben Tiere, lesen und so viel mehr, für deine Freundschaft danke ich dir sehr.

Deine Suse

Mehr von Any Cherubim …

MEA SUNA - Seelensturm Band I

Die junge Jade Lewis belauscht heimlich ein Gespräch ihres Onkels. Ihre 4 Minuten jüngere Zwillingsschwester Amy soll in tödlicher Gefahr schweben. DER TALURI, ein eiskalter Killer, hat den Auftrag sie zu töten. Mutig beschließt Jade, für das Leben ihrer Schwester zu kämpfen und ist fest entschlossen, sich jeder Gefahr zu stellen. Als sie dem Taluri gegenübersteht, löst er verwirrende Emotionen in ihr aus. Kann Jade hinter das Geheimnis der Taluris blicken?

»Er war ein Taluri, gefährlich, stark und geheimnisvoll. Und obwohl mir klar war, dass er meine Schwester töten will, war ich fasziniert von ihm.«

MEA SUNA – Seelenfeuer Band 2

… alles verloren … trotzt dem Schicksal … das Wagnis vor Augen … in Freundschaft vereint … eine Entscheidung … die Liebe verbindet … bis in den Tod … Heil und Verderben …

Morgions Bedrohung - unaufhaltsam und zerstörend …
Jades Seelenfeuer - herrschend und vernichtend …
Lucas Kampf - Rache und Tod …

Auf meinem Handrücken saß ein orangefarben leuchtender Schmetterling. Wie ungewöhnlich zutraulich!
Etwas Seltsames geschah. Meine wütende, leuchtend rote Aura hüllte ihn komplett ein. Er sah aus, als würde er in meinen Flammen aufgehen. Energie übertrug sich von meiner Hand auf den

Schmetterling. Genau in dem Augenblick verloren seine Flügel jegliche Farben, wurden grau wie Asche und Rauch qualmte aus seinem Körper. Die Flügel zerfielen vor meinen Augen zu Staub und der flügellose Körper fiel tot zu Boden. Fassungslos sah ich, wie die Staubreste glitzernd durch die Sonne in der Luft schwebten. Der Schmetterling war tot. Ich hatte ihn getötet.

Fängt der Albtraum damit erst an?

Impressum

ISBN-13: 978-1505412673
ISBN-10: 1505412676

Autorin: Any Cherubim
www.any-cherubim.jimdo.com

Lektorat/Korrektorat:
Anja Horn/Dr. Andreas Fischer/Sandra Nyklasz

Covergestaltung:
Vivian Tan Ai Hua
http://www. Facebook.com/aihua.art
Bildmaterial:
© »conrado« -shutterstock.com
© »Keo« -shutterstock.com

Herstellung Druck:
On-Demand Publishing LLC
100 Enterprise Way
Suite A200
Scotts Valley, CA 95066
www.createspace.com

6299305R00217

Printed in Germany
by Amazon Distribution
GmbH, Leipzig